KB087020

출발의 습관은 수능날까지 계속됩니다.
형식적인 상담이나
관리하고 있다는 모습만 보이거나
학습에 전혀 도움이 되지 않는
보여주기식의 모든 것을 배척합니다.

쓸모없는 강좌와 할 수 없는 계획을 강요하거나
무모한 혹은 무리한 스케줄로
1년의 출발을 무의미하게 하지 않습니다.
형식은 모방해도 내용은 모방할 수 없습니다.

개인의 능력을 극대화 시킬 모든 계획이 오르비학원에 있습니다.

수 능 대 비
생명과학I
디올 N제

Prologue

생명과학1 디올 N제 입니다

1. 노베부터 고인물까지 누구나

최근 트렌드의 생명과학 시험에서 변별력을 가지는 문항은 순수 교과 지식만으로 해결하기 어렵습니다. 이는 교과 지식뿐만 아니라 논리를 바탕으로 한 자료 해석과 수리 추론을 요구하기 때문입니다. 따라서 본 디올 N제는 수능 과학탐구 영역의 추론형 문항을 체계적으로 정복할 수 있도록 도움을 주는 것을 목표로 집필되었습니다.

처음 공부하는 고3부터 실전개념을 공부하고 싶은 고인물까지 수능 실전 N제의 역할, 그리고 잔잔한 감동을 줄 수 있는 N제가 될 수 있도록... 단계별로 문항을 구성하였습니다.

또한 당해 경향을 안내하는 교재 경향과 직전 해 평가원 경향을 반영하여 올해의 Trend도 놓치지 않으시도록 구성하였으니 잘, 부단히 아껴서 풀어주시면 감사하겠습니다

2. 실전 개념과 실전 문항의 간극을 메워주는 교재입니다.

본 교재는 PSAT의 자료 해석 영역, 그리고 수능 생명과학 기출 문항의 자료를 기반으로 출제되는 문제를 쉽고 빠르게 해제하도록 돕습니다. 그러나 결국 문항의 추론과 해석은 실전 개념이 바탕이 되어야 합니다. 따라서 실전 개념과 시너지를 이룰 수 있도록 Comment 형식으로 상세히 수록하였습니다.

단순 양치기로는 일정 수준 이상의 성적을 거두기 어렵습니다. 본 교재를 통해 한 문항이 끝난 후 바로 행동의 필연성을 부여하고 자료의 시작점을 안내하는 Comment를 통해 교정 과정을 반드시 거쳐주세요.

3. N제의 목적에 부합하게

한 해 수험을 운용하는 데 있어 저자는 다음과 같이 생각합니다.

실전개념 배양은 수능을 위한 기본 전제
N제 풀이는 기출 학습 전제, 수능 수준 이상 문항들을 통해 당일날 당황하지 않기 위한 극기 훈련
모의고사 풀이의 목적은 행동양식 훈련 및 실전감각 극대화

이 모든 요소가 적절히 어우러져 47-50의 확률 구간을 정점으로 올릴 수 있다고 생각합니다.

그에 따라 본 N제는 실전에서 당황하지 않을 수 있도록, 수능 수준의 문항, 수능 수준 이상의 문항, 미출제 Point를 적절히 반영한 문항을 수록하여 충분히 본 교재를 통해 피지컬을 기를 수 있도록 다채롭게 구성하였습니다.

4. All in one을 향하여

가장 우선시되어야 하는 N제는 평가원 기출이며 N제 분석의 기본 전제 역시 평가원 기출 분석입니다.
본 교재만 온전히 공부하여도 핵심 유형 중 평가원 필수 기출에 대해서는 디올의 관점으로 Remind하실 수 있도록 닮은꼴 문항의 형태로 수록하였습니다.
(본 교재 내 실전 N제 : 핵심 기출의 비율은 7 : 3입니다.)

5. 진화된 전달 방식

출판물로 50부 이상의 교재를 집필하고 인/현강에서 많은 분들과 만나뵈며 본 교재는 여러 번 수정되고 퇴고되었습니다.

그리고 얻은 결론은 "조금 더 Light해질 필요가 있다."
"지면 상 서술의 한계를 넘어서면 조금 더 좋을 것 같다."
"공부했던 실전개념 디올의 관점이 적절히 녹아있으면 좋을 것 같다."

와 같은 피드백이 있었고, 디올 N제는 이를 모두 반영한 영상 해설과 실전 강의, 추가 자료를 제시합니다.

생명과학1은 교과 개념을 기반으로 한 자료 해석을 요구하는 문항들이 출제됩니다.
디올의 Insight가 여러분의 앞날을 비추는 등불과 같은 존재가 되기를 기원합니다.

- 정오가 발견된다면 정오표는 atom.ac 본 교재 페이지에 업로드해두겠습니다.

Prologue

권희승

안녕하세요. 공저자 권희승T입니다. 저는 2021년부터 생명과학1을 가르쳐왔고, 대치동에 있는 대형 학원에서 K 모의고사 출제 팀장을 맡고 있습니다. 그동안 단독 저자로 출판을 해오신 이현우T와 함께 디올 N제 출판을 할 수 있게 되어 영광입니다.

디올 N제는 여러분이 학습한 추론형 문항들과 자료해석형 문항들을 풀기 위한 실전 개념을 잘 정리했는지 확인할 수 있도록 해주는 교재입니다.

생명과학1은 하나의 주제 내에서도 다양한 유형의 문제가 출제됩니다. 가계도 분석 주제를 예로 들었을 때, 일반 유전으로만 이루어진 일반 가계도가 주로 출제되지만, 복대립 유전이 추가된 복대립 가계도 또는 다인자 유전이 추가된 다인자 가계도가 출제되기도 합니다. 이와 같이 생명과학1에는 수많은 유형들이 존재하는데, 기출만으로 이런 모든 유형을 대비하기는 무리가 있다고 생각합니다. 아직 평가원에서 출제되지 않은 유형이나 조건들은 많이 존재하고, 수능에서 추론형 문항들 중 일부는 기출되지 않은 조건이나 유형이 반드시 출제됩니다. 기출문제만으로 수능을 대비했을 때, 이런 낯선 유형을 극복하기란 정말 쉽지 않습니다.

디올 N제는 기출된 문제의 상황에서 더 심화된 상황, 낯선 상황, 미출제된 상황 등 모든 것을 고려하여 최소한의 문제로 수능에서 당황할 여지를 최대한 줄여줄 것입니다.

각 문항의 난이도는 평균적으로 수능보다 어렵게 설계되어 있습니다. 특히 제가 만든 문항들의 경우, 매운맛(?) 위주로 구성했습니다. 분명 푸는 과정에서 여러 문제가 뜻대로 풀리지 않을 가능성이 있습니다. 그럴 경우, 좌절하지 말고 내가 어디까진 문제를 잘 풀었고, 어디서부터 막혔는지, 막힌 이유가 무엇인지 스스로 피드백하는 과정을 거치면 좋겠습니다. 그리고 내가 막힌 부분을 해설은 어떻게 풀어나가는지 꼭 확인해보시길 바랍니다.

디올 N제와 다른 N제들과의 가장 큰 차별점은, 좋은 문제 퀄리티와 상세한 해설이라고 할 수 있습니다. 물론 좋은 문제들은 시중에 널렸기에, 현우T와 함께 작업한 해설이 정말 차별화된 부분이지 않을까 싶습니다. 저는 최대한 귀류 없이 논리적인 접근 방식을 추구하기에, 제 문항의 해설을 읽으시면서 논리의 빈틈이 느껴지지 않도록 서술했습니다.

제게 첫 출판물인만큼, 최대한 좋은 퀄리티의 문제를 통해 좋은 인상을 남기고 싶었습니다. 제가 열심히 준비한 것만큼 열심히 풀어주시면 좋겠고, 문제 질문, 각종 학습 상담이 필요하신 분들은 오르비 커뮤니티에서 쪽지를 통해 연락해주시면 성심성의껏 모두 답변드리겠습니다!

그리고 오르비 학원에서 제가 디올 N제의 문제풀이 강의를 할 예정이어서, 추론형 문제풀이나 개념에 고민이 많으신 분들은 제 수업을 고민해보시는 것을 추천드립니다! 대면/비대면 모두 강의 중입니다 :)

그럼 함께 디올 N제 여정을 떠나요 :D

[권희승T 출제 문항 Code [K]]

이현우

안녕하세요. 이현우입니다. 그동안 수십 권의 책을 단독 저자로 집필해왔는데 희승 샘과 연이 닿아 N제 교재로는 처음 공동 출판을 하게 되었습니다. 권 수로 세어보니 23년 12월부터 24년 2월까지 집필한 교재 중 32권째더군요 (실전개념서 디올, 주간 디올, 현강 디올, 디클 매거진 등) 그만큼 인현강에서 꾸준히 집필을 해오고 현직 -ing 저자의 시선으로 드리는 디올 N제는 가시는 길에 큰 날개가 될 수 있지 않을까 생각해봅니다.

제 회사 로고에는 '책', '날개', 그리고 '방패'의 의미가 담겨 있습니다. '교육으로 날개를 달아드리겠다'의 당찬 의미가 담겨있는데 올해 '실전개념서 디올'과 '디올 N제'라는 Contents가 여러분들의 성적에 날개를 달아드릴 수 있다면 더할 나위 없이 행복할 것 같습니다.

작년에 그랬듯이 올해도 디올 N제는 수능의 시그널 그리고 논리 구조를 담고 있을 겁니다. 아껴서 풀어주시구요 해설 하나하나 꼼꼼히 서술하려 노력했으니 부단히, 잘 가져가주셨으면 좋겠습니다.

실전개념서 디올의 내용이 1등급 치트키였다면 디올 N제 시리즈의 내용들은 디올의 적용과 체화를 돕는 만점 티켓을 목적으로 하고 열심히 집필했답니다.

아무쪼록 이 책을 읽으시는 분의 앞날을 진심을 다해 응원하겠습니다.

[이현우T 출제 문항 Code [H]]

Contents

Chapter 1 비유전

Chapter 2 유전

흥분 전도

흥분 전도

01.

자극 지점이 상수인 경우 [H]

다음은 민말이집 신경 A와 B의 흥분 전도에 대한 자료이다.

○ 그림은 A와 B의 지점 $d_1 \sim d_5$ 의 위치를, 표는 ㉠ A와 B의 d_1 에 역치 이상의 자극을 동시에 1 회 주고 경과된 시간이 4ms일 때 Ⅰ ~ Ⅴ 에서의 막전위를 나타낸 것이다. Ⅰ ~ Ⅴ 는 $d_1 \sim d_5$ 를 순서 없이 나타낸 것이다.

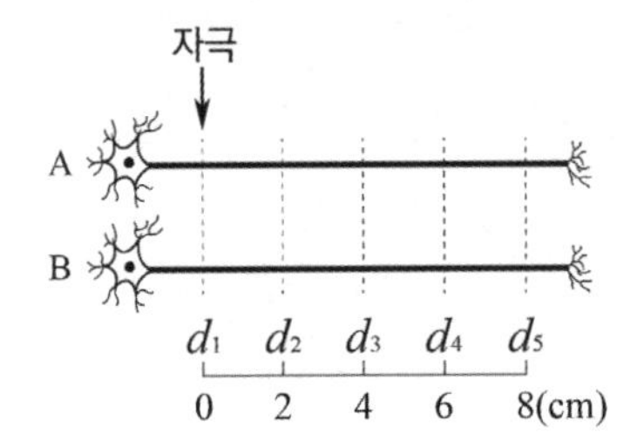

신경	4ms일 때 막전위(mV)				
	Ⅰ	Ⅱ	Ⅲ	Ⅳ	Ⅴ
A	0	?	ⓐ	-70	-80
B	?	-80	-70	?	ⓑ

○ A와 B의 흥분 전도 속도는 각각 2cm/ms와 4cm/ms 중 하나이다.

○ A와 B 각각에서 활동 전위가 발생하였을 때 각 지점에서 막전위 변화는 그림과 같다.

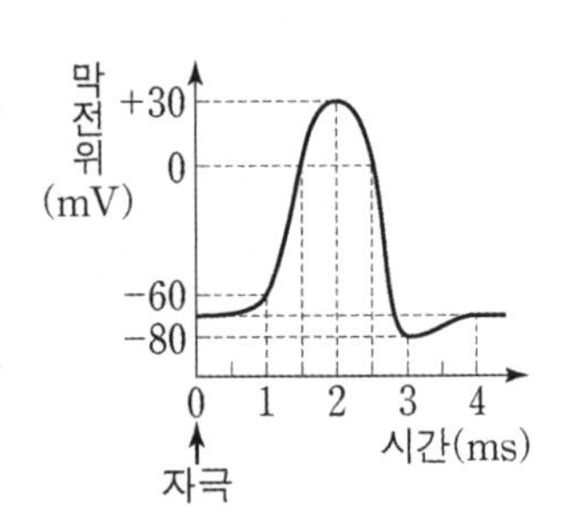

이에 대한 설명으로 옳은 것만을 <보기>에서 있는 대로 고른 것은? (단, A와 B에서 흥분의 전도는 각각 1회 일어났고, 휴지 전위는 −70mV이다.)

<보기>

ㄱ. Ⅰ 은 d_3이다.

ㄴ. ⓐ와 ⓑ는 서로 같다.

ㄷ. ㉠이 5ms일 때 B의 Ⅲ 에서 탈분극이 일어나고 있다.

[Comment 1] **시간의 분류**

경과된 시간에 따른 특정 막전위 값은 (a, b)으로 분류할 수 있다.
이때 a는 흥분 전도 시간(앞 시간)을,
b는 막전위 변화 시간(뒷 시간)을 의미한다.

[Comment 2] **자연수론**

0mV의 시간 분포는 (?, 1.5) or (?, 2.5)로 주로 주어진다.
이는 뒷 시간이 정수가 아니다라는 것을 의미한다.

거리 간 간격이 2cm씩 나타나므로
흥분 전도 속도가 2cm/ms인 신경에서는 0mV가 나타날 수 없다.

따라서 A의 흥분 전도 속도는 4cm/ms이다.

신경	4ms일 때 막전위(mV)				
	I	II	III	IV	V
A	0	?	ⓐ	-70	-80
B	?	-80	-70	?	ⓑ

[Comment 3] **특수 막전위의 해석**

A의 지점 V에서 80mV, (1, 3)이 나타나므로 V는 d_3이다.

신경	4ms일 때 막전위(mV)				
	I	II	III	IV	V
A	0	?	ⓐ	-70	-80
B	?	-80	-70	?	ⓑ

B의 지점 II 에서 80mV, (1, 3)이 나타나므로 II 는 d_2이다.

신경	4ms일 때 막전위(mV)				
	I	II	III	IV	V
A	0	?	ⓐ	-70	-80
B	?	-80	-70	?	ⓑ

[Comment 4] **일반 막전위의 해석**

A의 지점 Ⅰ에서 80mV, (1.5, 2.5)이 나타나므로 Ⅰ은 d_4이다.

신경	4ms일 때 막전위(mV)				
	Ⅰ	Ⅱ	Ⅲ	Ⅳ	Ⅴ
A	0	?	ⓐ	-70	-80
B	?	-80	-70	?	ⓑ

신경을 관찰했을 때, 자극 지점인 A와 B의 d_1에서 -70mV가 나타나고
B의 d_5에서 −70mV가 나타난다.

신경	4ms일 때 막전위(mV)				
	Ⅰ	Ⅱ	Ⅲ	Ⅳ	Ⅴ
A	0	?	ⓐ	-70	-80
B	?	-80	-70	?	ⓑ

이를 고려했을 때 Ⅲ은 d_5이다.

∴ Ⅲ은 d_1이다.

[Comment 5] **선지 판단**

ㄱ. Ⅰ는 d_4이다. (×)

ㄴ. ⓐ와 ⓑ의 막전위는 +30mV로 같다. (○)

ㄷ. ㉠이 5ms일 때 B의 Ⅲ에서 탈분극이 일어나고 있다. (○)

㉠이 5ms일 때, B의 d_5의 시간 분포는 (4, 1)이므로 탈분극이 일어나고 있다.

답은 ㄴ, ㄷ이다.

[Comment 5] **닮은꼴 문항**

닮은꼴 문항과 함께 본 문항의 논리를 복습해보자.

[22학년도 9평]

16. 다음은 민말이집 신경 A와 B의 흥분 전도와 전달에 대한 자료이다.

- 그림은 A와 B의 지점 $d_1 \sim d_4$의 위치를 나타낸 것이다. B는 2개의 뉴런으로 구성되어 있고, ㉠~㉢ 중 한 곳에만 시냅스가 있다.
- 표는 A와 B의 d_3에 역치 이상의 자극을 동시에 1회 주고 경과된 시간이 t_1일 때 $d_1 \sim d_4$에서의 막전위를 나타낸 것이다. Ⅰ~Ⅳ는 $d_1 \sim d_4$를 순서 없이 나타낸 것이다.

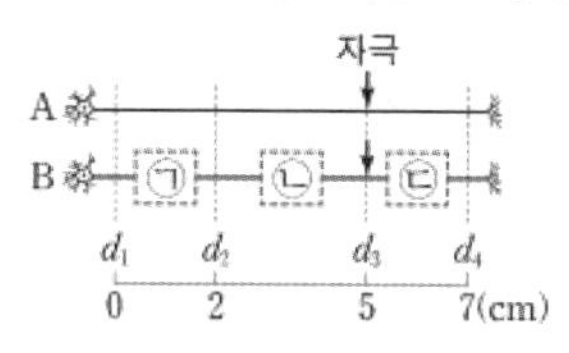

신경	t_1일 때 막전위(mV)			
	Ⅰ	Ⅱ	Ⅲ	Ⅳ
A	−80	0	?	0
B	0	−60	?	?

- B를 구성하는 두 뉴런의 흥분 전도 속도는 1cm/ms로 같다.
- A와 B 각각에서 활동 전위가 발생하였을 때, 각 지점에서의 막전위 변화는 그림과 같다.

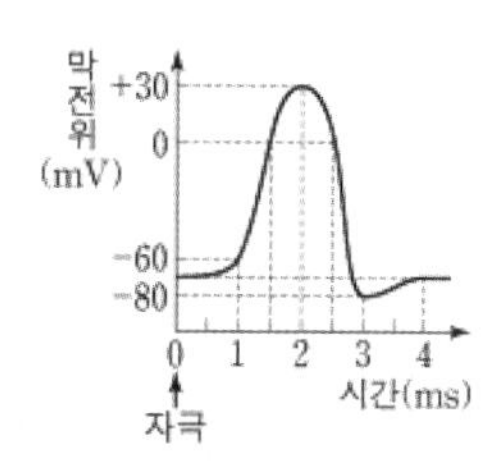

이에 대한 설명으로 옳은 것만을 <보기>에서 있는 대로 고른 것은? (단, A와 B에서 흥분의 전도는 각각 1회 일어났고, 휴지 전위는 −70mV이다.) [3점]

<보 기>

ㄱ. t_1은 5ms이다.
ㄴ. 시냅스는 ㉢에 있다.
ㄷ. t_1일 때, A의 Ⅱ에서 탈분극이 일어나고 있다.

① ㄱ ② ㄴ ③ ㄱ, ㄷ ④ ㄴ, ㄷ ⑤ ㄱ, ㄴ, ㄷ

ㄱ. t_1은 4ms이다. (×)

ㄴ. 시냅스는 ㉢에 있다. (○)

ㄷ. 4ms일 때 A의 Ⅱ의 시간 분포는 (1.5, 2.5)이므로 재분극이 일어나고 있다. (×)

답은 ② ㄴ이다.

02.

시냅스 위치 추론 [H]

다음은 민말이집 신경 A의 흥분 전도와 전달에 대한 자료이다.

○ A는 2 개의 뉴런으로 구성되고, 각 뉴런의 흥분 전도 속도는 ㉮로 같다. 그림은 A의 지점 $d_1 \sim d_5$의 위치를, 표는 d_2와 d_4에 각각 역치 이상의 자극을 1 회 주고 경과된 시간이 4ms일 때 $d_1 \sim d_5$에서의 막전위를 나타낸 것이다. (가)와 (나) 중 한 곳에만 ㉠ 시냅스가 있고, Ⅰ ~ Ⅴ는 $d_1 \sim d_5$을 순서 없이 나타낸 것이다.

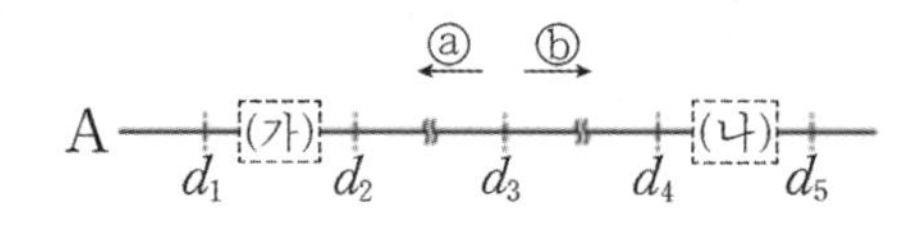

구분	막전위(mV)				
	Ⅰ	Ⅱ	Ⅲ	Ⅳ	Ⅴ
d_2	0	−75	−50	+30	−70
d_4	−70	−80	0	−60	0

○ d_1에서 d_2까지의 거리와 d_4에서 d_5까지의 거리는 3cm로 같고, d_1에서 d_5까지의 거리는 9cm이다.

○ A에서 활동 전위가 발생하였을 때, 각 지점에서 막전위 변화는 그림과 같다.

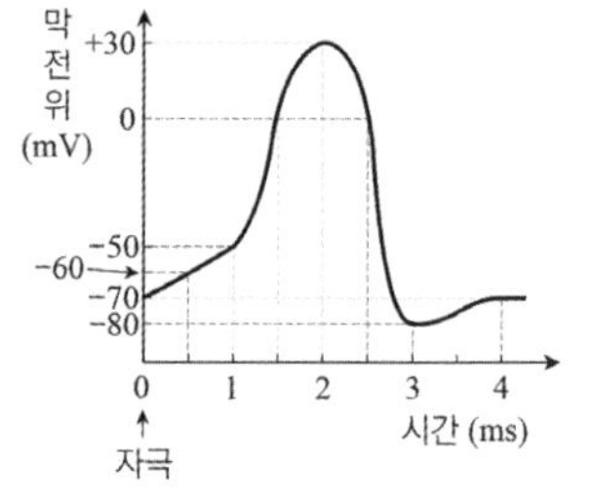

이에 대한 설명으로 옳은 것만을 <보기>에서 있는 대로 고른 것은? (단, A에서 흥분의 전도는 1회 일어났고, 휴지 전위는 −70mV이다.)

<보기>

ㄱ. ㉠에서 흥분의 전달 방향은 ⓑ이다.

ㄴ. d_1에서 d_3까지의 거리는 4cm이다.

ㄷ. d_3에 역치 이상의 자극을 주고 경과된 시간이 5ms일 때 d_5에서 재분극이 일어나고 있다.

[Comment 1] **자극 지점의 특징**

−70mV의 막전위는 (4, 0) 또는 (?, 4 이상)일 때 나타난다.

구분	막전위(mV)				
	Ⅰ	Ⅱ	Ⅲ	Ⅳ	Ⅴ
d_2	0	−75	−50	+30	−70
d_4	−70	−80	0	−60	0

이때 −70mV가 유일하게 나타나면 해당 지점은 자극 지점이므로

Ⅰ은 d_4이고 Ⅴ은 d_2이다.

[Comment 2] **자극 지점과 가까운 공통 지점 해석**

d_3은 d_1이나 d_5에 비해 이동하는 거리의 합이 작다.

그에 따라 (a, b) 중 b 값이 상대적으로 크게 나타나야 한다.

구분	막전위(mV)				
	d_4	Ⅱ	Ⅲ	Ⅳ	d_2
d_2	0	−75	−50	+30	−70
d_4	−70	−80	0	−60	0

−75mV와 −80mV는 모두 과분극 구간의 막전위이므로

Ⅱ는 d_3이다.

[Comment 3] **비교 해석**

한 신경 내에서 막전위 값들을 가로로 비교하는 것을 가로 비교라 정의하자.

가로 비교했을 때, Ⅲ은 d_5, Ⅳ는 d_1임을 알 수 있다.

구분	막전위(mV)				
	d_4	d_3	d_5	d_1	d_2
d_2	0	−75	−50	+30	−70
d_4	−70	−80	0	−60	0

[Comment 4] **가로 비교**

가로 비교했을 때 거리 비가 1:2이므로
d_2에서 d_3까지의 거리는 1cm,
d_3에서 d_4까지의 거리는 2cm임을 알 수 있다.

구분	막전위(mV)				
	d_4	d_3	d_5	d_1	d_2
d_2	0	−75	−50	+30	−70
d_4	−70	−80	0	−60	0

따라서 ㉮는 2cm/ms이다.

[Comment 5] **시냅스 위치 판단**

d_1에서 d_2까지의 거리는 3cm인데 뒷 시간의 차이가 2ms이므로
시냅스가 (가)에 위치하는 것을 알 수 있다.

구분	막전위(mV)				
	d_4	d_3	d_5	d_1	d_2
d_2	0	−75	−50	+30	−70
d_4	−70	−80	0	−60	0

d_4에서 d_5까지의 거리는 3cm이고 뒷 시간의 차이가 1.5ms임을 통해
시냅스가 (나)에 위치하지 않는 것으로 확증해도 무방하다.

d_2에서 d_1으로 흥분의 전달이 일어났으므로
㉠에서 흥분의 전달 방향은 ⓐ이다.

[Comment 6] **선지 판단**

ㄱ. ㉠에서 흥분의 전달 방향은 ⓐ이다. (×)
ㄴ. d_1에서 d_3까지의 거리는 4cm이다. (○)
ㄷ. d_3에 역치 이상의 자극을 주고 경과된 시간이 5ms일 때 d_5에서 시간은 (2.5, 2.5)로 분류되므로 d_5에서 재분극이 일어나고 있다. (○)

답은 ㄴ, ㄷ이다.

[Comment 7] **닮은꼴 문항**

닮은꼴 문항과 함께 본 문항의 논리를 복습해보자.

[24학년도 수능]

10. 다음은 민말이집 신경 A의 흥분 전도와 전달에 대한 자료이다.

○ A는 2개의 뉴런으로 구성되고, 각 뉴런의 흥분 전도 속도는 ㉮로 같다. 그림은 A의 지점 d_1~d_5의 위치를, 표는 ㉠ d_1에 역치 이상의 자극을 1회 주고 경과된 시간이 2 ms, 4 ms, 8 ms일 때 d_1~d_5에서의 막전위를 나타낸 것이다. Ⅰ~Ⅲ은 2 ms, 4 ms, 8 ms를 순서 없이 나타낸 것이다.

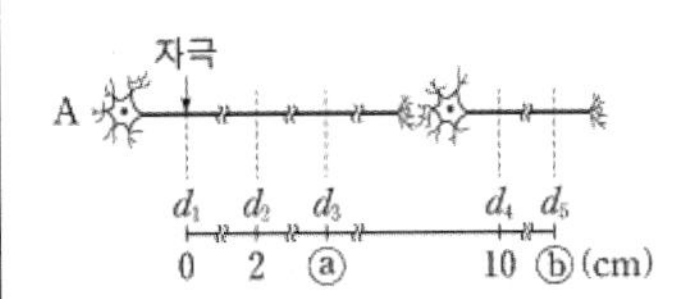

시간	막전위(mV)				
	d_1	d_2	d_3	d_4	d_5
Ⅰ	?	−70	?	+30	0
Ⅱ	+30	?	−70	?	?
Ⅲ	?	−80	+30	?	?

○ A에서 활동 전위가 발생하였을 때, 각 지점에서의 막전위 변화는 그림과 같다.

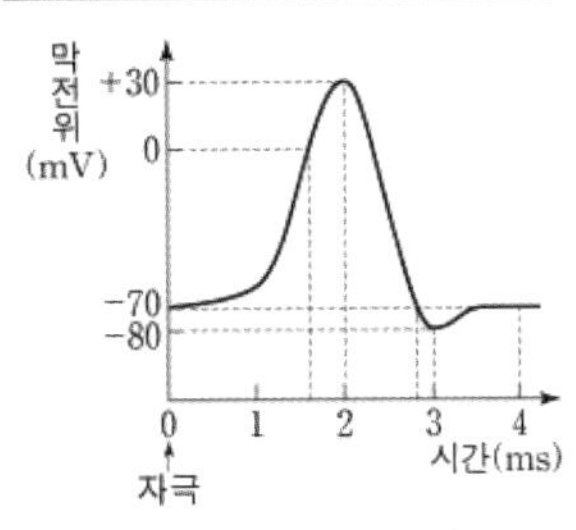

이에 대한 설명으로 옳은 것만을 <보기>에서 있는 대로 고른 것은? (단, A에서 흥분의 전도는 1회 일어났고, 휴지 전위는 −70 mV이다.)

<보 기>

ㄱ. ㉮는 2 cm/ms이다.

ㄴ. ⓐ는 4이다.

ㄷ. ㉠이 9 ms일 때 d_5에서 재분극이 일어나고 있다.

① ㄱ ② ㄷ ③ ㄱ, ㄴ ④ ㄴ, ㄷ ⑤ ㄱ, ㄴ, ㄷ

ㄱ. ㉮는 2cm/ms이다. (O)

ㄴ. ⓐ는 4이다. (O)

ㄷ. d_1에서 d_4까지 흥분이 전달 및 전도되는데 6ms가 걸리고 d_4에서 d_5까지 흥분이 전도되는데 0ms 초과, 1ms 미만의 시간이 걸리므로 ㉠이 9ms일 때 d_5에서 재분극이 일어나고 있다. (O)

답은 ㄱ, ㄴ, ㄷ이다.

03.

막 투과도 추론 [H]

다음은 민말이집 신경 A의 흥분 전도에 대한 자료이다.

○ 그림은 A의 지점 d_1 ~ d_3 의 위치를 나타낸 것이다.

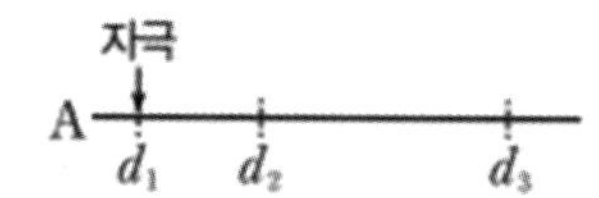

○ 그림은 A의 d_1 에 역치 이상의 자극을 주었을 때, A의 d_1 ~ d_3 에서 측정한 이온 Ⅰ과 Ⅱ의 막 투과도를 시간에 따라 나타낸 것이고, 표는 ㉠ <u>A의 d_1 에 역치 이상의 자극을 1 회 주고 경과된 시간</u>이 t_1 ~ t_3 일 때 (가)~(다)에서 Ⅰ의 막 투과도를 나타낸 것이다. Ⅰ과 Ⅱ는 Na^+와 K^+를 순서 없이 나타낸 것이고, (가)~(다)는 d_1 ~ d_3 를 순서 없이 나타낸 것이다. Ⅰ의 막 투과도가 1 인 지점은 휴지 전위이고, 1 < ⓐ < ⓑ < ⓒ 이다.

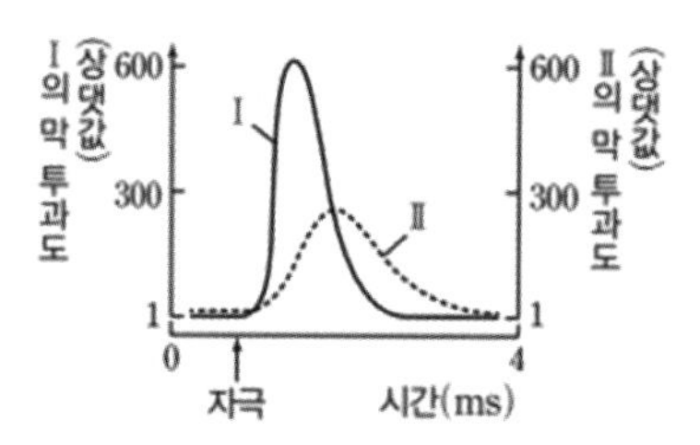

구분	Ⅰ의 막 투과도(상댓값)		
	(가)	(나)	(다)
t_1	1	ⓒ	ⓑ
t_2	ⓑ	1	ⓐ
t_3	ⓐ	1	1

○ ㉠이 t_1 일 때 (나)에서 ㉮가 일어나고 있고, ㉠이 t_3 일 때 (가)에서 ㉯가 일어나고 있다. ㉮와 ㉯는 재분극과 탈분극을 순서 없이 나타낸 것이다.

이에 대한 설명으로 옳은 것만을 <보기>에서 있는 대로 고른 것은? (단, A에서 흥분의 전도는 1회 일어났고, 자극을 준 후 경과된 시간은 $t_1 < t_2 < t_3$ 이다.)

<보기>

ㄱ. Ⅱ은 K^+이다.

ㄴ. ㉠이 t_2일 때 Ⅱ의 막 투과도는 A의 d_2에서가 d_1에서보다 크다.

ㄷ. ㉠이 t_1일 때 A의 d_1과 ㉠이 t_2일 때 A의 d_2에서 모두 ㉮가 일어나고 있다.

[Comment 1] **탈재 판단**

같은 막전위 또는 같은 막 투과도는 탈분극과 재분극에서
모두 나타날 수 있다.

그에 따라 표기의 편의와 구분을 위해 탈분극을 ↗, 재분극을 ↘라고 정의하자.

(By 실전개념서 디올)

자극이 주어진 후 먼저 막 투과도가 변하는 Ⅰ은 Na^+, Ⅱ는 K^+이다.

[Comment 2] **지점 대응**

t_3의 (나)와 (다)에서 막 투과도(상댓값)이 1이므로 분극 상태임을 알 수 있다.

구분	Ⅰ의 막 투과도(상댓값)		
	(가)	(나)	(다)
t_1	1	ⓒ	ⓑ
t_2	ⓑ	1	ⓐ
t_3	ⓐ	1	1

분극 상태가 한 지점에서만 나타날 경우, 분극인 지점은 신경의 지점에서 양극단
지점 (d_1 또는 d_3)중 하나여야 한다. 따라서 (다)는 d_2이다.

구분	Ⅰ의 막 투과도(상댓값)		
	(가)	(나)	(다)[d_2]
t_1	1	ⓒ	ⓑ
t_2	ⓑ	1	ⓐ
t_3	ⓐ	1	1

(나)가 d_3이면 (가)의 ⓐ를 설명할 수 없다.
따라서 (나)는 d_1이고 (가)는 d_3이다.

[Comment 3] **상태 대응**

구분	Ⅰ의 막 투과도(상댓값)		
	(가)[d_3]	(나)[d_1]	(다)[d_2]
t_1	1	ⓒ	ⓑ
t_2	ⓑ	1	ⓐ
t_3	ⓐ	1	1

(가)는 d_3이고 (나)는 d_1이므로 t_1일 때 (나)의 1은 모두 활동 전위가 일어난 후 다시 휴지 전위로 돌아왔을 때의 막 투과도이고, t_2일 때 (가)의 1은 자극을 받지 않아 휴지 전위인 상태의 막 투과도이다.

구분	Ⅰ의 막 투과도(상댓값)		
	(가)[d_3]	(나)[d_1]	(다)[d_2]
t_1	1	ⓒ	ⓑ
t_2	ⓑ	1	ⓐ(↘)
t_3	ⓐ	1	1

ⓐ는 ⓑ보다 작은 값이다. 따라서 ⓐ는 ↘에 대응된다.

구분	Ⅰ의 막 투과도(상댓값)		
	(가)[d_3]	(나)[d_1]	(다)[d_2]
t_1	1	ⓒ	ⓑ
t_2	ⓑ	1	ⓐ(↘)
t_3	ⓐ(↘)	1	1

ⓐ는 ⓑ보다 작은 값이다. 따라서 ⓐ는 ↘에 대응된다.

구분	Ⅰ의 막 투과도(상댓값)		
	(가)[d_3]	(나)[d_1]	(다)[d_2]
t_1	1	ⓒ(↗)	ⓑ
t_2	ⓑ	1	ⓐ(↘)
t_3	ⓐ(↘)	1	1

문제에서 주어진 '㉠이 t_1일 때 (나)에서 ㉮가 일어나고 있고, ㉠이 t_3일 때 (가)에서 ㉯가 일어나고 있다.' 조건에 의해 ⓒ는 ↗에 대응된다. ㉮는 탈분극이고, ㉯는 재분극이다.

구분	Ⅰ의 막 투과도(상댓값)		
	(가)[d_3]	(나)[d_1]	(다)[d_2]
t_1	1	ⓒ(↗)	ⓑ(↗)
t_2	ⓑ	1	ⓐ(↘)
t_3	ⓐ(↘)	1	1

d_1일 때 ↗이므로 d_2일 때도 ↗이어야 한다.

[Comment 4] **선지 판단**

ㄱ. II은 K^+이다. (○)

ㄴ. ㉠이 t_2일 때 II의 막 투과도는 A의 d_2(↘)에서가 d_1(분극)에서보다 크다. (○)

ㄷ. ㉠이 t_1일 때 A의 d_1에서는 탈분극이, ㉠이 t_2일 때 A의 d_2에서는 재분극이 일어나고 있다. ㉮는 탈분극이고, ㉯는 재분극이다. (×)

답은 ㄱ, ㄴ이다.

[Comment 5] **닮은꼴 문항**

닮은꼴 문항과 함께 본 문항의 논리를 복습해보자.

[21학년도 수능]

11. 그림은 어떤 뉴런에 역치 이상의 자극을 주었을 때, 이 뉴런 세포막의 한 지점 P에서 측정한 이온 ㉠과 ㉡의 막 투과도를 시간에 따라 나타낸 것이다. ㉠과 ㉡은 각각 Na^+과 K^+ 중 하나이다.

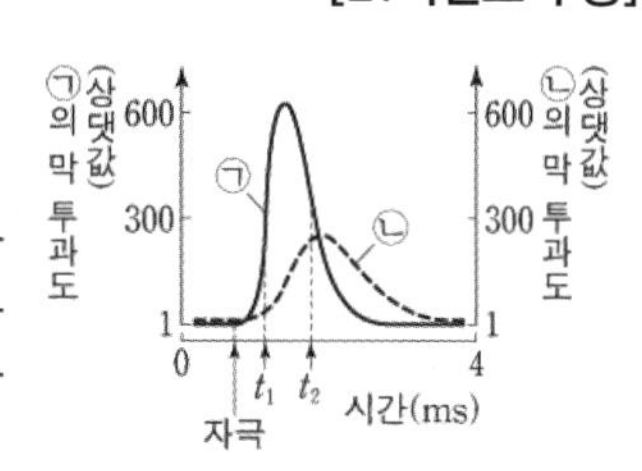

이에 대한 설명으로 옳은 것만을 <보기>에서 있는 대로 고른 것은?

<보 기>

ㄱ. t_1일 때, P에서 탈분극이 일어나고 있다.

ㄴ. t_2일 때, ㉡의 농도는 세포 안에서가 세포 밖에서보다 높다.

ㄷ. 뉴런 세포막의 이온 통로를 통한 ㉠의 이동을 차단하고 역치 이상의 자극을 주었을 때, 활동 전위가 생성되지 않는다.

① ㄱ ② ㄴ ③ ㄱ, ㄷ ④ ㄴ, ㄷ ⑤ ㄱ, ㄴ, ㄷ

ㄱ. t_1일 때 P에서 Na^+의 막 투과도가 상승하며 탈분극이 일어나고 있다. (○)

ㄴ. 살아있는 뉴런에서 K^+의 농도는 항상 세포 안에서가 세포 밖에서보다 높다. (○)

ㄷ. Na^+ 이온의 이동을 차단하고 역치 이상의 자극을 주면 탈분극이 일어나지 않아 활동 전위가 생성되지 않는다. (○)

답은 ⑤ ㄱ, ㄴ, ㄷ이다.

04.

시냅스 추론 [H]

다음은 민말이집 신경 A~C의 흥분 전도와 전달에 대한 자료이다.

○ 그림은 A~C의 지점 d_1~d_3 의 위치를, 표는 시행 P, Q, R마다 A~C에 각각 역치 이상의 자극을 동시에 1 회 주고 경과된 시간이 4ms일 때, Ⅰ~Ⅲ 중 한 지점에서 측정한 막전위를 나타낸 것이다. P, Q, R는 각각 자극을 준 지점이 d_1 일 때, d_2 일 때, d_3 일 때이다. (가)~(다) 중 시냅스가 있는 곳이 존재하며, Ⅰ~Ⅲ은 d_1~d_3 을 순서 없이 나타낸 것이다.

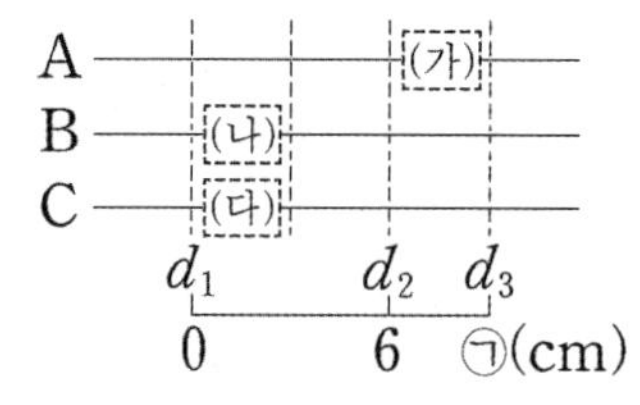

신경	4ms일 때 막전위 (mV)		
	P일 때 Ⅰ	Q일 때 Ⅱ	R일 때 Ⅲ
A	−60	?	-80
B	−68	−70	?
C	−70	−68	0

○ A~C 중 시냅스를 갖는 신경은 ㉮ 두 뉴런으로 구성되고, ㉮의 흥분 전도 속도는 같다. A~C 중 2 개의 신경의 흥분 전도 속도는 ⓐ이고, 나머지 1 개의 신경의 흥분 전도 속도는 ⓑ이다. ⓐ와 ⓑ는 2cm/ms와 3cm/ms를 순서 없이 나타낸 것이다.

○ A~C 각각에서 활동 전위가 발생 하였을 때, 각 지점에서의 막전위 변화는 그림과 같다.

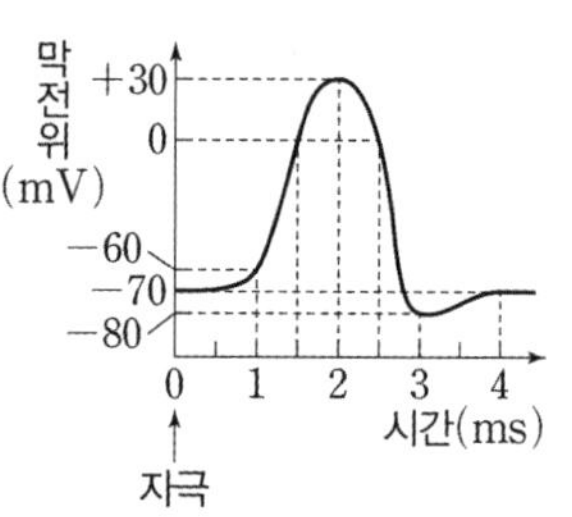

이에 대한 설명으로 옳은 것만을 <보기>에서 있는 대로 고른 것은?
(단, A~C에서 흥분의 전도는 각각 1회 일어났고, 휴지 전위는 −70mV이다.)

<보기>

ㄱ. ㉠은 9이다.

ㄴ. ⓐ는 2cm/ms이다.

ㄷ. B의 Ⅱ에 역치 이상의 자극을 동시에 1회 주고 경과된 시간이 4ms일 때, Ⅲ에서 재분극이 일어나고 있다.

[Comment 1] **단독 해석**

특수 막전위 −80mV은 (1, 3)에서 나타난다.

신경	4ms일 때 막전위(mV)		
	P일 때 Ⅰ	Q일 때 Ⅱ	R일 때 Ⅲ
A	−60	?	-80
B	−68	−70	?
C	−70	−68	0

따라서 Ⅲ은 d_2로 결정된다.

이때 A에서 P일 때 Ⅰ의 막전위가 −70mV가 아니므로 Ⅰ은 d_1이 아니다.
따라서 Ⅰ은 d_3이고, Ⅱ는 d_1이다.

이때 A의 d_3과 (다)에서 A의 d_2에서의 막전위가 모두 −70mV가 아니므로 A는 1개의 뉴런으로 구성되어 있다.

[Comment 2] **시냅스 개수 파악**

B와 C가 1개의 뉴런으로 구성되어 있으면 경과된 시간이 4ms이므로 시행 Q일 때 B와 C의 d_1에서의 막전위는 −60mV(흥분 전도 속도가 2cm/ms인 경우)와 +30mV(흥분 전도 속도가 3cm/ms인 경우) 중 하나이지만 그렇지 않으므로 B와 C는 모두 2개의 뉴런으로 구성되어 있다.

∴ 시냅스 위치는 (나)와 (다)이다.

[Comment 3] **흥분 전달 방향 파악**

시행 P일 때 B의 d_3에서의 막전위가 −68mV이므로 B에서 흥분은 d_1에서 d_2 방향으로만 전달되고, C의 d_1에서의 막전위가 −68mV이므로 C에서 흥분은 d_2에서 d_1 방향으로만 전달된다.

신경	4ms일 때 막전위(mV)		
	P일 때 Ⅰ	Q일 때 Ⅱ	R일 때 Ⅲ
A	−60	?	-80
B	−68	−70	?
C	−70	−68	0

[Comment 4] **속도 결정**

시행 P일 때 A의 d_3에서의 막전위가 -60mV이므로 d_3에서 막전위 변화 시간이 1ms, d_1에서 d_3까지 흥분 전도 시간은 3ms이고, 이때 A의 흥분 전도 속도는 2cm/ms일 수 없으므로 3cm/ms이다. A는 1개의 뉴런으로 구성되어 있고, d_1에서 d_3까지 흥분 전도 시간은 3ms이므로 d_1에서 d_3까지의 거리는 9cm이다. 따라서 ㉠은 9이다.

신경	4ms일 때 막전위(mV)		
	P일 때 I	Q일 때 II	R일 때 III
A	−60	?	-80
B	−68	−70	?
C	−70	−68	0

C의 흥분 전도 속도가 3cm/ms이면 시행 R일 때 C의 d_2에서의 막전위가 -80mV이지만 그렇지 않으므로 C의 흥분 전도 속도는 2cm/ms이다. B의 흥분 전도 속도가 2cm/ms이면 시행 P일 때 B의 d_3에서의 막전위가 -70mV(흥분이 도달하지 못한 분극 상태)이지만 그렇지 않으므로 B의 흥분 전도 속도는 3cm/ms이다. 따라서 ⓐ는 3cm/ms, ⓑ는 2cm/ms이다.

[Comment 5] **선지 판단**

ㄱ. ㉠은 9이다. (○)

ㄴ. ⓐ는 3cm/ms이다. (×)

ㄷ. B의 II에 역치 이상의 자극을 동시에 1회 주고 경과된 시간이 4ms일 때, 흥분이 도달하는 데 걸린 시간이 2ms보다 길기 때문에 III에서 막전위 변화 시간은 2ms보다 짧다. 따라서 III에서 재분극이 일어나고 있지 않다. (×)

답은 ① ㄱ이다.

[Comment 6] **닮은꼴 문항**

닮은꼴 문항과 함께 본 문항의 논리를 복습해보자.

[24학년도 9평]

12. 다음은 민말이집 신경 A~C의 흥분 전도와 전달에 대한 자료이다.

○ 그림은 A~C의 지점 d_1~d_5의 위치를, 표는 ㉠A~C의 P에 역치 이상의 자극을 동시에 1회 주고 경과된 시간이 4 ms일 때 d_1~d_5에서의 막전위를 나타낸 것이다. P는 d_1~d_5 중 하나이고, (가)~(다) 중 두 곳에만 시냅스가 있다. Ⅰ~Ⅲ은 d_2~d_4를 순서 없이 나타낸 것이다.

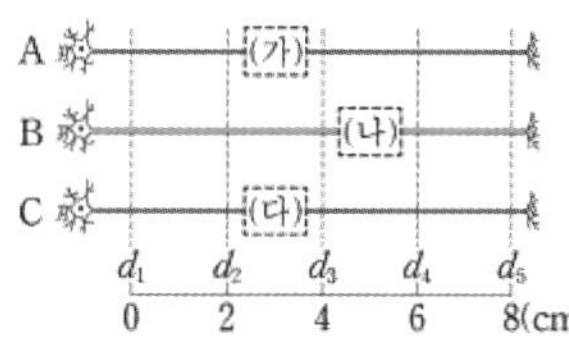

신경	4 ms일 때 막전위(mV)				
	d_1	Ⅰ	Ⅱ	Ⅲ	d_5
A	?	?	+30	+30	−70
B	+30	−70	?	+30	?
C	?	?	?	−80	+30

○ A~C 중 2개의 신경은 각각 두 뉴런으로 구성되고, 각 뉴런의 흥분 전도 속도는 ⓐ로 같다. 나머지 1개의 신경의 흥분 전도 속도는 ⓑ이다. ⓐ와 ⓑ는 서로 다르다.

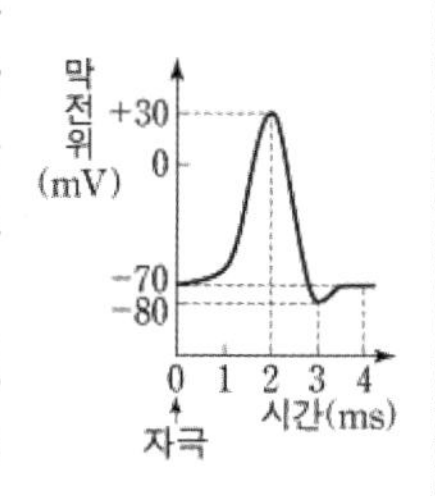

○ A~C 각각에서 활동 전위가 발생하였을 때, 각 지점에서의 막전위 변화는 그림과 같다.

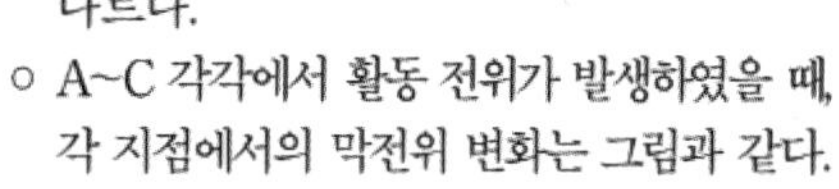

이에 대한 설명으로 옳은 것만을 <보기>에서 있는 대로 고른 것은? (단, A~C에서 흥분의 전도는 각각 1회 일어났고, 휴지 전위는 −70 mV이다.) [3점]

<보 기>

ㄱ. Ⅱ는 d_2이다.
ㄴ. ⓐ는 1 cm/ms이다.
ㄷ. ㉠이 5 ms일 때 B의 d_5에서의 막전위는 −80 mV이다.

① ㄱ ② ㄴ ③ ㄱ, ㄷ ④ ㄴ, ㄷ ⑤ ㄱ, ㄴ, ㄷ

ㄱ. Ⅱ는 d_2이다. (○)

ㄴ. ⓐ는 2cm/ms이다. (×)

ㄷ. ㉠이 5ms일 때, B의 d_5에서 시간 분포는 (3, 2)이므로 막전위는 +30mV이다. (×)

답은 ㄱ이다.

05.

막전위 측정 여부 [H]

다음은 민말이집 신경 A～C의 흥분 전도와 전달에 대한 자료이다.

- 그림은 A～C의 지점 d_1～d_6 의 위치를 나타낸 것이다. B는 뉴런 ㉠과 ㉡으로 구성되어 있다.
- 표는 A～C의 X에 역치 이상의 자극을 동시에 1 회 주고 경과된 시간이 4 ms일 때 A～C의 Ⅰ～Ⅳ에서 +30 mV 또는 −80 mV의 측정 여부를 나타낸 것이다. Ⅰ～Ⅳ는 d_2～d_5 를 순서 없이 나타낸 것이고, X는 d_1～d_6 중 하나이다.

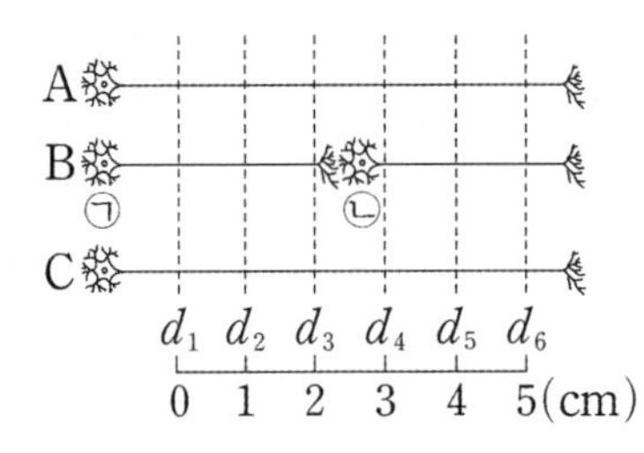

신경	4ms일 때 막전위			
	Ⅰ	Ⅱ	Ⅲ	Ⅳ
A	○	×	○	×
B	×	○	○	×
C	×	×	○	○

(○: 측정됨 ×: 측정되지 않음)

- A와 ㉠의 흥분 전도 속도는 ⓐ로 같고, ㉡과 C의 흥분 전도 속도는 ⓑ로 같다. ⓐ와 ⓑ는 1cm/ms와 2cm/ms를 순서 없이 나타낸 것이다.
- A～C 각각에서 활동 전위가 발생 하였을 때, 각 지점에서의 막전위 변화는 그림과 같다.

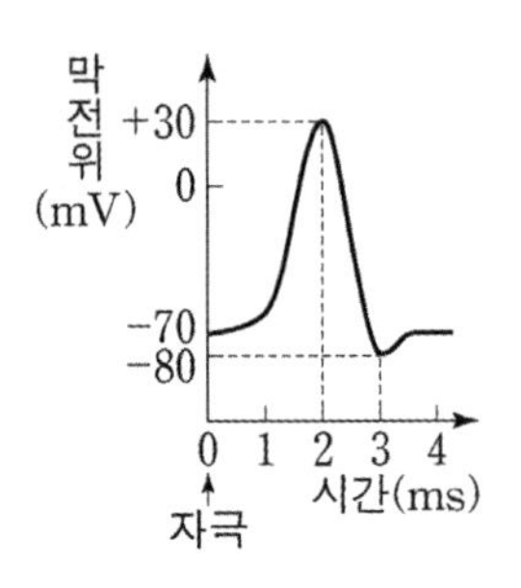

이에 대한 설명으로 옳은 것만을 <보기>에서 있는 대로 고른 것은?
(단, A～C에서 흥분의 전도는 각각 1회 일어났고, 휴지 전위는 -70mV이다.)

<보기>

ㄱ. X는 d_6 이다.
ㄴ. ⓐ는 2 cm/ms이다.
ㄷ. 4 ms일 때 B의 d_5 와 C의 d_4 에서의 막전위는 서로 다르다.

[Comment 1] **자극 지점 판단**

자극 지점의 막전위는 (0, 4)를 만족한다. 그에 따라 자극 지점 X는 다음을 만족해야 한다.

신경	4ms일 때 막전위				
	Ⅰ	Ⅱ	Ⅲ	Ⅳ	X
A	○	×	○	×	×
B	×	○	○	×	×
C	×	×	○	○	×

(○: 측정됨 ×: 측정되지 않음)

따라서 X는 d_1과 d_6 중 하나이다.

[Comment 2] **순서 없이의 해석**

시냅스가 없는 A, C에서 공통으로 '○'가 나타나는 행을 관찰해보자.

신경	4ms일 때 막전위			
	Ⅰ	Ⅱ	Ⅲ	Ⅳ
A	○	×	○	×
B	×	○	○	×
C	×	×	○	○

(○: 측정됨 ×: 측정되지 않음)

자극 지점으로부터 2cm 떨어진 지점에서
시간 분포는 (3, 1) 또는 (2, 2)가 나타나므로
속도가 1cm/ms인지 2cm/ms인지와 무관하게 '○'가 나타난다.

따라서 Ⅲ은 X로부터 2cm 떨어진 지점임을 알 수 있다.

신경	4ms일 때 막전위			
	Ⅰ	Ⅱ	Ⅲ	Ⅳ
A	○	×	○	×
B	×	○	○	×
C	×	×	○	○

(○: 측정됨 ×: 측정되지 않음)

자극 지점으로부터
3cm 떨어진 지점에서 시간 분포는 (2.5, 1.5) 또는 (1, 3)이 나타나므로
속도가 1cm/ms인지 2cm/ms인지와 무관하게 '×'가 나타난다.

따라서 Ⅱ는 X로부터 3cm 떨어진 지점임을 알 수 있다.

[Comment 3] **자극 지점 판단**

B의 Ⅲ이 'O'이므로 자극의 전달이 일어나야 하고
㉠의 속도(ⓐ)가 2cm/ms이어야 한다.

신경	4ms일 때 막전위			
	Ⅰ	Ⅱ	Ⅲ	Ⅳ
A	O	×	O	×
B	×	O	O	×
C	×	×	O	O

(O: 측정됨 ×: 측정되지 않음)

시냅스의 방향을 통해 X는 d_1임을 알 수 있다.

A의 속도가 2cm/ms, C의 속도는 1cm/ms로 결정되었으므로
이를 활용하면 Ⅰ은 d_5이고 Ⅳ는 d_2로 결정할 수 있다.

[Comment 4] **선지 판단**

ㄱ. X는 d_1이다. (×)
ㄴ. ⓐ는 2 cm/ms이다. (O)
ㄷ. 4 ms일 때 B의 d_5와 C의 d_4에서의 막전위는 서로 같다. (O)

답은 ㄴ이다.

[Comment 5] **당해 경향의 연계**

2023년 8월에 시행된 9월 평가원 대비 DIVE 모의고사와
2023년 9월에 시행된 9월 평가원 시험 문항은
다음과 같은 유사성을 나타낸다.

[24학년도 9월 평가원 대비] [H]]

다음은 민말이집 신경 A~C의 흥분 전도와 전달에 대한 자료이다.

○ 그림은 A~C의 지점 d_1~d_6의 위치를 나타낸 것이다. B는 뉴런 ㉠과 ㉡으로 구성되어 있다.

○ 표는 A~C의 X에 역치 이상의 자극을 동시에 1회 주고 경과된 시간이 4ms일 때 A~C의 Ⅰ~Ⅳ에서 +30mV 또는 −80mV의 측정 여부를 나타낸 것이다. Ⅰ~Ⅳ는 d_2~d_5를 순서 없이 나타낸 것이고, X는 d_1~d_6 중 하나이다.

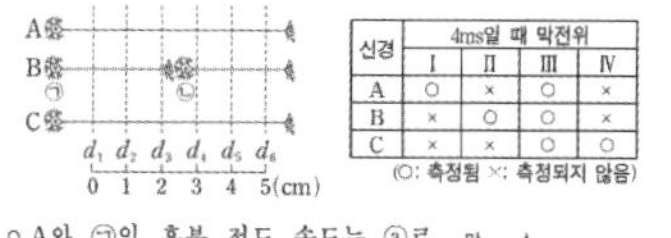

신경	4ms일 때 막전위			
	Ⅰ	Ⅱ	Ⅲ	Ⅳ
A	○	×	○	×
B	×	○	○	×
C	×	×	○	○

(○: 측정됨 ×: 측정되지 않음)

○ A와 ㉠의 흥분 전도 속도는 ⓐ로 같고, ㉡과 C의 흥분 전도 속도는 ⓑ로 같다. ⓐ와 ⓑ는 1cm/ms와 2cm/ms를 순서 없이 나타낸 것이다.

○ A~C 각각에서 활동 전위가 발생하였을 때, 각 지점에서의 막전위 변화는 그림과 같다.

이에 대한 설명으로 옳은 것만을 <보기>에서 있는 대로 고른 것은? (단, A~C에서 흥분의 전도는 각각 1회 일어났고, 휴지 전위는 −70mV이다.) [3점]

<보 기>

ㄱ. X는 d_6이다.
ㄴ. ⓐ는 2cm/ms이다.
ㄷ. 4ms일 때 B의 d_5와 C의 d_4에서의 막전위는 서로 다르다.

① ㄱ ② ㄴ ③ ㄱ, ㄷ ④ ㄴ, ㄷ ⑤ ㄱ, ㄴ, ㄷ

[24학년도 9월 평가원]

다음은 민말이집 신경 A~C의 흥분 전도와 전달에 대한 자료이다.

○ 그림은 A~C의 지점 d_1~d_5의 위치를, 표는 ㉠A~C의 P에 역치 이상의 자극을 동시에 1회 주고 경과된 시간이 4ms일 때 d_1~d_5에서의 막전위를 나타낸 것이다. P는 d_1~d_5 중 하나이고, (가)~(다) 중 두 곳에만 시냅스가 있다. Ⅰ~Ⅲ은 d_2~d_4를 순서 없이 나타낸 것이다.

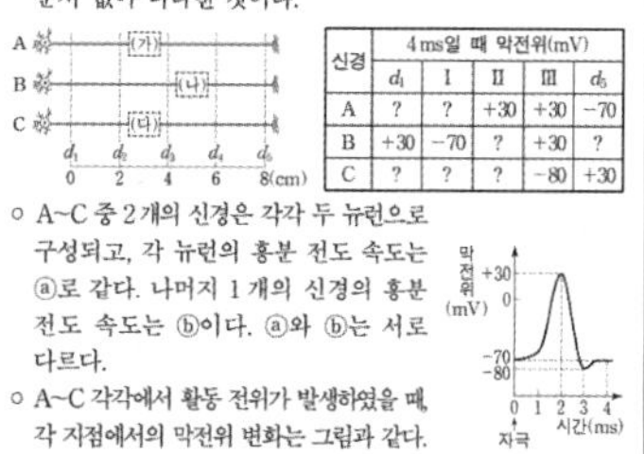

신경	4ms일 때 막전위(mV)				
	d_1	Ⅰ	Ⅱ	Ⅲ	d_5
A	?	?	+30	+30	−70
B	+30	−70	?	+30	?
C	?	?	?	−80	+30

○ A~C 중 2개의 신경은 각각 두 뉴런으로 구성되고, 각 뉴런의 흥분 전도 속도는 ⓐ로 같다. 나머지 1개의 신경의 흥분 전도 속도는 ⓑ이다. ⓐ와 ⓑ는 서로 다르다.

○ A~C 각각에서 활동 전위가 발생하였을 때, 각 지점에서의 막전위 변화는 그림과 같다.

이에 대한 설명으로 옳은 것만을 <보기>에서 있는 대로 고른 것은? (단, A~C에서 흥분의 전도는 각각 1회 일어났고, 휴지 전위는 −70mV이다.) [3점]

<보 기>

ㄱ. Ⅱ는 d_2이다.
ㄴ. ⓐ는 1cm/ms이다.
ㄷ. ㉠이 5ms일 때 B의 d_5에서의 막전위는 −80mV이다.

① ㄱ ② ㄴ ③ ㄱ, ㄷ ④ ㄴ, ㄷ ⑤ ㄱ, ㄴ, ㄷ

1) 발문 (흥분 전도와 전달)
2) 신경 자료 (A~C 제시, 시냅스 존재)
3) 4ms일 때 막전위 자료 표로 제시

[차이점]
왼쪽 문항은 수능 날 새로운 자료의 등장을 대비시켜드리기 위해 +30과 −80을 ○×로 뭉뚱그려 새로운 형태로 제시하였고,
오른쪽 문항은 막전위 자료는 전형적으로 제시하였다.

4) 세부 막전위 (+30, −80mV) & 막전위 그래프 동일
5) 흥분의 전도 속도 1cm/ms or 2cm/ms로 동일
6) 마지막 조건 (평가원 표현)
7) 선지 질문하는 바

ㄱ. 지점 추론 / ㄴ. 속도 추론 / ㄷ. 막전위

8) ①~⑤ 답 분포 (① ㄱ ② ㄴ ③ ㄱ, ㄷ ④ ㄴ, ㄷ ⑤ ㄱ, ㄴ, ㄷ)

여러 경향성을 보아 당해 연계 교재의 동일한 문항을 베이스로 하여
같은 Point를 생각하고 제작하신 것으로 여겨진다.

이는 당해 수능의 시그널은 당해의 경향에서 유의미하게 나타나므로
예견하여 대비할 수 있다는 것을 의미한다.

06.

지점 추론의 해석 [K]

다음은 민말이집 신경 A와 B의 흥분 전도에 대한 자료이다.

○ 표는 A와 B의 지점 Ⅰ ~ Ⅴ 중 두 지점 사이의 거리를, 그림은 A와 B의 각각에서 활동 전위가 발생하였을 때, 각 지점에서의 막전위 변화를 나타낸 것이다.

두 지점 사이의 거리(cm)			
Ⅰ과 Ⅱ	Ⅱ와 Ⅲ	Ⅲ과 Ⅳ	Ⅳ와 Ⅴ
1	2	2	3

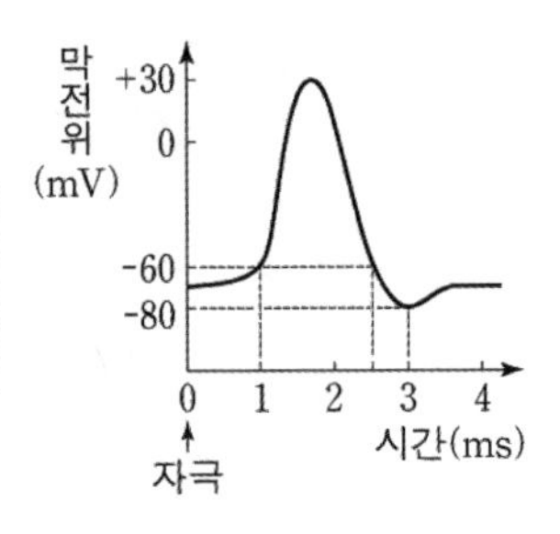

○ A와 B 중 한 신경의 흥분 전도 속도는 2cm/ms이다.

○ A와 B의 지점 ㉠에 역치 이상의 자극을 동시에 1 회 주고 경과된 시간이 4ms일 때 A의 Ⅰ ~ Ⅴ 에서의 막전위는 순서 없이 −80mV, −70mV, −40mV, +10mV, +30mV이고, ⓐ B의 Ⅰ ~ Ⅴ 중 −60mV인 지점의 수는 2 이다. ㉠은 Ⅰ ~ Ⅴ 중 하나이다.

이에 대한 설명으로 옳은 것만을 <보기>에서 있는 대로 고른 것은? (단, Ⅰ ~ Ⅴ 사이에는 시냅스가 없다. A와 B에서 흥분의 전도는 각각 1회 일어났고, 휴지 전위는 -70mV이다.)

<보기>

ㄱ. ㉠은 Ⅱ 이다.
ㄴ. B의 흥분 전도 속도는 2cm/ms이다.
ㄷ. ⓐ는 Ⅰ과 Ⅳ이다.

[Comment 1] **각 지점 사이 거리 그리기**

신경 A, B를 그린 후 Ⅰ을 기준 잡아서 Ⅱ는 Ⅰ로부터 오른쪽 1cm 떨어져 있다고 설정해보자. Ⅱ가 Ⅰ의 오른쪽에 있다고 기준을 잡으면, 나머지 지점들인 Ⅱ~Ⅴ의 가능한 거리는 가능한 경우를 모두 따져봐야 하고, 가능한 모든 지점을 그리면 다음과 같다.

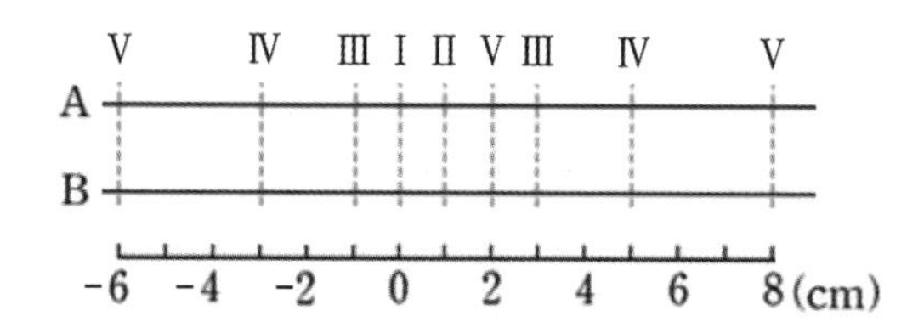

[Comment 2] **A에 주어진 막전위 해석하기**

신경 A에서 모든 지점의 막전위가 다르다는 정보를 통해 자극 지점 ㉠으로부터 대칭인 지점이 존재하면 안 되는 것을 알 수 있다. 자극 지점에서의 시간은 (0, 4)로 분류되므로 막전위는 −70mV이다. 나머지 막전위 중 −80mV가 뒷시간이 가장 길기 때문에 자극 지점으로부터 가장 가까운 지점의 막전위이다.

[Comment 3] **B에 주어진 막전위 해석하기**

자극 지점 ㉠으로부터 대칭인 지점이 존재하지 않으므로 신경 B에서 −60mV인 두 지점의 뒷시간은 서로 달라야 한다. 따라서 두 막전위 중 하나는 (3, 1)로, 나머지 하나는 (1.5, 2.5)로 표현할 수 있다. 이때 각 지점 사이의 거리는 자연수이므로 B의 흥분 전도 속도는 앞시간이 1.5인 지점이 나타나는 것을 고려했을 때 2의 배수여야 하는 것을 알 수 있다. 그리고 B에서 탈분극의 −60mV인 지점을 ⓧ라고 하자. A에서 ⓧ가 −80mV, −40mV, +10mV, +30mV 중 어떠한 막전위가 되었던 B에서 ⓧ보다 뒷시간이 더 길기 때문에 A의 흥분 전도 속도가 B의 흥분 전도 속도보다 빠르다.

[Comment 4] **흥분 전도 속도가 2cm/ms인 신경 파악하기**

A의 흥분 전도 속도가 2cm/ms라면, B의 흥분 전도 속도는 2cm/ms보다 느려야 한다. 그러나 앞서 B의 흥분 전도 속도는 2의 배수여야 한다는 것을 파악했다. B의 흥분 전도 속도는 2cm/ms보다 느리면 2의 배수로 이뤄진 속도가 나타날 수 없으므로 B의 흥분 전도 속도가 2cm/ms이다. B에서 앞시간이 3인 지점, 1.5인 지점은 자극 지점으로부터 각각 6cm, 3cm 떨어진 지점이다.

[Comment 5] **A의 흥분 전도 속도 파악 및 ㉠ 찾기**

A의 흥분 전도 속도는 2cm/ms보다 빠르므로, (1, 3)이 측정되는 시점은 자극 지점으로부터 가장 가깝기 때문에 최소 자극 지점으로부터 최소 2cm보다 멀리 떨어져 있다. 앞서 자극 지점으로부터 대칭인 지점이 나타나면 안 되고, 자극 지점으로부터 6cm, 3cm 있어야 한다는 점과 A에서 자극 지점으로부터 가장 가까운 지점은 최소 2cm보다 멀리 떨어져 있어야 한다는 것까지 고려하면 ㉠은 Ⅰ보다 왼쪽에 있는 Ⅴ임을 알 수 있고, A의 흥분 전도 속도는 3cm/ms이다.

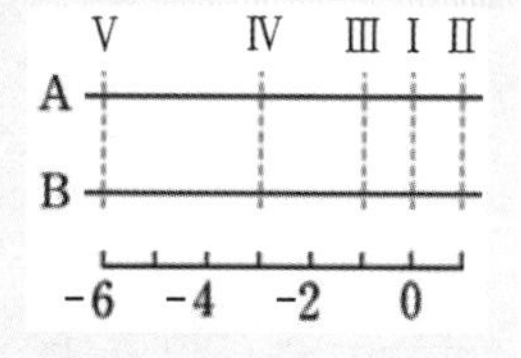

따라서 최종 그림을 완성하면 오른쪽 그림과 같다. **정답은 ㄴ, ㄷ이다.**

07.

막전위 변화 시간의 추론 [K]

다음은 민말이집 신경 A와 B의 흥분 전도와 전달에 대한 자료이다.

○ 그림 (가)는 A와 B의 지점 d_1~d_5 까지의 위치를, (나)는 A와 B 각각에서 활동 전위가 발생하였을 때, 각 지점에서의 막전위 변화를 나타낸 것이다.

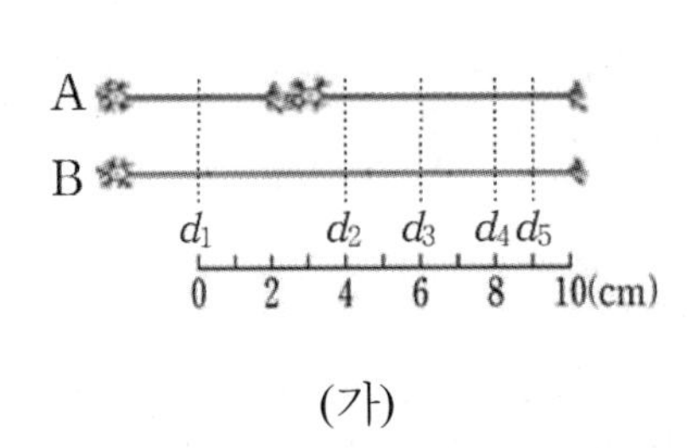

(가)

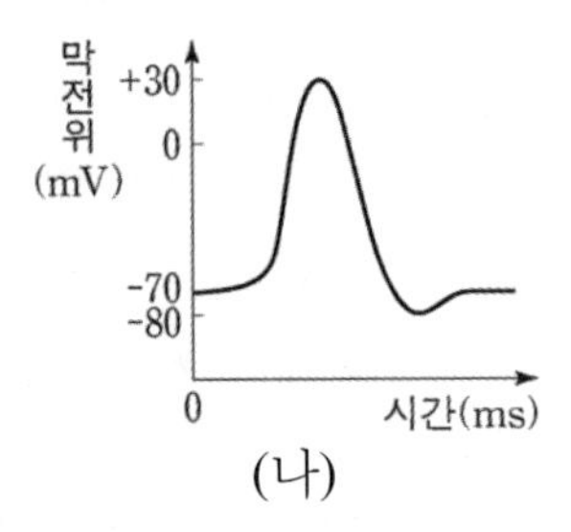

(나)

○ A를 구성하는 두 뉴런의 흥분 전도 속도는 ㉠으로 같고, B의 흥분 전도 속도는 ㉡이다. ㉠과 ㉡은 2cm/ms와 3cm/ms를 순서 없이 나타낸 것이다.

○ 표는 A와 B의 d_1 에 역치 이상의 자극을 동시에 1 회 주고 경과된 시간이 5ms일 때와 t_1 일 때 지점 d_2~d_5 에서의 막전위를 나타낸 것이다.

구분		막전위(mV)			
		d_2	d_3	d_4	d_5
5ms일 때	A	?	-70	ⓐ	+30
	B	-80	+10	?	?
t_1일 때	A	?	?	-80	ⓒ
	B	?	ⓑ	+10	+20

이에 대한 설명으로 옳은 것만을 <보기>에서 있는 대로 고른 것은?
(단, A와 B에서 흥분의 전도는 각각 1회 일어났고, 휴지 전위는 -70mV이다.)

<보기>

ㄱ. t_1 은 6ms이다.
ㄴ. ㉡은 2cm/ms이다.
ㄷ. ⓐ + ⓑ = ⓒ 이다.

[Comment 1] **흥분 전도 속도 구하기**

5ms일 때 A의 d_3과 d_5를 비교하였을 때, d_3은 뒷시간이 d_5일 때보다 길어야 하므로 재분극이거나 과분극 이후의 분극 상태이다. 이때 d_3에서의 흥분은 A가 B보다 먼저 도달했다. 시냅스를 이루는 신경 A가 B보다 흥분 전도 속도가 느리면 시냅스를 거친 이후의 지점들도 B보다 늦게 도달해야 한다. 현재 A가 시냅스를 거친 이후의 지점 d_3에서 B보다 먼저 도달했으므로 A의 흥분 전도 속도는 3cm/ms, B의 흥분 전도 속도는 2cm/ms이다. 따라서 ㉠은 3cm/ms, ㉡은 2cm/ms이다.

[Comment 2] **각 지점에서의 앞시간, 뒷시간 구하기**

5ms일 때 B의 d_2는 (2, 3)이고, d_3은 (3, 2)이다. 또한 t_1일 때 B의 d_4는 뒷시간이 d_5일 때보다 길어야 하므로 재분극 상태이다. 5ms일 때 A의 d_5는 시냅스가 없다고 하였을 때 (3, 2)이지만, 실제로 시냅스가 있으므로 흥분 전달 시간이 추가되어 뒷시간이 2ms보다 짧아진다. 따라서 +30mV는 뒷시간이 2ms보다 짧으므로 5ms일 때 B의 d_3에서 (3, 2)인 +10mV는 재분극 상태이다. 따라서 t_1일 때 B의 d_4는 (4, 2)이므로 t_1은 6ms이다.

[Comment 3] **선지 판단**

ㄱ. t_1은 6ms이다. (○)

ㄴ. ㉡은 2cm/ms이다. (○)

ㄷ. t_1일 때 A의 d_4는 (3, 3)이므로 5ms일 때 A의 d_4는 (3, 2)이다. 따라서 ⓐ는 +10이다. ⓑ는 (3, 3)이므로 −80이다. A의 d_4에서의 앞시간은 3ms이므로 d_5까지 도달하는 데 $\frac{1}{3}$ms가 걸린다. 따라서 ⓒ는 ($\frac{10}{3}$, $\frac{8}{3}$)일 때의 막전위이다. 이때 A의 d_3은 d_4보다 $\frac{2}{3}$ms 먼저 도달했으므로 5ms일 때 A의 d_3에서의 막전위가 ($\frac{7}{3}$, $\frac{8}{3}$)일 때이다. 따라서 뒷시간이 $\frac{8}{3}$ms일 때의 막전위가 −70mV이므로 ⓒ는 −70이다. 따라서 ⓐ(+10) + ⓑ(−80) = ⓒ(−70)이다. (○)

답은 ㄱ, ㄴ, ㄷ이다.

08.

두 막전위 그래프의 해석 [K]

다음은 민말이집 신경 A~C의 흥분 전도에 대한 자료이다.

○ 그림은 A~C의 지점 d_1 으로부터 세 지점 d_1~d_4 까지의 거리를, 표는 ㉠ 각 신경의 d_1 에 역치 이상의 자극을 동시에 1 회 주고 경과된 시간이 ⓐ ms일 때 d_1~d_4 에서 측정한 막전위를 나타낸 것이다. Ⅰ~Ⅳ는 d_1~d_4 를 순서 없이 나타낸 것이다.

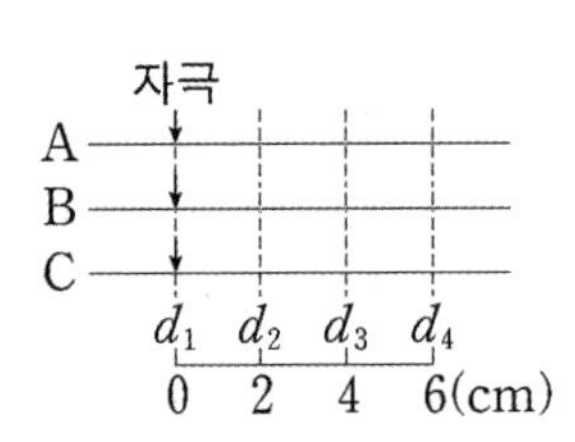

지점	막전위(mV)
A의 Ⅰ	+30
B의 Ⅱ	−80
B의 Ⅲ	−70
C의 Ⅱ	−80
C의 Ⅳ	?

○ A~C의 흥분 전도 속도는 순서 없이 1cm/ms, 2cm/ms, 3cm/ms이다.

○ 그림 (가)는 A와 B의 d_1~d_4 에서, (나)는 C의 d_1~d_4 에서 활동 전위가 발생하였을 때 각 지점에서의 막전위 변화를 나타낸 것이다.

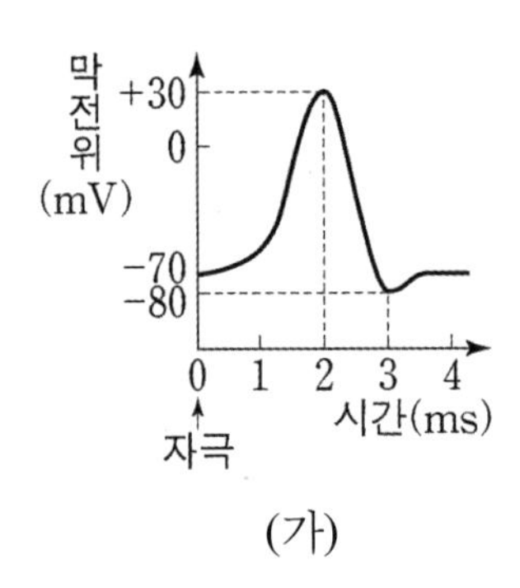

(가)

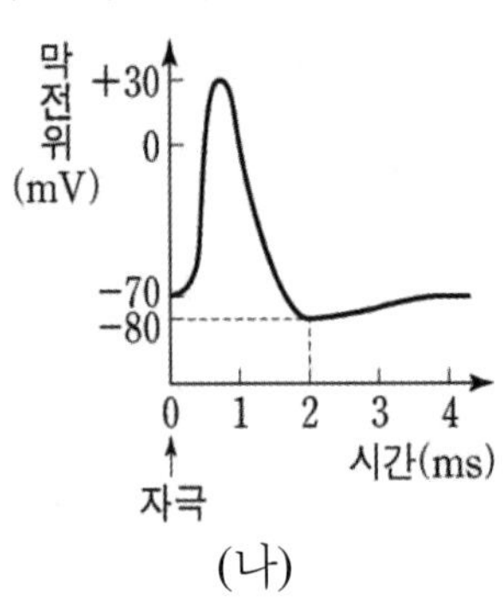

(나)

이에 대한 설명으로 옳은 것만을 <보기>에서 있는 대로 고른 것은?
(단, A~C에서 흥분의 전도는 각각 1회 일어났고, 휴지 전위는 -70mV이다.)

<보기>

ㄱ. ⓐ는 3이다.
ㄴ. B의 흥분 전도 속도는 2cm/ms이다.
ㄷ. ㉠이 6ms일 때 B의 Ⅰ과 C의 Ⅳ에서 측정한 막전위는 같다.

[Comment 1] **ⓐ, 각 신경의 흥분 전도 속도, Ⅰ ~ Ⅳ 구하기**

A의 Ⅰ은 (_ , 2) B의 Ⅱ는 (_ , 3), C의 Ⅱ는 (_ , 2)로 나타낼 수 있다.
B의 Ⅱ와 C의 Ⅱ의 막전위 변화 시간(뒷시간) 비교를 통해 B의 흥분 전도 속도가 C보다 빠른 것을 알 수 있다.

세 신경 중 하나의 속도는 1cm/ms이므로 ⓐ는 자연수이다.

ⓐ가 자연수이므로 속도가 3cm/ms인 신경은 d_4에서 측정한 것이다. B의 속도가 3cm/ms라면, B의 Ⅱ(d_4)는 (2, 3)이며, ⓐ는 5가 된다. C의 Ⅱ는 (3, 2)가 되므로 C의 흥분 전도 속도는 2cm/ms가 되고, 남은 A의 흥분 전도 속도는 1cm/ms가 된다. A의 Ⅰ은 (3, 2)이므로 Ⅰ은 자극 지점(d_1)으로부터 3cm 떨어진 지점이다. 이는 존재하지 않는 지점이므로 모순이다. A의 흥분 전도 속도는 3cm/ms, B의 흥분 전도 속도는 2cm/ms, C의 흥분 전도 속도는 1cm/ms이다.

따라서 A의 Ⅰ을 통해 Ⅰ은 d_4가 되고, 이때 A의 Ⅰ은 (2, 2)이므로 ⓐ는 4이다.

B의 Ⅱ는 (1, 3)이므로 Ⅱ는 d_2이고, B의 d_3에서의 막전위는 (2, 2)이므로 +30mV여야 하므로 Ⅲ이 d_1, 남은 Ⅳ가 d_3이다.

[Comment 2] **선지 판단**

ㄱ. ⓐ는 4이다. (×)
ㄴ. B의 흥분 전도 속도는 2cm/ms이다. (○)
ㄷ. ㉠이 6ms일 때 B의 Ⅰ(d_4)은 (3, 3)으로 −80mV이고, C의 Ⅳ(d_3)은 (4, 2)이므로 −80mV이다. (○)

답은 ㄴ, ㄷ이다.

09.

신경 매칭 [K]

다음은 민말이집 신경 A와 B의 흥분 전도에 대한 자료이다.

○ 그림은 A와 B의 지점 $d_1 \sim d_4$ 의 위치를, 표는 ⓐ A와 B의 지점 X에 역치 이상의 자극을 동시에 1 회 주고 경과된 시간이 4ms일 때 $d_1 \sim d_4$ 에서의 막전위를 나타낸 것이다. X는 $d_1 \sim d_4$ 중 하나이고, ㉠과 ㉡은 A와 B를 순서 없이 나타낸 것이며, Ⅰ~Ⅳ는 $d_1 \sim d_4$ 를 순서 없이 나타낸 것이다.

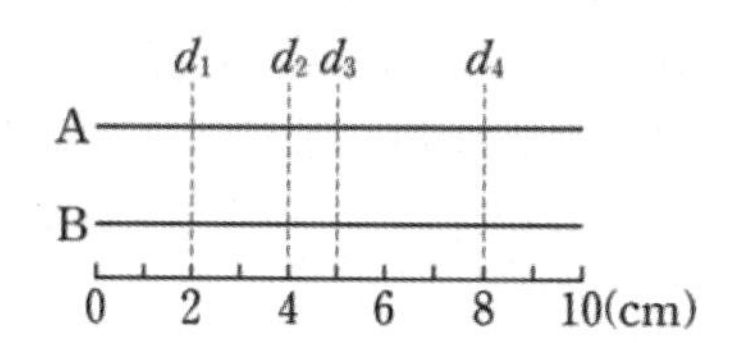

신경	4ms일 때 막전위(mV)			
	Ⅰ	Ⅱ	Ⅲ	Ⅳ
㉠	?	?	+10	-80
㉡	?	-80	-60	?

○ A의 흥분 전도 속도는 3cm/ms이다.

○ ⓐ가 3ms일 때 A의 Ⅰ 에서의 막전위는 ⓐ가 6ms일 때 B의 Ⅲ 에서의 막전위와 같다.

○ A와 B 각각에서 활동 전위가 발생하였을 때, 각 지점에서의 막전위 변화는 그림과 같다.

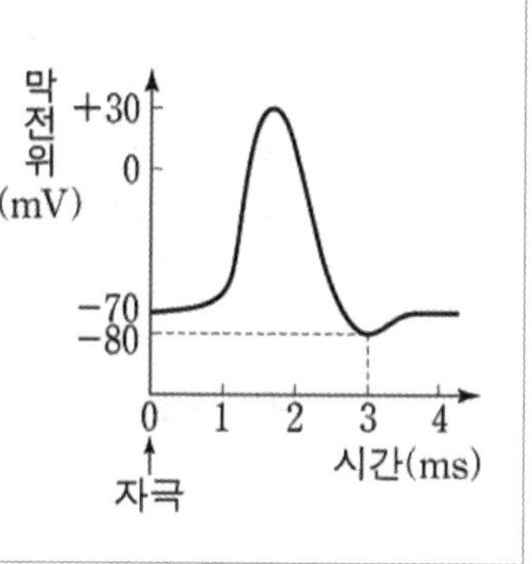

이에 대한 설명으로 옳은 것만을 <보기>에서 있는 대로 고른 것은? (단, A와 B에서 흥분의 전도는 각각 1회 일어났고, 휴지 전위는 -70mV이다.)

<보기>

ㄱ. ㉠은 A이다.

ㄴ. X는 d_3이다.

ㄷ. ⓐ가 3ms일 때, B의 d_2에서 재분극이 일어나고 있다.

[Comment 1] **자극 지점 판단**

A와 B에서 X에서의 막전위는 모두 -70mV이므로 X는 Ⅰ이다.

[Comment 2] **특수 막전위**

-80mV는 (1, 3)이다. A의 흥분 전도 속도는 3cm/ms이므로 X로부터 3cm 떨어진 지점에 측정 지점이 존재한다. 따라서 X는 d_2일 수 없다.
세번째 조건에서 ⓐ가 3ms일 때 A의 Ⅰ은 (0, 3)이므로 막전위는 -80mV이다. 이에 따라 ⓐ가 6ms일 때 B의 Ⅲ은 (3, 3)이다.

주어진 표에서 B의 Ⅲ은 (3, 1)이므로 ㉠은 B일 수 없다. 따라서 ㉠은 A, ㉡은 B이며, Ⅲ을 통해 A가 B보다 흥분 전도 속도가 더 빠른 것을 파악할 수 있다. 이에 따라 표에서 Ⅱ의 비교를 통해 A의 Ⅱ에서 뒷시간은 3ms보다는 길어야 한다. 이때 A의 Ⅱ ~ Ⅳ에서의 막전위는 모두 다르므로 X는 d_3이 아니다. 따라서 X는 d_1과 d_4 중 하나인데, 어느 경우건 A의 Ⅳ = A의 d_3이다. A의 Ⅱ는 Ⅳ(d_3)보다 자극 지점 X로부터 더 가까운 지점이므로 X는 d_1, Ⅱ는 d_2, Ⅲ은 d_4이다. B의 흥분 전도 속도는 2cm/ms이다.

[Comment 3] **선지 판단**

ㄱ. ㉠은 A이다. (○)
ㄴ. X는 d_1이다. (×)
ㄷ. ⓐ가 3ms일 때 B의 d_2는 (1, 2)이므로 재분극이 일어나고 있다. (○)

답은 ㄱ, ㄷ이다.

10.

경과된 시간이 여러 개 [K]

다음은 민말이집 신경 A와 B의 흥분 전도에 대한 자료이다.

○ 그림은 A와 B의 일부를, 표는 ㉠ A와 B의 지점 d_1 에 역치 이상의 자극을 동시에 1 회 주고 경과된 시간이 3ms, 4ms, 5ms, 6ms일 때 지점 d_2 에서 측정한 막전위를 나타낸 것이다. Ⅰ ~ Ⅳ는 3ms, 4ms, 5ms, 6ms를 순서 없이 나타낸 것이다.

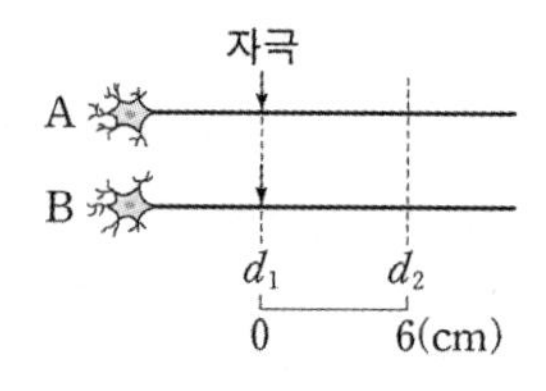

신경	d_2에서 측정한 막전위(mV)			
	Ⅰ	Ⅱ	Ⅲ	Ⅳ
A	-70	-60	ⓐ	+10
B	-80	-70	+10	-60

○ A와 B 각각에서 활동 전위가 발생하였을 때, 각 지점에서의 막전위 변화는 그림과 같다.

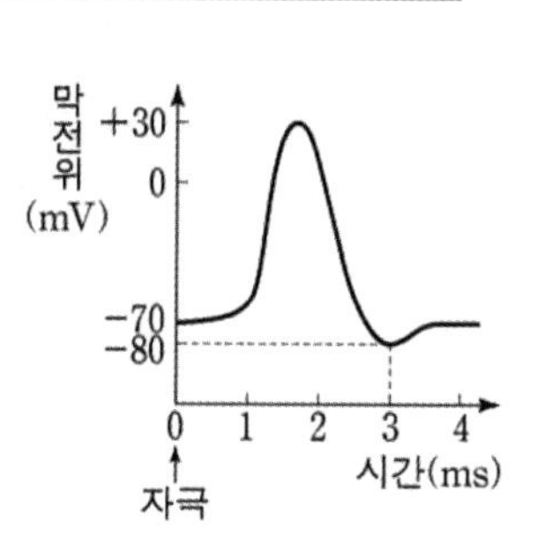

이에 대한 설명으로 옳은 것만을 <보기>에서 있는 대로 고른 것은?
(단, A와 B에서 흥분의 전도는 각각 1회 일어났고, 휴지 전위는 -70mV이다.)

<보기>

ㄱ. Ⅱ는 5ms이다.

ㄴ. A의 흥분 전도 속도는 3cm/ms이다.

ㄷ. $\frac{ⓐ}{\text{㉠이 7ms일 때 B의 } d_2 \text{ 에서 측정한 막전위}} = 1$이다.

[Comment 1] **정수 논리 사용**

B의 Ⅰ에서 뒷 시간은 3ms이고, d_1에서 d_2까지 흥분이 도달하는 데 걸리는 시간이 존재하므로 Ⅰ은 4ms, 5ms, 6ms 중 하나이다. 이 중 어느 경우건 d_1에서 d_2까지 흥분이 도달하는 데 걸리는 시간은 자연수ms이다. 따라서 B의 d_2에서의 앞시간은 자연수ms이고, Ⅱ~Ⅳ도 모두 자연수이므로 B의 Ⅱ~Ⅳ에서 뒷시간은 모두 정수ms이다. 따라서 B의 Ⅲ에서 뒷시간은 2ms, B의 Ⅳ에서 뒷시간은 1ms이다.

A와 B의 Ⅳ의 비교를 통해, A의 Ⅳ에서 뒷시간이 B의 Ⅳ보다 길기 때문에, 흥분 전도 속도는 A에서가 B에서보다 빠르다. 따라서 A와 B의 Ⅱ에서의 비교를 통해 B의 Ⅱ에서 −70mV는 탈분극 이전의 분극 상태이다.

B의 Ⅰ~Ⅳ의 뒷시간은 비교해보면, Ⅰ > Ⅲ > Ⅳ > Ⅱ이다. 따라서 Ⅰ은 6ms, Ⅲ은 5ms, Ⅳ는 4ms, Ⅱ는 3ms이다. B의 d_2에서의 앞시간은 3ms이므로, B의 흥분 전도 속도는 2cm/ms이다.

[Comment 2] **A의 흥분 전도 속도 파악**

Ⅳ(4ms) > Ⅱ(3ms)이므로, A의 Ⅱ에서의 막전위 −60mV는 탈분극 상태이다. 따라서 A의 Ⅱ는 (2, 1)이며, A의 앞시간은 2ms이므로 A의 흥분 전도 속도는 3cm/ms이다.

[Comment 3] **선지 판단**

ㄱ. Ⅱ는 3ms이다. (×)

ㄴ. A의 흥분 전도 속도는 3cm/ms이다. (○)

ㄷ. ⓐ는 (2, 3)일 때의 막전위이므로, -80mV이다. ㉠이 7ms일 때 B의 d_2에서의 막전위는 (3, 4)일 때이므로, -70mV이다. 따라서 구하는 분수값은 $\frac{8}{7}$이다. (×)

답은 ㄴ이다.

비 유 전

2

Theme

근육의 수축

11. 순서 없이의 해석 [H]

다음은 골격근의 수축 과정에 대한 자료이다.

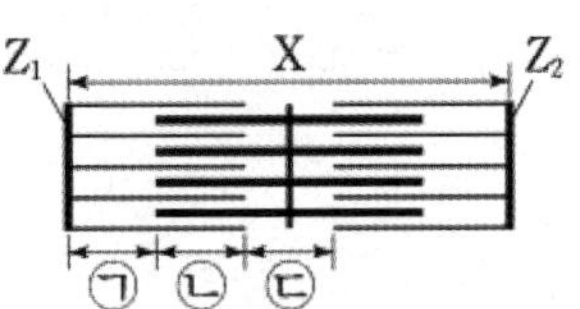

- 그림은 근육 원섬유 마디 X의 구조를 나타낸 것이다. X는 좌우 대칭이고, Z_1 과 Z_2 는 X의 Z선이다.
- 구간 ㉠은 액틴 필라멘트만 있는 부분이고, ㉡은 액틴 필라멘트와 마이오신 필라멘트가 겹치는 부분이며, ㉢은 마이오신 필라멘트만 있는 부분이다.
- 골격근 수축 과정의 시점 t_1 일 때 ㉠~㉢의 길이는 순서 없이 ㉮, d, $10d$이고, 시점 t_2 일 때 ⓐ와 ㉡의 길이는 ㉮로 같다. d는 0 보다 크고, t_1 일 때 A대의 길이는 L이다.
- $\frac{t_2 \text{ 일 때 ⓑ의 길이}}{t_1 \text{ 일 때 ⓑ의 길이}}$와 $\frac{t_1 \text{ 일 때 ㉡의 길이}}{t_2 \text{ 일 때 ㉡의 길이}}$는 서로 같다. ⓐ와 ⓑ는 ㉠과 ㉢을 순서 없이 나타낸 것이다.
- H대의 길이는 t_2 일 때가 t_1 일 때보다 짧다.

이에 대한 설명으로 옳은 것만을 <보기>에서 있는 대로 고른 것은?

<보기>

ㄱ. 근육 원섬유는 동물의 세포에 해당한다.
ㄴ. t_2 일 때 ㉢의 길이는 $4d$이다.
ㄷ. t_1 일 때, X의 Z_1 로부터 Z_2 방향으로 거리가 $\frac{L}{2}$인 지점은 ㉡에 해당한다.

[Comment 1] **자유로운 요소 정리**

㉮는 가로에 3개 와야 하고, H대의 길이는 t_2일 때가 t_1일 때보다 짧으므로 ㉮는 서로 같은 세로줄에 올 수 없다. 따라서 다음과 같이 요소 정리할 수 있다.

시점	수축 방향성		㉡	
			↑	
t_1	↓	㉮		
t_2			㉮	㉮

$\dfrac{t_2\text{일 때 ⓑ의 길이}}{t_1\text{일 때 ⓑ의 길이}}$와 $\dfrac{t_1\text{일 때 ㉡의 길이}}{t_2\text{일 때 ㉡의 길이}}$는 서로 같으므로

㉡ 줄과 ⓑ 줄의 스칼라량(변화량)이 동일해야 한다.

따라서 ⓐ 줄은 ⇓이어야 한다.

∴ ⓑ는 ㉠이고 ⓐ는 ㉢이다.

[Comment 2] **순서 없이의 해석**

'순서 없이' 조건은

1) <u>존재성</u> (㉠, ㉡, ㉢이 각각에 1:1 대응된다.)
2) <u>여사건</u> (㉠과 ㉡의 합이 일정할 때, 여사건 ㉢의 변화를 관찰할 수 있다.)
3) <u>합차변화</u> (㉠, ㉡, ㉢이 순서 없이 주어질 때, 합차변화를 관찰할 수 있다.)

위 1)~3)은 수치 추론형 or 자료 해석형 문항에서 매우 자주 등장하는 논리들이다.

t_1일 때 ㉡의 길이와 ⓐ의 길이는 d와 $10d$를 순서 없이 나타낸 것이다.
각각의 값은 정확하게 요소 정리할 수 없어도 '각각의 칸에 존재하므로'
㉮의 값은 d와 $10d$의 1:2 내분점에 위치해야 한다.

시점	수축 방향성	ⓑ	㉡	ⓐ
		↓	↑	⇓
t_1	↓	㉮		
t_2			㉮	㉮

이때 t_1일 때 ㉡의 길이와 ⓐ의 길이는 d와 $10d$를 순서 없이 나타낸 것이므로 ㉮는 1:2 내분점인 $4d$이거나 2:1 내분점인 $7d$이다.

[Comment 3] **요소 정리**

$7d$이면 H대의 길이는 t_2일 때가 t_1일 때보다 짧다는 조건을 만족하지 못하므로 ㉮는 $4d$이다. 따라서 나머지 길이가 모두 요소 정리된다.

시점	수축 방향성	ⓑ	㉡	ⓐ
		↓	↑	⇓
t_1	↓	㉮ ($4d$)	d	$10d$
t_2		d	㉮ ($4d$)	㉮ ($4d$)

[Comment 4] **선지 판단**

ㄱ. 근육 원섬유는 동물의 세포에 해당하지 않는다. (×)

ㄴ. t_2일 때 ㉢의 길이는 $4d$이다. (○)

ㄷ. t_1일 때, X의 Z_1로부터 Z_2 방향으로 거리가 $\frac{L}{2}$인 지점은 ㉢에 해당한다. (×)

답은 ㄴ이다.

[Comment 5] **닮은꼴 문항**

닮은꼴 문항과 함께 본 문항의 논리를 복습해보자.

[23학년도 수능]

13. 다음은 골격근의 수축 과정에 대한 자료이다.

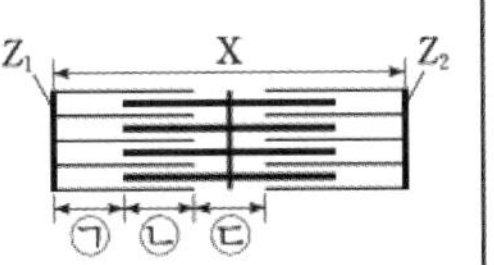

- 그림은 근육 원섬유 마디 X의 구조를 나타낸 것이다. X는 좌우 대칭이고, Z_1과 Z_2는 X의 Z선이다.
- 구간 ㉠은 액틴 필라멘트만 있는 부분이고, ㉡은 액틴 필라멘트와 마이오신 필라멘트가 겹치는 부분이며, ㉢은 마이오신 필라멘트만 있는 부분이다.
- 골격근 수축 과정의 두 시점 t_1과 t_2 중, t_1일 때 X의 길이는 L이고, t_2일 때만 ㉠~㉢의 길이가 모두 같다.
- $\frac{t_2\text{일 때 ⓐ의 길이}}{t_1\text{일 때 ⓐ의 길이}}$와 $\frac{t_1\text{일 때 ㉡의 길이}}{t_2\text{일 때 ㉡의 길이}}$는 서로 같다. ⓐ는 ㉠과 ㉢ 중 하나이다.

이에 대한 설명으로 옳은 것만을 <보기>에서 있는 대로 고른 것은?

<보 기>

ㄱ. ⓐ는 ㉢이다.
ㄴ. H대의 길이는 t_1일 때가 t_2일 때보다 짧다.
ㄷ. t_1일 때, X의 Z_1로부터 Z_2 방향으로 거리가 $\frac{3}{10}$L인 지점은 ㉡에 해당한다.

① ㄱ ② ㄴ ③ ㄱ, ㄷ ④ ㄴ, ㄷ ⑤ ㄱ, ㄴ, ㄷ

ㄱ. ⓐ는 ㉢이다. (O)

ㄴ. H대의 길이는 ㉢의 길이이고, t_1일 때 $4d$, t_2일 때 $2d$이므로 H대의 길이는 t_1일 때가 t_2일 때보다 길다. (×)

ㄷ. L은 $12d$이므로 (3/10)L은 3.6d에 해당하고, t_1일 때 ㉠의 길이와 ㉡의 길이는 각각 $3d$와 d이므로 ㉡에 해당한다. (O)

답은 ③ ㄱ, ㄷ이다.

12.

단면 변화 [H]

다음은 골격근의 수축 과정에 대한 자료이다.

○ 그림 (가)는 근육 원섬유 마디 X의 구조를, (나)의 ㉠~㉢은 X를 ㉮ 방향으로 잘랐을 때 관찰되는 단면의 모양을 나타낸 것이다. X는 좌우 대칭이고, Z_1 과 Z_2 는 X의 Z선이다.

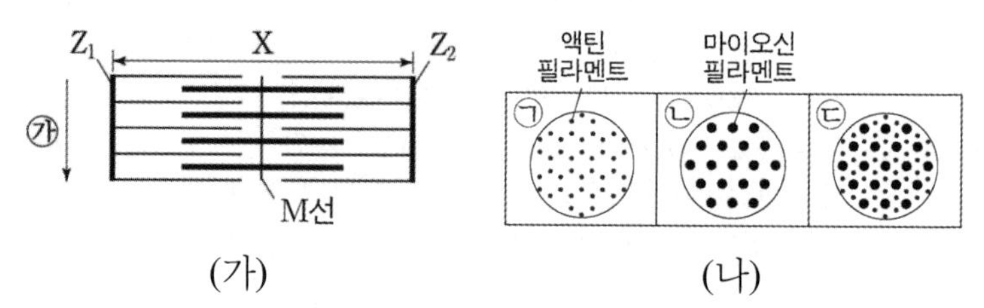

(가) (나)

○ 표는 골격근의 수축 과정의 두 시점 t_1 과 t_2 일 때 각 시점의 M선으로부터 Z_1 방향으로 거리가 각각 l_1, l_2, l_3 인 세 지점에서 관찰되는 단면의 모양을 나타낸 것이다. ⓐ~ⓒ는 ㉠~㉢을 순서 없이 나타낸 것이다.

거리	관찰되는 단면의 모양	
	t_1	t_2
l_1	㉠	ⓐ
l_2	ⓑ	ⓒ
l_3	ⓒ	?

○ t_1 일 때 ㉡이 나타나는 구간의 길이는 $3d$이고, t_2 일 때 ㉠이 나타나는 구간의 길이는 $7d$, ㉡이 나타나는 구간의 길이는 $6d$이다. d는 0 보다 크다.

○ t_1 일 때 X의 길이는 $14d$이다.

○ t_1 과 t_2 일 때 각각 l_1~l_3 은 모두 $\frac{\text{X의 길이}}{2}$보다 작다.

이에 대한 설명으로 옳은 것만을 <보기>에서 있는 대로 고른 것은?

<보기>

ㄱ. $l_2 > l_3$ 이다.

ㄴ. t_1 일 때, X의 Z_1 로부터 Z_2 방향으로 거리가 l_2 인 지점은 ㉡에 해당한다.

ㄷ. t_2 일 때 X에서 ㉢이 나타나는 구간의 길이는 $4d$이다.

[Comment 1] **단면의 모양 변화**

㉠과 ㉡를 나타내는 지점에서는 단면의 모양이 변하지 않는다. 따라서 ⓐ는 ㉠, ⓑ는 ㉢, ⓒ는 ㉡이다.

[Z선 고정]

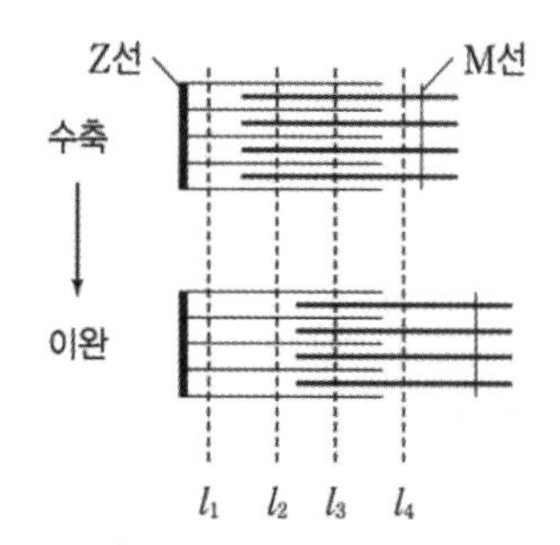

거리	단면의 모양	
	t_1 (이완)	t_2 (수축)
l_1	I대	I대
l_2	G대	I대
l_3	G대	G대
l_4	H대	H대

[M선 고정]

거리	단면의 모양	
	t_1 (이완)	t_2 (수축)
l_1	H대	H대
l_2	H대	G대
l_3	G대	G대
l_4	I대	I대

[Comment 2] **요소 정리**

주어진 자료의 길이를 Basic한 형태로 적절히 요소 정리하면 다음과 같다.

시점	수축 방향성	나타나는 구간의 길이			
		X	㉠/2	㉢/2	㉡
		⇓	↓	↑	⇓
t_1	↑	$14d$	$2d$	$3.5d$	$3d$
t_2		$17d$	$3.5d$	$2d$	$6d$

[Comment 3] **선지 판단**

ㄱ. $l_2 > l_3$이다. (○)

ㄴ. l_2는 $1.5d$~$3d$ 사이의 값이다. t_1일 때 X의 Z_1로부터 Z_2 방향으로 거리가 l_2인 지점은 I대 또는 G대에 해당한다. I대와 G대는 ㉡의 여사건이므로 ㉡에 해당하지 않는다. (×)

ㄷ. t_2일 때 X에서 ㉢이 나타나는 구간의 길이는 $4d$이다. (○)

답은 ㄱ, ㄷ이다.

근육의 수축

[Comment 4] **닮은꼴 문항**

닮은꼴 문항과 함께 본 문항의 논리를 복습해보자.

[24학년도 수능]

12. 다음은 골격근의 수축 과정에 대한 자료이다.

○ 그림은 근육 원섬유 마디 X의 구조를 나타낸 것이다. X는 좌우 대칭이고, Z_1과 Z_2는 X의 Z선이다.

○ 구간 ㉠은 액틴 필라멘트만 있는 부분이고, ㉡은 액틴 필라멘트와 마이오신 필라멘트가 겹치는 부분이며, ㉢은 마이오신 필라멘트만 있는 부분이다.

○ 표는 골격근 수축 과정의 두 시점 t_1과 t_2일 때 각 시점의 Z_1로부터 Z_2 방향으로 거리가 각각 l_1, l_2, l_3인 세 지점이 ㉠~㉢ 중 어느 구간에 해당하는지를 나타낸 것이다. ⓐ~ⓒ는 ㉠~㉢을 순서 없이 나타낸 것이다.

거리	지점이 해당하는 구간	
	t_1	t_2
l_1	ⓐ	㉡
l_2	ⓑ	?
l_3	?	ⓒ

○ t_1일 때 ⓐ~ⓒ의 길이는 순서 없이 $5d$, $6d$, $8d$이고, t_2일 때 ⓐ~ⓒ의 길이는 순서 없이 $2d$, $6d$, $7d$이다. d는 0보다 크다.

○ t_1일 때, A대의 길이는 ⓒ의 길이의 2배이다.

○ t_1과 t_2일 때 각각 l_1~l_3은 모두 $\frac{\text{X의 길이}}{2}$보다 작다.

이에 대한 설명으로 옳은 것만을 <보기>에서 있는 대로 고른 것은? [3점]

<보 기>

ㄱ. $l_2 > l_1$이다.

ㄴ. t_1일 때, Z_1로부터 Z_2 방향으로 거리가 l_3인 지점은 ㉡에 해당한다.

ㄷ. t_2일 때, ⓐ의 길이는 H대의 길이의 3배이다.

① ㄱ ② ㄴ ③ ㄷ ④ ㄱ, ㄴ ⑤ ㄱ, ㄷ

ㄱ. $l_2 > l_1$이다. (O)

ㄴ. 선지에 주어진 지점은 ㉠에 해당한다. (×)

ㄷ. t_2일 때, ⓐ의 길이는 H대의 길이의 3.5배이다. (×)

답은 ① ㄱ이다.

13. 여러 개의 근육 원섬유 마디 [H]

다음은 골격근의 수축 과정에 대한 자료이다.

○ 그림은 연속된 두 근육 원섬유 마디 X의 구조를 나타낸 것이다. X를 구성하는 X_1 과 X_2 는 각각 좌우 대칭이고, 길이가 같으며, 골격근 수축 과정에서 각 구간의 길이 변화량이 서로 같다.

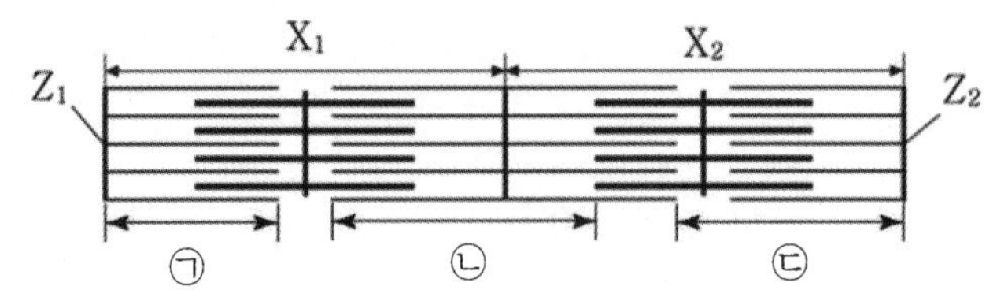

○ 구간 ㉠은 X_1 에서 액틴 필라멘트가 있는 한쪽 부분이고, ㉡은 X_1 에서 액틴 필라멘트가 있는 한쪽 부분과 X_2 에서 액틴 필라멘트만 있는 한쪽 부분을 더한 부분이며, ㉢은 X_2 에서 마이오신만 있는 부분과 액틴 필라멘트가 있는 한쪽 부분을 더한 부분이다.

○ 골격근 수축 과정의 시점 t_1 일 때 ㉠~㉢의 길이의 비는 순서 없이 5 : 6 : 4 이고, 시점 t_2 일 때 ㉠~㉢의 길이의 비는 순서 없이 8 : 9 : 10 이다. t_1 일 때 X_1 과 X_2 에서 A대의 길이는 각각 1.6 ㎛로 같다.

이에 대한 설명으로 옳은 것만을 <보기>에서 있는 대로 고른 것은?

<보기>

ㄱ. X의 길이는 t_1 일 때가 t_2 일 때보다 짧다.
ㄴ. t_1 일 때 X_1 에서 H대의 길이는 0.4 ㎛이다.
ㄷ. t_2 일 때 ㉡의 길이는 1.0 ㎛이다.

[Comment 1] **요소 정리**

㉠에는 –, ㉡에는 ↓, ㉢에는 ⇓가 대응된다.
㉠은 시점 변화에 관계 없이 불변이므로 비례상수 중 하나가 통일되면 시점 간 비율의 관계를 도출해낼 수 있다.

5 : 6 : 4를 10 : 12 : 8로 생각하면 다음과 같이 비례상수로 나타낼 수 있다.

시점	수축 방향성	㉠	㉡	㉢
		–	↓	⇓
t_1	↓	8	10	12
t_2		8	9	10

[Comment 2] **적절한 연립**

Basic한 형태의 근수축 구간을 각각 ⓐ, ⓑ, ⓒ라고 정의하면
t_1에서 X_1과 X_2의 A대의 길이는 2ⓑ + ⓒ 이다.

㉠ = ⓐ + ⓑ
㉡ = 2ⓐ + ⓑ
㉢ = ⓐ + ⓑ + ⓒ 이므로

t_1에서 ⓐ : ⓑ : ⓒ = 2 : 6 : 4 이고 t_1에서 A대의 길이가 1.6 ㎛이므로
곱상수는 × 0.1이다.

시점	수축 방향성	㉠	㉡	㉢
		–	↓	⇓
t_1	↓	0.8㎛	1.0㎛	1.2㎛
t_2		0.8㎛	0.9㎛	1.0㎛

[Comment 3] **선지 판단**

ㄱ. X의 길이는 t_1일 때가 t_2일 때보다 길다. (×)
ㄴ. t_1일 때 X_1에서 H대의 길이는 0.4㎛이다. (○)
ㄷ. t_2일 때 ㉡의 길이는 0.9㎛이다. (×)

답은 ㄴ이다.

근육의 수축

[Comment 4] **닮은꼴 문항**

닮은꼴 문항과 함께 본 문항의 논리를 복습해보자.

[22학년도 6평]

8. 그림은 골격근 수축 과정의 두 시점 (가)와 (나)일 때 관찰된 근육 원섬유를, 표는 (가)와 (나)일 때 ㉠의 길이와 ㉡의 길이를 나타낸 것이다. ⓐ와 ⓑ는 근육 원섬유에서 각각 어둡게 보이는 부분(암대)과 밝게 보이는 부분(명대)이고, ㉠과 ㉡은 ⓐ와 ⓑ를 순서 없이 나타낸 것이다.

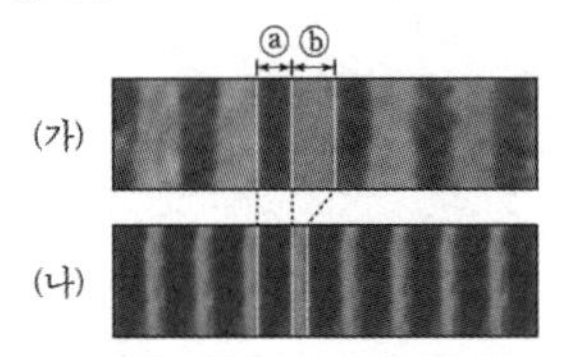

시점	㉠의 길이	㉡의 길이
(가)	1.6㎛	1.8㎛
(나)	1.6㎛	0.6㎛

이에 대한 설명으로 옳은 것만을 <보기>에서 있는 대로 고른 것은?

<보 기>

ㄱ. (가)일 때 ⓑ에 Z선이 있다.
ㄴ. (나)일 때 ㉠에 액틴 필라멘트가 있다.
ㄷ. (가)에서 (나)로 될 때 ATP에 저장된 에너지가 사용된다.

① ㄱ　② ㄴ　③ ㄱ, ㄷ　④ ㄴ, ㄷ　⑤ ㄱ, ㄴ, ㄷ

선지 판단

ㄱ. 근육 원섬유에서 어둡게 보이는 부분(암대)에는 A대가 있고, 밝게 보이는 부분(명대)에는 I대가 있다. 근육 수축 과정에서 A대의 길이는 변하지 않으므로 ⓐ는 ㉠이고, A대가 있는 부분이다. ⓑ는 ㉡이고, I대가 있는 부분이다. (가)일 때 ⓑ(㉡, I대가 있는 부분)의 중앙에 Z선이 있다. (O)

ㄴ. (나)일 때 ㉠(ⓐ, A대가 있는 부분)에는 액틴 필라멘트와 마이오신 필라멘트가 모두 있다. (O)

ㄷ. (가)에서 (나)로 골격근이 수축하는 과정에서 액틴 필라멘트가 마이오신 필라멘트 사이로 미끄러져 들어가는데, 이때 ATP가 분해될 때 방출된 에너지가 사용된다. (O)

답은 ⑤ ㄱ, ㄴ, ㄷ이다.

14.

근육이 수축하는 힘 [H]

다음은 골격근의 수축 과정에 대한 자료이다.

○ 그림은 근육 원섬유 마디 X의 구조를 나타낸 것이다. X는 좌우 대칭이다.

○ 구간 ㉠은 액틴 필라멘트만 있는 부분이고, ㉡은 액틴 필라멘트와 마이오신 필라멘트가 겹치는 부분이며, ㉢은 마이오신 필라멘트만 있는 부분이다.

○ 표 (가)는 ㉡의 길이에 따른 ⓐ X가 생성할 수 있는 힘을 (나)는 ⓐ가 F_1~F_4 일 때 ㉮의 길이와 ㉯의 길이를 더한 값(㉮+㉯)과 ㉯의 길이를 ㉮의 길이에서 ㉰의 길이를 뺀 값으로 나눈 값($\frac{㉯}{㉮-㉰}$)을 나타낸 것이다. ㉮~㉰는 ㉠~㉢을 순서 없이 나타낸 것이다.

㉡의 길이(㎛)	힘
0.1	F
0.6	$6F$
0.8	$8F$

(가)

힘	㉮+㉯ (㎛)	$\frac{㉯}{㉮-㉰}$
F_1	1.4	x
F_2	1.2	2
F_3	1.1	y

(나)

○ ⓐ가 $7F$일 때, A대의 길이는 1.6 ㎛, X의 길이는 2.2 ㎛이다. F_1 의 크기는 $2F$이다.

이에 대한 설명으로 옳은 것만을 <보기>에서 있는 대로 고른 것은?

<보기>

ㄱ. ⓐ는 H대의 길이가 0.2㎛일 때가 0.4㎛일 때보다 작다.

ㄴ. ⓐ의 크기는 F_3 일 때 $\frac{9}{2}F$보다 크다.

ㄷ. $\frac{\text{㉡의 길이가 0.8㎛일 때 X의 길이}}{\text{ⓐ가 5.5}F\text{일 때 X의 길이}} = \frac{8x}{y}$이다.

[Comment 1] **요소 정리**

㉠에는 ↓, ㉡에는 ↑, ㉢에는 ⇓가 대응된다.

비례 관계를 고려했을 때
ⓐ가 $7F$일 때, A대의 길이는 1.6㎛, ㉡의 길이는 0.7㎛,
X의 길이는 2.2㎛이므로 이를 요소 정리하면 다음과 같다.

수축력		길이(㎛)			
		X	㉠	㉡	㉢
		⇓	↓	↑	⇓
조건	$7F$	2.2	0.3	0.7	0.2

[Comment 2] **요소 대응**

F_1의 크기는 $2F$이고, ⓐ가 $2F$일 때 ㉡의 길이는 0.2㎛
A대의 길이는 1.6㎛으로 변하지 않는다.

이를 고려하여 요소 정리하면 다음과 같다.

수축력		길이(㎛)			
		X	㉠	㉡	㉢
		⇓	↓	↑	⇓
조건	$7F$	2.2	0.3	0.7	0.2
F_1	$2F$	3.2	0.8	0.2	1.2

$\frac{㉯}{㉮ - ㉰} = \frac{1}{2}$를 만족시켜야 하므로
㉯는 ㉡, ㉮는 ㉢, ㉰는 ㉠임을 알 수 있다.

[Comment 3] **벡터 관찰**

㉮ + ㉯(㉡ + ㉢)는 단위벡터 ↓에 대응된다.

그에 따라 F_2일 때 F_1일 때에 비해 ㉮ + ㉯가 0.2 감소하므로
필요하면 모든 길이와 대응되는 힘을 구할 수 있고

F_3일 때 F_1일 때에 비해 ㉮ + ㉯가 0.4 감소하므로
필요하면 모든 길이와 대응되는 힘을 구할 수 있다.

[Comment 4] **상수 조건 관찰**

F_2에서 $\frac{㉯}{㉮-㉰}$ 값이 2라고 제시되었으므로

F_2에 대해 요소 정리하면 다음과 같다.

수축력		길이(㎛)				
		X	㉠ (㉰)	㉡ (㉯)	㉢ (㉮)	$\frac{㉯}{㉮-㉰}$
		⇓	↓	↑	⇓	↑/↓
조건	7F	2.2	0.3	0.7	0.2	-7
F_1	2F	3.2	0.8	0.2	1.2	0.5
F_2	4F	2.8	0.6	0.4	0.8	2

따라서 ㉢은 ㉮, ㉠은 ㉰, ㉡은 ㉯가 되어야 한다.

[Comment 5] **그럼에도 불구하고**

서면 상 해설을 위해 모든 길이를 요소 대응하면 다음과 같다.

수축력		길이(㎛)				
		X	㉠ (㉰)	㉡ (㉯)	㉢ (㉮)	$\frac{㉯}{㉮-㉰}$
		⇓	↓	↑	⇓	↑/↓
조건	7F	2.2	0.3	0.7	0.2	-7
F_1	2F	3.2	0.8	0.2	1.2	0.5
F_2	4F	2.8	0.6	0.4	0.8	2
F_3	5F	2.6	0.5	0.5	0.6	5

x는 0.5이고 y는 5이다.

[Comment 6] **선지 판단**

ㄱ. 요소 정리 표에서 ⓐ가 작아질수록 ㉢은 커지는 반비례 경향을 나타내므로
ⓐ는 H대의 길이가 0.2㎛일 때가 0.4㎛일 때보다 크다. (×)

ㄴ. ⓐ의 크기는 F_3일 때 5F이므로 4.5F보다 크다. (O)

ㄷ. ㉡의 길이가 0.8㎛일 때 X의 길이는 2.0㎛이고
ⓐ가 5.5F일 때 X의 길이는 2.5㎛이므로 맞는 선지이다. (O)

답은 ㄴ, ㄷ이다.

[Comment 7] **닮은꼴 문항**

닮은꼴 문항과 함께 본 문항의 논리를 복습해보자.

[23학년도 9평]

19. 다음은 골격근 수축 과정에 대한 자료이다.

○ 그림 (가)는 근육 원섬유 마디 X의 구조를, (나)는 구간 ㉡의 길이에 따른 ⓐ X가 생성할 수 있는 힘을 나타낸 것이다. X는 좌우 대칭이고, ⓐ가 F_1일 때 A대의 길이는 1.6㎛이다.

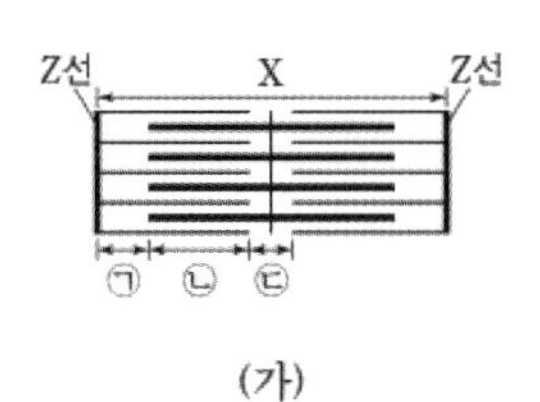

(가)

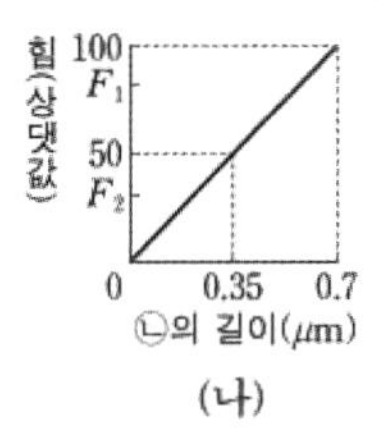

(나)

○ 구간 ㉠은 액틴 필라멘트만 있는 부분이고, ㉡은 액틴 필라멘트와 마이오신 필라멘트가 겹치는 부분이며, ㉢은 마이오신 필라멘트만 있는 부분이다.

○ 표는 ⓐ가 F_1과 F_2일 때 ㉢의 길이를 ㉠의 길이로 나눈 값($\frac{㉢}{㉠}$)과 X의 길이를 ㉡의 길이로 나눈 값($\frac{X}{㉡}$)을 나타낸 것이다.

힘	$\frac{㉢}{㉠}$	$\frac{X}{㉡}$
F_1	1	4
F_2	$\frac{3}{2}$	?

이 자료에 대한 설명으로 옳은 것만을 <보기>에서 있는 대로 고른 것은? [3점]

<보 기>

ㄱ. ⓐ는 H대의 길이가 0.3㎛일 때가 0.6㎛일 때보다 작다.
ㄴ. F_1일 때 ㉠의 길이와 ㉡의 길이를 더한 값은 1.0㎛이다.
ㄷ. F_2일 때 X의 길이는 3.2㎛이다.

① ㄱ ② ㄴ ③ ㄷ ④ ㄱ, ㄴ ⑤ ㄴ, ㄷ

ㄱ. ⓐ(X가 생성할 수 있는 힘)는 X가 수축할수록 크므로 H대의 길이가 0.3㎛일 때가 0.6㎛일 때보다 크다. (×)
ㄴ. F_1일 때 ㉠의 길이와 ㉡의 길이를 더한 값은 0.4㎛+0.6㎛=1.0㎛이다. (○)
ㄷ. F_2일 때 X의 길이는 3.2㎛이다. (○)

답은 ⑤ ㄴ, ㄷ이다.

15.

분수 계산 테크닉 [H]

다음은 골격근의 수축 과정에 대한 자료이다.

- 그림은 근육 원섬유 마디 X의 구조를 나타낸 것이다. X는 좌우 대칭이다.
- ㉠은 액틴 필라멘트만 있는 부분이고, ㉡은 액틴 필라멘트와 마이오신 필라멘트가 겹치는 부분이며, ㉢은 마이오신 필라멘트만 있는 부분이다.

Z선 X Z선 ㉠ ㉡ ㉢

- 그림은 X에서 ⓐ의 길이와 ⓑ의 길이 사이의 관계를 나타낸 것이고, 표는 골격근 수축 과정의 두 시점 t_1 과 t_2 일 때 ㉢의 길이에서 ㉠의 길이를 뺀 값을 ㉡의 길이로 나눈 값($\frac{㉢-㉠}{㉡}$)과 X의 길이를 나타낸 것이다. ⓐ와 ⓑ는 각각 ㉠~㉢ 중 하나이다.

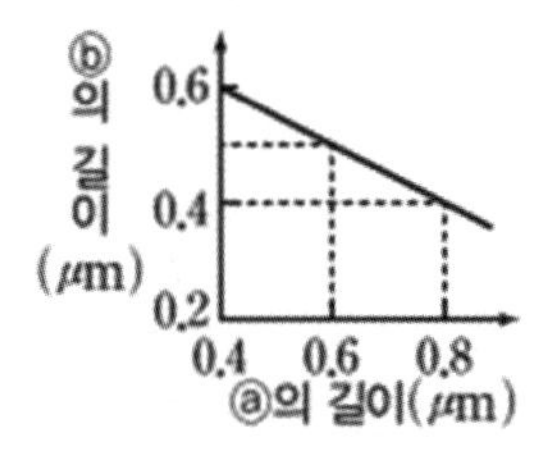

시점	$\frac{㉢-㉠}{㉡}$	X의 길이
t_1	8	?
t_2	2	2.4μm

이에 대한 설명으로 옳은 것만을 <보기>에서 있는 대로 고른 것은?

<보기>

ㄱ. ⓑ는 ㉡이다.

ㄴ. t_1일 때 H대의 길이는 1.4 μm이다.

ㄷ. $\frac{\text{ⓐ가 0.6 μm일 때 X의 길이}}{\text{ⓑ가 0.25 μm일 때 X의 길이}} = \frac{4}{5}$이다.

[Comment 1] **변화 비 파악**

ⓐ와 ⓑ의 변화 비가 2 : − 1이므로 ⓐ는 ㉢, ⓑ는 ㉡이다.

또한 길이 변화 그래프를 활용하면 A대의 길이가 1.6㎛임을 알 수 있다.
따라서 표의 정보를 활용하여 t_2에서의 각 길이를 구할 수 있다.

시점	㉠	㉡	㉢	X의 길이
t_1				
t_2	0.4	0.3	1.0	2.4

Tip) Basic한 경우를 상정했을 때
X의 길이, A대의 길이, ㉠의 길이 중 2개를 알면
나머지를 여사건으로 언제든지 연산할 수 있다는 Mind는 중요하다.

[Comment 2] **분수 연산 테크닉**

t_1에서 $\frac{㉢-㉠}{㉡}$ = 8이므로 t_2의 정보를 활용하여 수식을 세우면 다음과 같다.

$$\frac{0.6+d}{0.3-d}=\frac{8}{1}$$

좌변의 요소 합을 구하면 0.9
우변의 요소 합을 구하면 9이므로 보정 상수(곱상수)는 ×0.1이다.

좌변의 분모 값이 t_1에서 ㉡ 값이므로 이를 활용하여
요소 정리하면 다음과 같다.

시점	㉠	㉡	㉢	X의 길이
t_1	0.6	0.1	1.4	2.8
t_2	0.4	0.3	1.0	2.4

Tip) 분수 연산 테크닉은
비례식에서 간격으로 관찰할 수도 있으며
합으로도, 차로도, 변화 관점으로도 관찰할 수 있다.

[Comment 3] **선지 판단**

ㄱ. ⓑ는 ㉡이다. (○)

ㄴ. t_1일 때 H대의 길이는 1.4 ㎛이다. (○)

ㄷ. ⓐ가 0.6 ㎛일 때 X의 길이는 2.0㎛이고
ⓑ가 0.25 ㎛일 때 X의 길이는 2.5㎛이므로 옳은 선지이다.

이때 적절히 내분과 외분을 활용하면 상대적으로 쉽게 구할 수 있다.

$$\frac{\text{ⓐ가 0.6 ㎛일 때 X의 길이}}{\text{ⓑ가 0.25 ㎛일 때 X의 길이}} = \frac{4}{5}$$ 이다. (○)

답은 ㄱ, ㄴ, ㄷ이다.

[Comment 4] **닮은꼴 문항**

닮은꼴 문항과 함께 본 문항의 논리를 복습해보자.

[23학년도 6평]

10. 다음은 골격근의 수축 과정에 대한 자료이다.

○ 그림은 근육 원섬유 마디 X의 구조를, 표는 골격근 수축 과정의 두 시점 t_1과 t_2일 때 ㉠의 길이에서 ㉢의 길이를 뺀 값을 ㉡의 길이로 나눈 값($\frac{㉠-㉢}{㉡}$)과 X의 길이를 나타낸 것이다. X는 좌우 대칭이고, t_1일 때 A대의 길이는 1.6㎛이다.

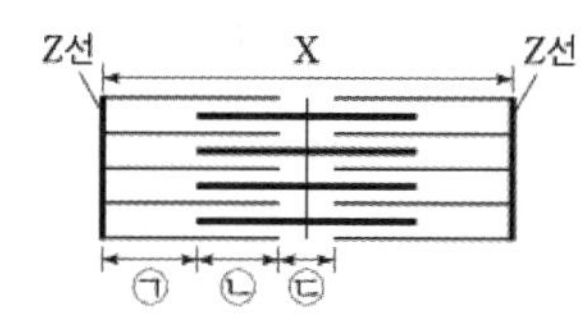

시점	$\frac{㉠-㉢}{㉡}$	X의 길이
t_1	$\frac{1}{4}$	?
t_2	$\frac{1}{2}$	3.0㎛

○ 구간 ㉠은 액틴 필라멘트만 있는 부분이고, ㉡은 액틴 필라멘트와 마이오신 필라멘트가 겹치는 부분이며, ㉢은 마이오신 필라멘트만 있는 부분이다.

이에 대한 설명으로 옳은 것만을 <보기>에서 있는 대로 고른 것은?

<보 기>

ㄱ. 근육 원섬유는 근육 섬유로 구성되어 있다.
ㄴ. t_2일 때 H대의 길이는 0.4㎛이다.
ㄷ. X의 길이는 t_1일 때가 t_2일 때보다 0.2㎛ 길다.

① ㄱ ② ㄴ ③ ㄱ, ㄷ ④ ㄴ, ㄷ ⑤ ㄱ, ㄴ, ㄷ

선지 판단

ㄱ. 근육 섬유는 근육 원섬유로 구성되어 있다. (×)
ㄴ. t_2일 때 H대의 길이는 0.4㎛이다. (○)
ㄷ. X의 길이는 t_1일 때가 t_2일 때보다 0.4㎛ 길다. (×)

답은 ② ㄴ이다.

16. 순서 없이의 해석 심화 [K]

다음은 골격근의 수축 과정에 대한 자료이다.

○ 그림은 근육 원섬유 마디 X의 구조를 나타낸 것이다. X는 좌우 대칭이다.

○ 구간 ㉠은 액틴 필라멘트만 있는 부분이고, ㉡은 액틴 필라멘트와 마이오신 필라멘트가 겹치는 부분이며, ㉢은 마이오신 필라멘트만 있는 부분이다.

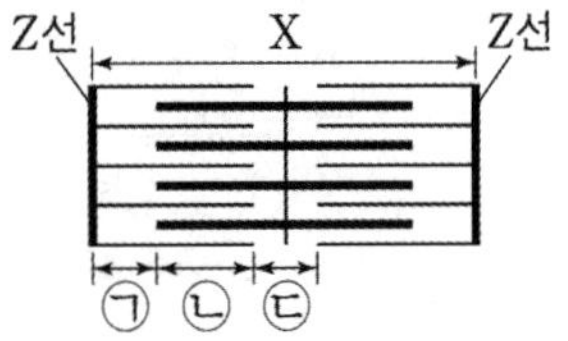

○ 골격근 수축 과정의 시점 t_1 일 때 ㉠~㉢의 길이는 순서 없이 ⓐ, ⓐ, $10d$이고, 시점 t_2 일 때 ㉠~㉢의 길이는 순서 없이 ⓑ, ⓑ, $6d$이며, 시점 t_3 일 때 ㉠~㉢의 길이는 순서 없이 ⓒ, ⓒ, $10d$이다. d는 0 보다 크다.

○ ⓐ~ⓒ는 $4d$, $7d$, $8d$를 순서 없이 나타낸 것이고, ⓐ < ⓒ이다.

이에 대한 설명으로 옳은 것만을 <보기>에서 있는 대로 고른 것은?

<보기>

ㄱ. ⓒ는 $8d$이다.

ㄴ. X의 길이는 t_2 일 때보다 t_3 일 때 길다.

ㄷ. $\dfrac{t_3 \text{ 일 때 ㉠의 길이}}{t_1 \text{ 일 때 ㉡의 길이} + t_1 \text{ 일 때 ㉢의 길이}} = \dfrac{ⓐ}{ⓑ}$이다.

[Comment 1] **㉠, ㉡, ㉢에 대한 그래프 소개**

㉠과 ㉡의 변화 부호는 서로 반대이나, 변화하는 양 자체는 같다. ㉢은 ㉠과 변화의 부호가 같고, 변화량은 2배이다. 이 문제는 ㉠과 ㉡의 길이가 같은 시점 하나, ㉠과 ㉢의 길이가 같은 시점 하나, ㉡과 ㉢의 길이가 같은 시점 하나가 순서 없이 주어져 있다. 두 구간의 길이가 같다고 주어지는 문항은 ㉠~㉢에 대한 길이 변화 그래프를 떠올리면 좋다. 그래프는 다음과 같다.

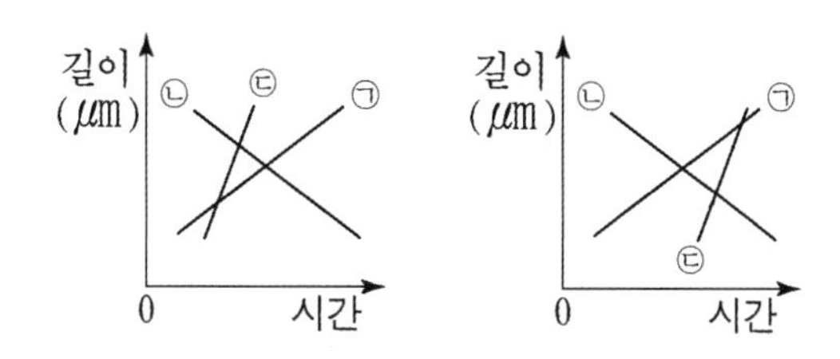

그래프에 대해서 자세히 설명해보면, 시간에 따라 ㉠의 길이가 증가할 때 ㉡의 길이는 무조건 감소할 것이므로 항상 ㉠과 ㉡의 교점이 발생할 것이고, ㉢의 위치에따라 ㉠과 ㉢의 교점이 ㉡과 ㉢의 교점보다 위에 있을 수도, 아래에 있을 수도 있다. 따라서 위처럼 두 가지 그래프가 가능하고, 둘 중 어떤 경우건 ㉠과 ㉡의 교점의 길이가 두번째로 큰 값이라는 것을 알 수 있다. 따라서 ㉠과 ㉡의 교점의 길이는 $7d$이다. 이에 따라 t_1~t_3 대신 시점 ⓟ, ⓠ, ⓡ를 설정하고 t_1~t_3를 매칭하는 식으로 문항을 풀어보겠다. 시점 ⓟ는 ㉠과 ㉡의 길이가 $7d$로 같은 시점, ⓠ는 ㉢의 길이가 $8d$인 시점, ⓡ는 ㉢의 길이가 $4d$인 시점으로 설정한다.

시점	㉠	㉡	㉢
ⓟ	$7d$	$7d$	
ⓠ			$8d$
ⓡ			$4d$

[Comment 2] **ⓟ, ⓠ, ⓡ 매칭**

ⓠ일 때 ㉢의 길이와 같은 부분은 $8d$일 것이고, ㉠+㉡이 $14d$로 불변인 것까지 고려했을 때, ⓠ일 때 ㉠과 ㉡의 길이는 각각 $8d$와 $6d$ 중 하나이다. 따라서 ⓠ는 t_2이며, ⓑ는 $8d$이다. 따라서 ⓒ는 $7d$, ⓐ는 $4d$이다. t_1과 t_3을 보았을 때 ⓟ와 ⓡ에는 $10d$가 있어야 한다. 따라서 ⓟ일 때 ㉢의 길이는 $10d$이며, ⓟ는 t_3이며, ⓡ는 t_1이다. ⓟ일 때 모든 구간의 길이를 구했으므로 ⓠ와 ⓡ일 때로 확장하면 각 구간의 길이를 모두 구하면 다음과 같다.

시점	㉠	㉡	㉢
ⓟ(t_3)	ⓒ($7d$)	ⓒ($7d$)	$10d$
ⓠ(t_2)	$6d$	ⓑ($8d$)	ⓑ($8d$)
ⓡ(t_1)	ⓐ($4d$)	$10d$	ⓐ($4d$)

ㄱ. ⓒ는 $7d$이다. (×)
ㄴ. X의 길이는 t_3일 때가 t_2일 때보다 길다. (○)
ㄷ. t_3일 때 ㉠의 길이는 $7d$이고, t_1일 때 ㉡+㉢은 $14d$이다. 이때 분수값은 1/2이고, ⓐ/ⓑ도 분수값이 1/2이므로 맞다. (○)

답은 ㄴ, ㄷ이다.

17.

단면의 변화 그리고 길이 계산 [K]

다음은 골격근의 수축 과정에 대한 자료이다.

○ 그림 (가)는 근육 원섬유 마디 X의 구조를, (나)의 ㉠~㉢은 X를 ㉮ 방향으로 잘랐을 때 관찰되는 단면의 모양을 나타낸 것이다. X는 좌우 대칭이다.

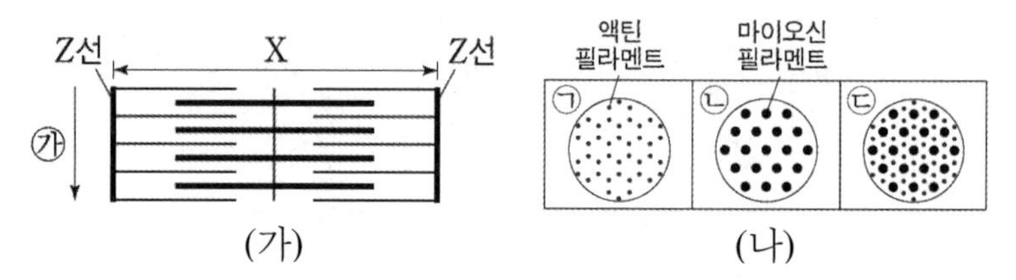

(가) (나)

○ 표는 골격근 수축 과정의 두 시점 t_1과 t_2일 때 각 시점의 한 쪽 Z선으로부터의 거리가 각각 l_1, l_2, l_3인 세 지점에서 관찰되는 단면의 모양과 같은 부분의 길이를 나타낸 것이다. X에서 단면이 ㉠~㉢과 같은 부분의 길이를 더한 값은 X의 길이와 같으며, X의 길이는 t_2일 때가 t_1일 때보다 짧다.

거리	길이	
	t_1	t_2
l_1	1.2㎛	0.4㎛
l_2	0.4㎛	ⓐ
l_3	1.6㎛	1.2㎛

○ l_1~l_3은 모두 $\frac{t_2\text{일 때 X의 길이}}{2}$보다 작다.

이에 대한 설명으로 옳은 것만을 <보기>에서 있는 대로 고른 것은?

<보기>

ㄱ. t_2일 때 X의 길이는 2.4 ㎛이다.
ㄴ. ⓐ는 0.4 ㎛이다.
ㄷ. l_3 < l_1이다.

[Comment 1] **주어진 조건에서 변할 수 있는 단면의 모양**

근육이 수축할 때 한 쪽 Z선을 기준으로 수축 시점(t_2)의 X의 길이의 절반보다 작은 거리에서 관찰할 때 관찰되는 단면의 모양이 변할 수 있는 경우는 t_1에서 t_2로 갈 때 ㉠(I대)→㉢(액틴 필라멘트과 마이오신 필라멘트가 겹치는 부분)밖에 없다.

[Comment 2] **변화량 파악**

t_1에서 t_2로 갈 때 X의 길이가 $2d$만큼 수축한다고 했을 때, ㉠과 같은 부분의 길이는 $2d$만큼 수축, ㉡과 같은 부분의 길이는 $2d$만큼 수축, ㉢과 같은 부분의 길이는 $2d$만큼 이완한다. l_1일 때 t_1에서 t_2로 갈 때 길이는 0.8㎛만큼 변화했고, l_3일 때 t_1에서 t_2로 갈 때 길이는 0.4㎛만큼 변화했다. l_1과 l_3일 때 변화하는 양이 서로 다르므로 둘 중 하나는 단면의 모양이 ㉠→㉢으로 변한 것이고, 나머지 하나는 ㉡→㉡이다. 따라서 l_2는 ㉢→㉢이다. t_2일 때 l_1과 l_3 중 단면의 모양이 ㉢인 부분의 길이가 있으므로, 단면의 모양이 ㉢인 t_2일 때 l_2의 길이는 0.4㎛와 1.2㎛ 중 하나이다. ⓐ가 0.4㎛인 경우, t_1에서 t_2로 갈 때 ㉢의 길이가 변하지 않게 되어 모순이 발생한다. 따라서 ⓐ는 1.2㎛이고, l_3일 때가 ㉠→㉢으로 변한 것이며, l_1일 때 ㉡→㉡이다. 따라서 시점별 구간의 길이를 구하면 다음과 같다.

시점	단면의 모양과 같은 부분의 길이			X의 길이
	㉠	㉡	㉢	
t_1	1.6㎛	1.2㎛	0.4㎛	3.2㎛
t_2	0.8㎛	0.4㎛	1.2㎛	2.4㎛

[Comment 3] **선지 판단**

ㄱ. t_2일 때 X의 길이는 2.4㎛이다. (○)

ㄴ. ⓐ는 1.2㎛이다. (×)

ㄷ. t_1일 때 l_1에서는 ㉡, l_2에서는 ㉢, l_3에서는 ㉠이다. 따라서 $l_3 < l_2 < l_1$이다. (○)

답은 ㄱ, ㄷ이다.

18.

특수한 구간 [K]

다음은 골격근의 수축 과정에 대한 자료이다.

○ 그림은 근육 원섬유 마디 X의 구조를 나타낸 것이다. 구간 ㉠은 액틴 필라멘트만 있는 부분이고, ㉡은 액틴 필라멘트와 마이오신 필라멘트가 겹치는 부분이며, ㉢은 마이오신 필라멘트가 있는 부분에서 ㉡을 제외한 부분이다. X는 좌우 대칭이고, t_1 일 때 X의 길이는 2.2 ㎛이다.

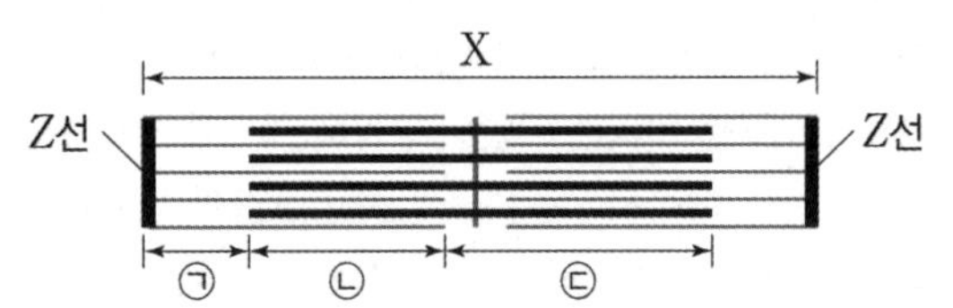

○ 표 (가)는 ⓐ～ⓒ에서 액틴 필라멘트와 마이오신 필라멘트의 유무를, (나)는 골격근 수축 과정의 두 시점 t_1 과 t_2 일 때 X의 길이에서 ⓐ의 길이를 뺀 값(X－ⓐ)과 ⓑ의 길이에서 ⓒ의 길이를 뺀 값(ⓑ－ⓒ)을 나타낸 것이다. ⓐ～ⓒ는 ㉠～㉢을 순서 없이 나타낸 것이다. d는 0 보다 크다.

구간	액틴 필라멘트	마이오신 필라멘트
ⓐ	?	○
ⓑ	○	?
ⓒ	?	×

(○: 있음, ×: 없음)

(가)

시점	X－ⓐ	ⓑ－ⓒ
t_1	$4d$	d
t_2	1.3㎛	0.1㎛

(나)

이에 대한 설명으로 옳은 것만을 <보기>에서 있는 대로 고른 것은?

<보기>

ㄱ. ⓐ는 ㉡이다.

ㄴ. t_1 일 때 ㉡의 길이는 t_2 일 때 H대의 길이와 같다.

ㄷ. t_1 일 때 $\frac{㉠의\ 길이+㉡의\ 길이}{㉠의\ 길이+㉢의\ 길이}$는 $\frac{13}{9}$이다.

[Comment 1] **(가) 해석**

㉠이 유일하게 마이오신 필라멘트가 없으므로, ㉠은 ⓒ이다.
X의 길이를 활용하여 상댓값으로 변화량의 요소를 정리하면 다음과 같다.

시점	X의 길이	㉠	㉡	㉢
	⇓	↓	↑	↓
t_1	2.2	?	?	?
t_2	?	?	?	?

ⓐ와 ⓑ의 Case 분류가 필요하다.

1) ⓐ가 ㉡이고, ⓑ가 ㉢일 때
ⓑ-ⓒ는 불변이 되므로 d는 0.1이 되는데, 이때 $4d$는 0.4이므로 t_1일 때 ⓐ의 길이는 1.8이 되어야 한다. 이때 X의 길이는 최소 3.6이 되므로 모순이 발생한다.

2) ⓐ가 ㉢이고, ⓑ가 ㉡일 때
ⓑ-ⓒ는 ↑↑이고, X-ⓐ는 ↓이므로 변화량을 일치시키기 위한 식을 정리하면 $(-2) \times (4d-1.3) = d-0.1$이다. $9d = 2.7$이므로 $d = 0.3$이다.
따라서 주어진 구간의 길이를 정리하면 다음과 같다.

시점	㉠(ⓒ)	㉡(ⓑ)	㉢(ⓐ)	X의 길이
t_1	0.3	0.6	1.0	2.2
t_2	0.4	0.5	1.1	2.4

[Comment 2] **선지 판단**

ㄱ. ⓐ는 ㉢이다. (×)
ㄴ. t_1일 때 ㉡의 길이는 0.6이고, H대의 길이는 ㉢의 길이에서 ㉡의 길이를 뺀 값과 같으므로 0.4이다. 따라서 t_2일 때 H대의 길이는 0.6이다. (○)
ㄷ. 구하는 값의 분자는 0.9이고, 분모는 1.3이다. (×)

답은 ㄴ이다.

19.

단면의 변화 + 계산 [K]

다음은 골격근의 수축 과정에 대한 자료이다.

○ 그림 (가)는 근육 원섬유 마디 X의 구조를, (나)의 ㉠~㉢은 X를 ⓧ 방향으로 잘랐을 때 관찰되는 단면의 모양을 나타낸 것이다. X는 좌우 대칭이다.

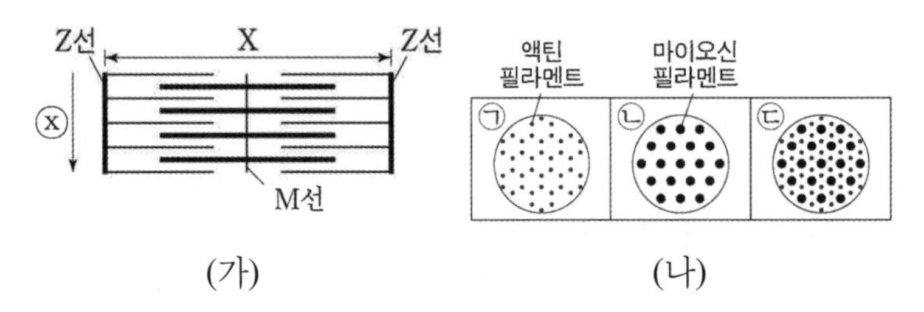

(가) (나)

○ 표 Ⅰ은 골격근 수축 과정의 두 시점 t_1과 t_2일 때 X의 길이와 X에서 단면의 모양이 ⓐ, ⓒ와 같은 부분의 길이를 나타낸 것이고, Ⅱ는 ㉮ t_1과 t_2일 때 각 시점의 중앙 M선으로부터의 거리가 각각 0.3 ㎛, 0.5 ㎛, 1.0 ㎛인 세 지점에서 관찰되는 단면의 모양을 나타낸 것이다. ⓐ~ⓒ는 ㉠~㉢을 순서 없이 나타낸 것이며, l_1~l_3은 0.3 ㎛, 0.5 ㎛, 1.0 ㎛을 순서 없이 나타낸 것이다.

시점	길이		
	X	ⓐ	ⓒ
t_1	2.2㎛	0.8㎛	0.6㎛
t_2	?	1.2㎛	?

Ⅰ

거리	단면의 모양	
	t_1	t_2
l_1	ⓑ	ⓐ
l_2	ⓒ	?
l_3	?	㉡

Ⅱ

○ X에서 단면의 모양이 ㉠~㉢과 같은 부분의 길이를 모두 더한 값은 X의 길이와 같다.

이에 대한 설명으로 옳은 것만을 <보기>에서 있는 대로 고른 것은?

<보기>

ㄱ. $l_3 < l_1$이다.
ㄴ. ⓑ는 ㉡이다.
ㄷ. ㉮가 0.7 ㎛일 때 t_1과 t_2에서 관찰되는 단면의 모양은 ㉢으로 동일하다.

[Comment 1] **단면의 변화 기준 파악**

해당 문항은 M선을 기준으로 단면의 변화를 관찰하는 유형으로, 근육이 수축할 때 ㉡ → ㉢으로만 단면의 모양이 변할 수 있다. 따라서 ⓐ와 ⓑ는 각각 ㉡과 ㉢ 중 하나이고, 남은 ⓒ는 ㉠이다.

[Comment 2] **각 시점별 구간의 길이 파악**

t_1일 때 X의 길이는 2.2인데, 이는 ⓐ+ⓑ+ⓒ와 같으므로 t_1일 때 ⓑ의 길이는 0.8이다. ㉡이 ⓐ와 ⓑ 중 무엇이 되었건 t_1일 때 H대의 길이는 0.4이고, 액틴 필라멘트와 마이오신 필라멘트가 겹치는 두 부위 중 한 부위의 길이는 0.4이다. 이에 따라 t_1일 때 ㉮가 0.3인 지점에서 관찰되는 단면의 모양은 ㉡, ㉮가 0.5인 지점에서 관찰되는 단면의 모양은 ㉢, ㉮가 1.0인 지점에서 관찰되는 단면의 모양은 ㉠이다. 따라서 l_2는 1.0이고, l_3에서 관찰되는 단면의 모양은 ⓐ이다.

[Comment 3] **ⓐ와 ⓑ 매칭**

l_1~l_3 중 관찰되는 단면의 모양이 변하는 지점은 l_1만 가능하므로, l_3에서 관찰되는 단면의 모양은 변하지 않아야 한다. 따라서 ⓐ는 ㉡, ⓑ는 ㉢이다. 근육이 수축할 때 단면의 모양은 ㉡ → ㉢으로만 변하므로 t_2일 때가 이완 시점, t_1일 때가 수축 시점이다. ⓑ가 ㉢이므로 t_1을 통해 l_1이 0.5, l_3이 0.3이다.

[Comment 4] **각 시점별 구간의 길이 정리**

시점	길이			
	X의 길이	ⓐ(㉡)	ⓑ(㉢)	ⓒ(㉠)
t_1	2.2㎛	0.8㎛	0.8㎛	0.6㎛
t_2	2.6㎛	1.2㎛	0.4㎛	1.0㎛

[Comment 5] **선지 판단**

ㄱ. l_1이 0.5㎛, l_3이 0.3㎛이다. (○)
ㄴ. ⓑ는 ㉢이다. (×)
ㄷ. ㉮가 0.7㎛일 때 t_1과 t_2에서 관찰되는 단면의 모양은 모두 ㉢이다. (○)

답은 ㄱ, ㄷ이다.

20.

새로운 조건의 해석 [K]

다음은 골격근의 수축 과정에 대한 자료이다.

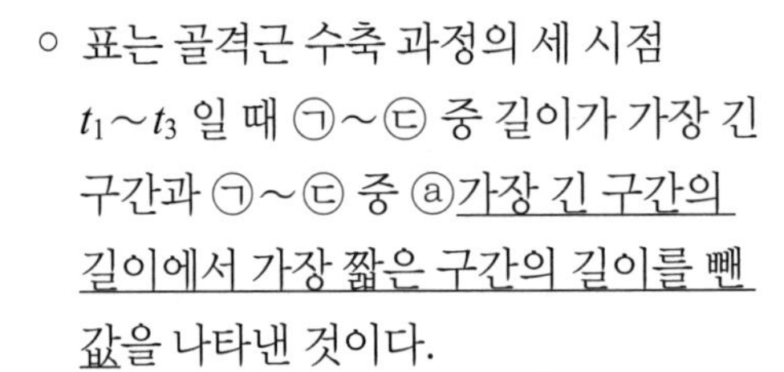

○ 그림은 근육 원섬유 마디 X의 구조를 나타낸 것이다. X는 좌우 대칭이다.

○ 구간 ㉠은 마이오신 필라멘트만 있는 부분이고, ㉡은 액틴 필라멘트와 마이오신 필라멘트가 겹치는 부분이며, ㉢은 액틴 필라멘트만 있는 부분이다.

○ 표는 골격근 수축 과정의 세 시점 t_1~t_3 일 때 ㉠~㉢ 중 길이가 가장 긴 구간과 ㉠~㉢ 중 ⓐ가장 긴 구간의 길이에서 가장 짧은 구간의 길이를 뺀 값을 나타낸 것이다.

시점	길이가 가장 긴 구간	ⓐ
t_1	㉠	1.0㎛
t_2	㉡	?
t_3	㉢	0.5㎛

○ t_2 일 때 ㉠~㉢의 길이는 순서 없이 0.2 ㎛, 0.6 ㎛, 0.7 ㎛이다.

이에 대한 설명으로 옳은 것만을 <보기>에서 있는 대로 고른 것은?

<보기>

ㄱ. X의 길이는 t_1 일 때가 t_3 일 때보다 짧다.
ㄴ. t_2 일 때 A대의 길이는 1.6 ㎛이다.
ㄷ. t_1 일 때 ㉠의 길이와 t_3 일 때 ㉡의 길이를 더한 값은 1.6 ㎛이다.

[Comment 1] **X의 길이 비교**

t_1에서 t_2로 갈 때 근육이 이완할 경우, t_2일 때 ㉠~㉢ 중 ㉠의 길이가 가장 길어야 하나, ㉡이 가장 길기 때문에 t_1에서 t_2로 갈 때 근육은 수축하며, 같은 논리로 t_1에서 t_3으로 갈 때 근육은 수축한다. t_2에서 t_3으로 갈 때 근육이 수축할 경우, t_3일 때 ㉠~㉢ 중 ㉡의 길이가 가장 길어야 하나, ㉢이 가장 길기 때문에 t_2에서 t_3으로 갈 때 근육은 이완한다. 따라서 X의 길이는 t_1~t_3 중 t_1일 때가 가장 길고, t_2일 때가 가장 짧다.

[Comment 2] **t_2일 때 각 구간의 길이 파악**

t_2일 때 ㉡의 길이는 0.7㎛이고, ㉠과 ㉢의 길이는 각각 0.2㎛와 0.6㎛ 중 하나이다. t_2일 때 ㉠의 길이가 ㉢의 길이보다 길다면, t_3일 때도 ㉠의 길이가 ㉢의 길이보다 길어야 하나, 이는 모순이므로 t_2일 때 ㉠의 길이는 0.2㎛, ㉢의 길이는 0.6㎛이다.

[Comment 3] **t_1일 때 각 구간의 길이 파악**

t_1일 때 ㉠~㉢ 중 ㉠의 길이가 가장 길기 위해선 t_2에서 t_1로 갈 때 X의 길이는 최소 0.8㎛ 증가해야 한다. 따라서 t_1일 때 ㉠~㉢ 중 ㉡의 길이가 가장 짧게 되어 t_1일 때 ㉠의 길이에서 ㉡의 길이를 뺀 값이 1.0㎛이다. 따라서 t_1일 때 ㉠의 길이는 1.2㎛, ㉡의 길이는 0.2㎛, ㉢의 길이는 1.1㎛이다.

[Comment 4] **t_3일 때 각 구간의 길이 파악**

t_2에서 t_3으로 갈 때 X의 길이가 $2d$만큼 증가한다고 했을 때, t_3일 때 ㉠의 길이는 0.2㎛+$2d$, ㉡의 길이는 0.7㎛-d, ㉢의 길이는 0.6㎛+d이다. t_3일 때 ㉠~㉢ 중 ㉠의 길이가 가장 짧다고 했을 때, d는 $-$0.1㎛로 음수가 되어 모순이 발생한다. 따라서 t_3일 때 ㉠~㉢ 중 ㉡의 길이가 가장 짧으며, d는 0.3㎛이다.

[Comment 5] **각 시점별 구간의 길이 정리**

시점	㉠의 길이	㉡의 길이	㉢의 길이	X의 길이
t_1	1.2㎛	0.2㎛	1.1㎛	3.8㎛
t_2	0.2㎛	0.7㎛	0.6㎛	2.8㎛
t_3	0.8㎛	0.4㎛	0.9㎛	3.4㎛

[Comment 6] **선지 판단**

ㄱ. X의 길이는 t_1일 때가 t_3일 때보다 길다. (×)
ㄴ. t_2일 때 A대의 길이는 1.6㎛이다. (○)
ㄷ. t_1일 때 ㉠의 길이는 1.2㎛, t_3일 때 ㉡의 길이는 0.4㎛이다. (○)

답은 ㄴ, ㄷ이다.

비 유 전

3 Theme

자료 해석

21.

방어 작용 [H]

다음은 검사 키트를 이용하여 암의 종류를 진단하는 과정이다.

○ 환자로부터 채취한 혈액을 검사 키트에 떨어뜨리면 혈청 내 대사체 ⓐ는 키트 내 물질 ⓑ와 반응한다. ⓐ는 암세포와 정상 세포가 상호 작용하는 과정에서 생성된다.

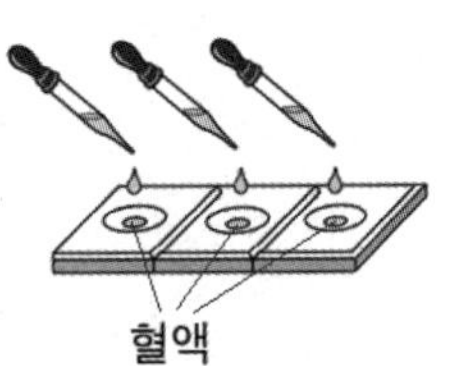

○ ⓐ는 종양의 위치별로 다른 패턴을 가져 각각의 위치에 특정 종류의 ⓐ와 ⓑ가 반응하면 암 P, Q, R를 진단할 수 있다. 검사 키트의 Ⅰ에는 암 P에 대한 패턴이, Ⅱ에는 암 Q에 대한 패턴이, Ⅲ에는 암 R에 대한 패턴이 나타난다.

[실험 과정 및 결과]

(가) 사람 A와 B로부터 시료를 각각 준비한 후, 검사 키트에 각 시료를 떨어뜨린다.

(나) 검사 키트 내 대사 작용을 인공지능으로 분석한다.

(다) 일정 시간이 지난 후 모니터를 확인한 결과는 표와 같다.

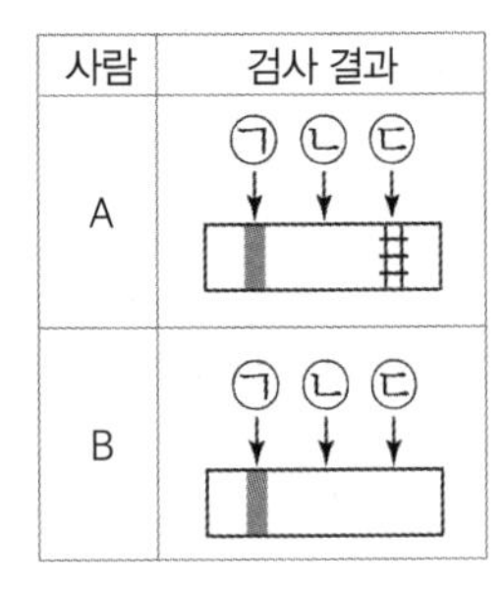

(라) A와 B 중 한 사람은 P, Q, R 중 P만 가진 환자로 진단되었고, 나머지 한 사람은 P, Q, R 중 P와 Q만 가진 환자로 진단되었다. ㉠~㉢은 Ⅰ~Ⅲ을 순서 없이 나타낸 것이다.

이에 대한 설명으로 옳은 것만을 <보기>에서 있는 대로 고른 것은? (단, 제시된 조건 이외는 고려하지 않는다.)

<보기>

ㄱ. ㉠은 Ⅱ이다.

ㄴ. A는 P, Q, R 중 P만 가진 환자이다.

ㄷ. 검사 키트와 인공지능을 이용하여 암의 종류를 진단하는 것은 생명과학과 생물 정보학의 연계 사례에 해당한다.

[Comment 1] **자료 해석**

방어 작용에서는 백신이나 키트 또는 새로운 논문 자료를 차용하여
언제든 자료 해석형으로 출제될 수 있는 주제이다.

A는 P와 Q를 가진 환자, B는 Q만 가진 환자,
㉠은 Ⅰ, ㉢은 Ⅱ, ㉡은 Ⅲ이다.

[Comment 2] **선지 판단**

ㄱ. ㉠은 Ⅰ이다. (×)
ㄴ. A는 P와 Q를 가진 환자이다. (×)
ㄷ. 검사 키트와 인공지능을 이용하여 암의 종류를 진단하는 것은 생명과학과 생물 정보학의 연계 사례에 해당한다. (○)

답은 ㄷ이다.

[Comment 3] **닮은꼴 문항**

닮은꼴 문항과 함께 본 문항의 논리를 복습해보자.

[24학년도 6평]

13. 다음은 검사 키트를 이용하여 병원체 P와 Q의 감염 여부를 확인하기 위한 실험이다.

ㅇ 사람으로부터 채취한 시료를 검사 키트에 떨어뜨리면 시료는 물질 ⓐ와 함께 이동한다. ⓐ는 P와 Q에 각각 결합할 수 있고, 색소가 있다.

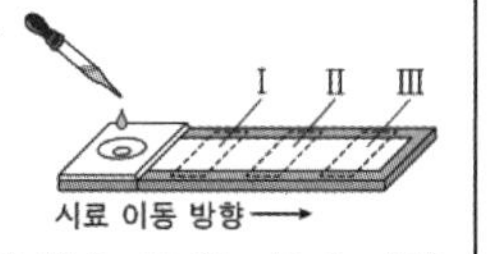

ㅇ 검사 키트의 Ⅰ에는 'P에 대한 항체'가, Ⅱ에는 'Q에 대한 항체'가, Ⅲ에는 'ⓐ에 대한 항체'가 각각 부착되어 있다. Ⅰ~Ⅲ의 항체에 각각 항원이 결합하면, ⓐ의 색소에 의해 띠가 나타난다.

〔실험 과정 및 결과〕

(가) 사람 A와 B로부터 시료를 각각 준비한 후, 검사 키트에 각 시료를 떨어뜨린다.
(나) 일정 시간이 지난 후 검사 키트를 확인한 결과는 표와 같다.
(다) A는 P와 Q에 모두 감염되지 않았고, B는 Q에만 감염되었다.

사람	검사 결과
A	Ⅰ Ⅱ Ⅲ (Ⅲ에만 띠)
B	?

B의 검사 결과로 가장 적절한 것은? (단, 제시된 조건 이외는 고려하지 않는다.) [3점]

① 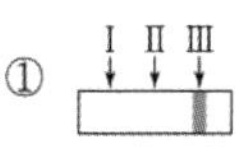 ② 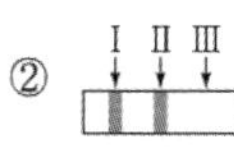 ③ 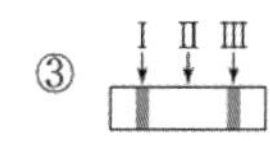

④ 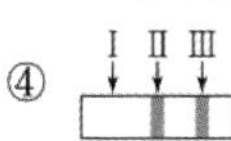 ⑤ 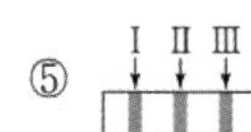

정답은 ④이다.

22.

삼투압 조절 [H]

그림 (가)와 (나)는 오줌 생성에 이상이 있는 두 사람 A와 B에서 ㉠과 ㉡의 변화를 각각 나타낸 것이다. t_1일 때 A와 B에게 항이뇨 호르몬(ADH)을 주사했다. 표는 ⓐ와 ⓑ에서 오줌 생성 이상의 원인을 나타낸 것이다. ㉠과 ㉡은 각각 오줌 생성량과 오줌 삼투압 중 하나이고, A와 B에서 오줌 생성 이상의 원인은 각각 ⓐ와 ⓑ 중 하나이다.

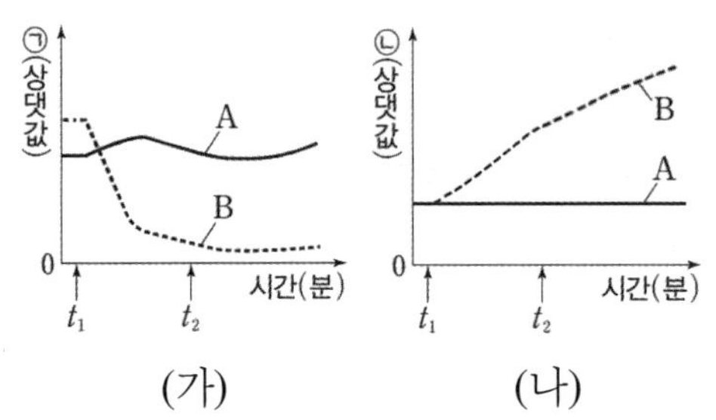

(가) (나)

구분	오줌 생성 이상의 원인
ⓐ	콩팥에 ADH와 결합하는 수용체가 없음
ⓑ	뇌하수체 후엽에서 ADH가 분비되지 않음

이에 대한 설명으로 옳은 것만을 <보기>에서 있는 대로 고른 것은?
(단, 제시된 조건 이외는 고려하지 않는다.)

<보기>

ㄱ. ADH는 콩팥에서 물의 재흡수를 촉진한다.

ㄴ. B에서 오줌 생성 이상의 원인은 ⓐ이다.

ㄷ. t_2 일 때 $\frac{\text{오줌 삼투압}}{\text{오줌 생성량}}$은 B에서가 A에서보다 크다.

[Comment 1] **항상성 자료 해석 (삼투압 조절)**

ⓑ는 외부에서 ADH를 주사함으로써 문제가 해결될 수 있다.
그에 따라 t_1일 때 ADH를 주사한 이후 오줌 생성량(㉠)이 떨어지고 오줌 삼투압(㉡)이 증가하는 B의 경우가 이에 해당하며, A의 오줌 생성 이상의 원인은 ⓐ이다.

ⓐ의 경우 수용체에 이상이 있는 것이기 때문에 ADH를 주사해도 오줌 생성량이 정상적으로 조절되지 않는다.

[Comment 2] **선지 판단**

ㄱ. ADH는 콩팥에서 물의 재흡수를 촉진한다. (○)
ㄴ. B에서 오줌 생성 이상의 원인은 ⓑ이다. (×)
ㄷ. t_2일 때 오줌 삼투압(㉡)은 B에서가 A에서보다 높고, 오줌 생성량(㉠)은 B에서가 A에서보다 낮다. 따라서 분수값은 B에서가 A에서보다 크다. (○)

답은 ㄱ, ㄷ이다.

[Comment 3] **닮은꼴 문항**

닮은꼴 문항과 함께 본 문항의 논리를 복습해보자.

[24학년도 수능]

9. 그림 (가)는 정상인에서 갈증을 느끼는 정도를 ⓐ의 변화량에 따라 나타낸 것이다. 그림 (나)는 정상인 A에게는 소금과 수분을, 정상인 B에게는 소금만 공급하면서 측정한 ⓐ를 시간에 따라 나타낸 것이다. ⓐ는 전체 혈액량과 혈장 삼투압 중 하나이다.

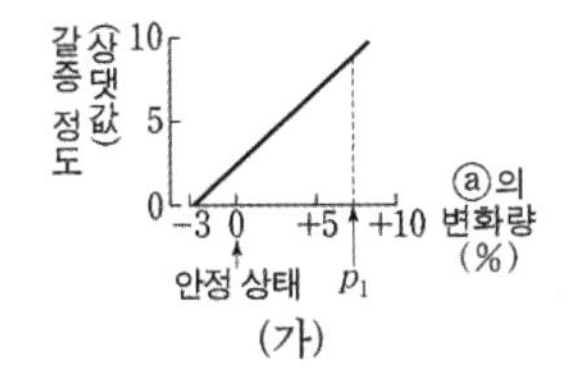

(가)

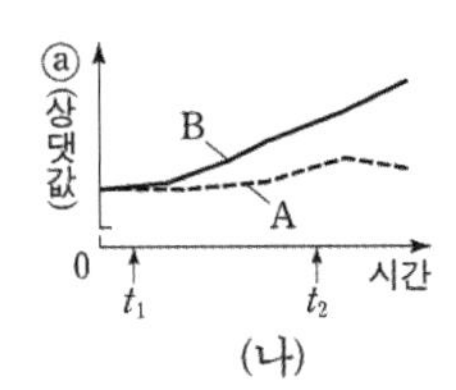

(나)

이에 대한 설명으로 옳은 것만을 <보기>에서 있는 대로 고른 것은? (단, 제시된 조건 이외는 고려하지 않는다.)

<보 기>

ㄱ. 생성되는 오줌의 삼투압은 안정 상태일 때가 p_1일 때보다 높다.
ㄴ. t_2일 때 갈증을 느끼는 정도는 B에서가 A에서보다 크다.
ㄷ. B의 혈중 항이뇨 호르몬(ADH) 농도는 t_1일 때가 t_2일 때보다 높다.

① ㄱ ② ㄴ ③ ㄷ ④ ㄱ, ㄴ ⑤ ㄴ, ㄷ

정답은 ② ㄴ이다.

23.

혈당량 조절 [H]

그림 (가)는 운동으로 단련된 사람 A와 단련 안 된 사람 B가 운동을 시작한 후 운동 시간에 따른 혈중 ㉠ 농도를, (나)는 운동 시간에 따른 혈중 ㉡ 농도를 나타낸 것이다. ㉠과 ㉡은 글루카곤과 포도당을 순서 없이 나타낸 것이고, ⓐ와 ⓑ는 A와 B를 순서 없이 나타낸 것이다.

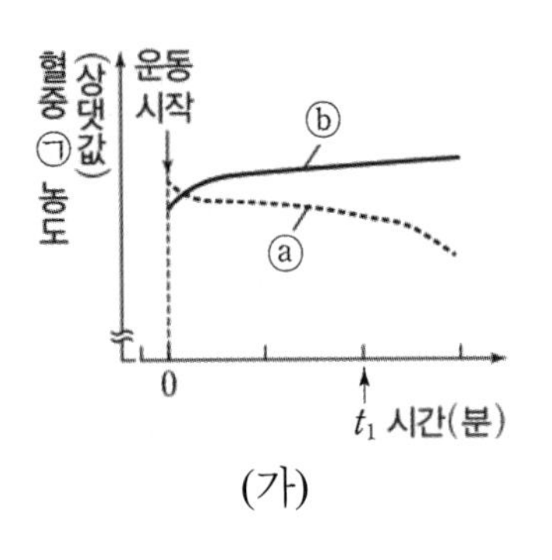

(가)

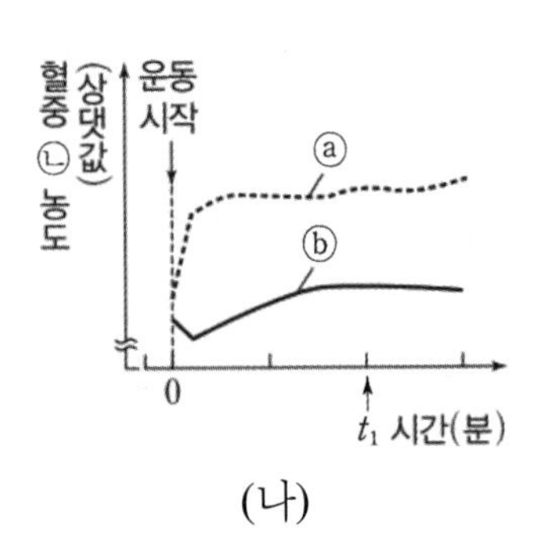

(나)

이에 대한 설명으로 옳은 것만을 <보기>에서 있는 대로 고른 것은? (단, 제시된 조건 이외는 고려하지 않는다.)

<보기>

ㄱ. ⓑ는 A이다.

ㄴ. 혈중 ㉡ 농도가 증가하면 간에서 포도당이 글리코젠으로 합성되는 과정이 촉진된다.

ㄷ. t_1 일 때 $\frac{\text{혈중 ㉡의 농도}}{\text{혈중 ㉠의 농도}}$는 B에서가 A에서보다 크다.

[Comment 1] **항상성 자료 해석 (혈당량 조절)**

운동 시에는 포도당의 소비량이 증가할 수 있다.
이에 따라 운동 시 전반적으로 분비량이 증가하는 호르몬 ㉡은 글루카곤이다.
∴ ㉠은 포도당이다.

일반적인 사람 B에서 운동을 시작한 후 운동 시간에 따른 혈중 포도당 농도는 지속적으로 감소하므로 ⓑ는 운동으로 단련된 사람 A이고, ⓐ는 운동으로 단련 안 된 사람 B이다.

[Comment 2] **선지 판단**

ㄱ. ⓑ는 A이다. (○)
ㄴ. 혈중 글루카곤 농도가 증가하면 간에서 글리코젠이 포도당으로 전환되는 과정이 촉진된다. (×)
ㄷ. t_1일 때 운동으로 단련된 사람(ⓑ)은 단련 안 된 사람(ⓐ)보다 혈중 글루카곤(㉡)의 농도는 낮고 혈중 포도당(㉠) 농도는 높으므로 ⓐ(B)는 ⓑ(A)보다 주어진 분수 값이 더 작다. (×)

답은 ㄱ이다.

[Comment 3] **닮은꼴 문항**

닮은꼴 문항과 함께 본 문항의 논리를 복습해보자.

[23학년도 수능]

10. 그림 (가)와 (나)는 정상인 Ⅰ과 Ⅱ에서 ㉠과 ㉡의 변화를 각각 나타낸 것이다. t_1일 때 Ⅰ과 Ⅱ 중 한 사람에게만 인슐린을 투여하였다. ㉠과 ㉡은 각각 혈중 글루카곤 농도와 혈중 포도당 농도 중 하나이다.

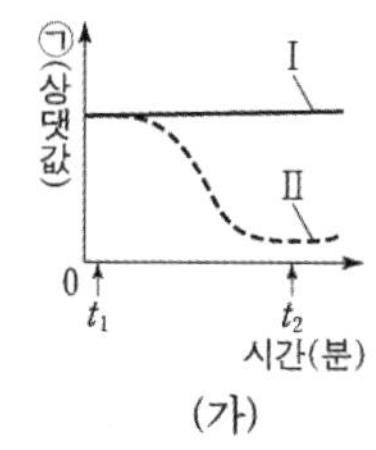

(가)

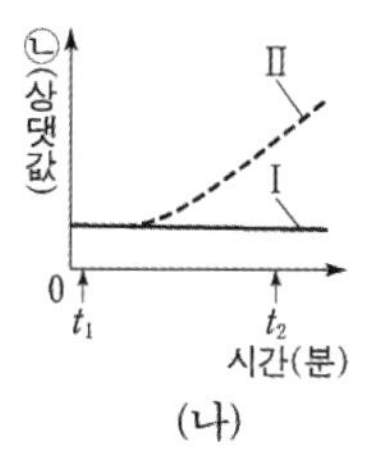

(나)

이에 대한 설명으로 옳은 것만을 <보기>에서 있는 대로 고른 것은? (단, 제시된 조건 이외는 고려하지 않는다.) [3점]

<보 기>

ㄱ. 인슐린은 세포로의 포도당 흡수를 촉진한다.
ㄴ. ㉡은 혈중 포도당 농도이다.
ㄷ. $\frac{\text{Ⅰ의 혈중 글루카곤 농도}}{\text{Ⅱ의 혈중 글루카곤 농도}}$는 t_2일 때가 t_1일 때보다 크다.

① ㄱ ② ㄴ ③ ㄷ ④ ㄱ, ㄴ ⑤ ㄱ, ㄷ

정답은 ① ㄱ이다.

24.

체온 조절 [H]

그림 (가)는 정상인이 3가지 조건의 욕조에 들어가 앉아 피부 온도가 각각 ㉠~㉢으로 유지될 때, 체온 조절 중추의 온도에 따른 ⓐ를 나타낸 것이고, (나)는 정상인에서 체온 조절 중추 온도에 따른 ⓑ를 나타낸 것이다 ㉠~㉢은 T_1, T_2, T_3을 순서 없이 나타낸 것이며, ⓐ와 ⓑ는 각각 '땀 분비에 의한 열 발산량(열 방출량)'과 '근육 떨림에 의한 열 발생량(열 생산량)' 중 하나이다. 체온 조절 중추의 설정 온도는 열 발생량과 열 발산량을 변화시켜 체온을 일정하게 조절하는 데 기준이 되는 온도이다.

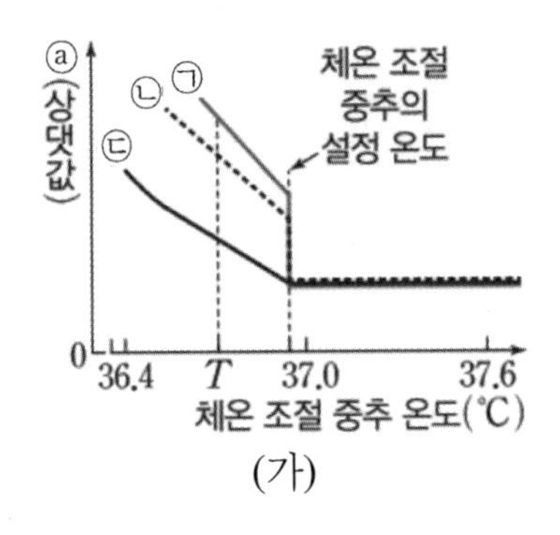

(가)

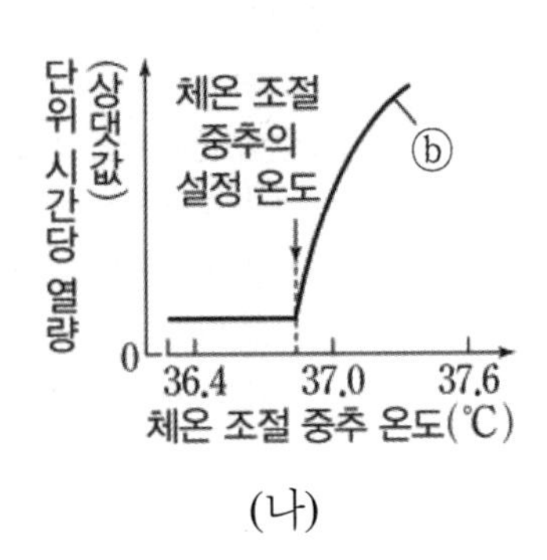

(나)

이에 대한 설명으로 옳은 것만을 <보기>에서 있는 대로 고른 것은? (단, 제시된 조건 이외는 고려하지 않으며 $T_1 > T_2 > T_3$이다.)

<보기>

ㄱ. ㉠은 T_3이다.

ㄴ. ⓑ는 땀 분비에 의한 열 발산량(열 방출량)이다.

ㄷ. T일 때 단위 시간당 피부를 통한 열 발산량은 ㉠일 때가 ㉢일 때보다 많다.

[Comment 1] **항상성 자료 해석 (체온 조절)**

시상 하부의 온도가 같아도 욕조의 온도 조건이 낮을수록 단위 시간당 피부를 통한 열 발산량이 많아져 피부 온도가 낮아지면 체온도 낮아질 수 있기 때문에 체온 유지를 위해 근육 떨림에 의한 열 발생량이 많아지는 조절 작용이 일어난다.

외부 온도 조건에 의해 피부 온도가 낮을수록 피부를 통한 열 발산 억제 작용이 더 강화되는 것은 맞지만, 외부 온도가 낮을 때가 높을 때보다 열 발산 속도가 느린 것은 아니다.

[Comment 2] **선지 판단**

ㄱ. ㉠은 T_3이다. (O)

ㄴ. 시상 하부의 온도가 내려갈 때 땀 분비에 의한 열 발산량이 증가하면 체온이 더 내려가므로 ⓐ는 근육 떨림에 의한 열 발생량이고, ⓑ는 체온 조절 중추의 온도 상승에 따라 증가하여 체온을 낮추는 작용을 하므로 땀 분비에 의한 열 발산량이다. (O)

ㄷ. 단위 시간당 피부를 통한 열 발산량은 ㉠(피부 온도 T_3)일 때가 ㉢(피부 온도 T_1)일 때보다 많다. (O)

답은 ㄱ, ㄴ, ㄷ이다.

[Comment 3] **닮은꼴 문항**

닮은꼴 문항과 함께 본 문항의 논리를 복습해보자.

[22학년도 수능]

15. 그림 (가)와 (나)는 정상인이 서로 다른 온도의 물에 들어갔을 때 체온의 변화와 A, B의 변화를 각각 나타낸 것이다. A와 B는 땀 분비량과 열 발생량(열 생산량)을 순서 없이 나타낸 것이고, ㉠과 ㉡은 '체온보다 낮은 온도의 물에 들어갔을 때'와 '체온보다 높은 온도의 물에 들어갔을 때'를 순서 없이 나타낸 것이다.

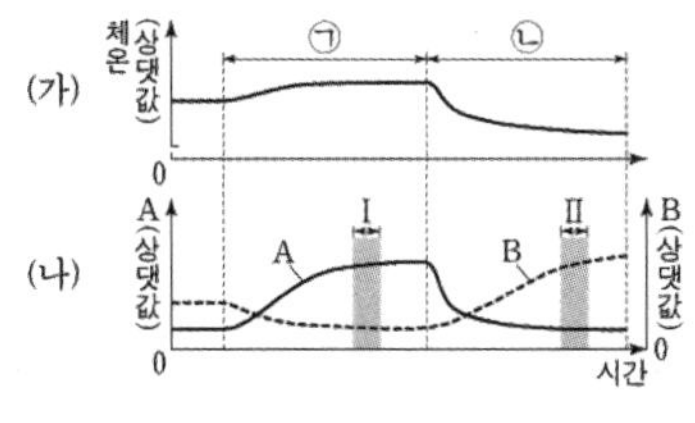

이에 대한 설명으로 옳은 것만을 <보기>에서 있는 대로 고른 것은? [3점]

<보 기>

ㄱ. ㉠은 '체온보다 낮은 온도의 물에 들어갔을 때'이다.

ㄴ. 열 발생량은 구간 Ⅰ에서가 구간 Ⅱ에서보다 많다.

ㄷ. 시상 하부가 체온보다 높은 온도를 감지하면 땀 분비량은 증가한다.

① ㄱ ② ㄷ ③ ㄱ, ㄴ ④ ㄴ, ㄷ ⑤ ㄱ, ㄴ, ㄷ

정답은 ② ㄷ이다.

25. 티록신 조절 [H]

사람 A~D는 모두 혈중 티록신 농도가 정상적이지 않다. 표 (가)는 A~D의 혈중 티록신 농도가 정상적이지 않은 원인을, (나)는 사람 ㉠~㉣의 혈중 호르몬 농도를 나타낸 것이다. ㉠~㉣은 A~D를 순서 없이 나타낸 것이고, ⓐ~ⓒ는 TRH, TSH, 티록신을 순서 없이 나타낸 것이다.

사람	원인
A	갑상샘에 이상이 생겨 호르몬 분비량이 정상보다 많음
B	갑상샘이 없어 호르몬 분비량이 정상보다 적음
C	뇌하수체에 이상이 생겨 호르몬 분비량이 정상보다 적음
D	시상 하부에 이상이 생겨 호르몬 분비량이 정상보다 많음

(가)

사람	혈중 농도		
	ⓐ	ⓑ	ⓒ
㉠	−	+	+
㉡	−	+	−
㉢	+	+	+
㉣	+	−	−

(+ : 정상보다 높음, − : 정상보다 낮음)

(나)

이에 대한 설명으로 옳은 것만을 <보기>에서 있는 대로 고른 것은? (단, A~D는 이상이 있는 내분비샘을 제외한 다른 부위는 모두 정상이다.)

<보기>

ㄱ. ⓑ는 TRH이다.
ㄴ. C에 TSH를 투여하면 티록신의 분비가 촉진된다.
ㄷ. ㉣에서 뇌하수체 전엽에 TRH의 표적 세포가 있다.

[Comment 1] **티록신 조절**

호르몬 기작, 삼투압 조절, 체온 조절, 혈당량 조절과 함께 티록신 조절은 항상성 단원에서 출제될 수 있는 주제이다.

[Comment 2] **존재성의 해석**

ⓒ은 정상적인 상황보다 TSH, TRH, 티록신이 많이 나오므로
시상 하부에 이상이 생겨 호르몬 분비량이 정상보다 많다.

사람	혈중 농도		
	ⓐ	ⓑ	ⓒ
㉠	−	+	+
㉡	−	+	−
㉢	+	+	+
㉣	+	−	−

(+: 정상보다 높음, −: 정상보다 낮음)

따라서 ㉢은 D이다.

[Comment 3] **여사건의 해석**

B는 갑상샘이 없어 티록신 분비량이 정상보다 적으므로
TSH와 TRH는 정상보다 높은 농도로 나타난다.

사람	혈중 농도		
	ⓐ	ⓑ	ⓒ
㉠	−	+	+
㉡	−	+	−
D	+	+	+
㉣	+	−	−

(+: 정상보다 높음, −: 정상보다 낮음)

따라서 ⓑ와 ⓒ의 여사건인 ⓐ가 티록신이고 ㉠은 B이다.

[Comment 4] **유일성의 해석 (1)**

㉣은 정상적인 상황보다 티록신만 많이 나오므로
갑상선 항진증에 해당한다,

사람	혈중 농도		
	티록신	ⓑ	ⓒ
B	−	+	+
㉡	−	+	−
D	+	+	+
㉣	+	−	−

(+: 정상보다 높음, −: 정상보다 낮음)

따라서 ㉣은 A이다.

∴ 남은 ㉡은 C이다.

[Comment 5] **유일성의 해석 (2)**

C는 뇌하수체에 이상이 생겨 호르몬 분비량이 낮아진 사람이므로
TSH 분비량이 낮아져 있는 사람이다.

그에 따라 시상 하부에서는 TRH를 더 분비하여
TRH 분비량은 높아진다.

사람	혈중 농도		
	티록신	ⓑ	ⓒ
B	−	+	+
C	−	+	−
D	+	+	+
A	+	−	−

(+: 정상보다 높음, −: 정상보다 낮음)

따라서 ⓑ는 TRH, ⓒ는 TSH이다.

[Comment 6] **선지 판단**

ㄱ. ⓑ는 TRH이다. (O)
ㄴ. C에 TSH를 투여하면 티록신의 분비가 촉진된다. (O)
ㄷ. ㉣은 갑상샘을 제외한 다른 내분비샘은 정상이다. 따라서 뇌하수체 전엽에 TRH의 표적 세포가 있다. (O)

답은 ㄱ, ㄴ, ㄷ이다.

[Comment 7] **닮은꼴 문항**

닮은꼴 문항과 함께 본 문항의 논리를 복습해보자.

[24학년도 수능]

14. 사람 A~C는 모두 혈중 티록신 농도가 정상적이지 않다. 표 (가)는 A~C의 혈중 티록신 농도가 정상적이지 않은 원인을, (나)는 사람 ㉠~㉢의 혈중 티록신과 TSH의 농도를 나타낸 것이다. ㉠~㉢은 A~C를 순서 없이 나타낸 것이고, ⓐ는 '+'와 '−' 중 하나이다.

사람	원인
A	뇌하수체 전엽에 이상이 생겨 TSH 분비량이 정상보다 적음
B	갑상샘에 이상이 생겨 티록신 분비량이 정상보다 많음
C	갑상샘에 이상이 생겨 티록신 분비량이 정상보다 적음

(가)

사람	혈중 농도	
	티록신	TSH
㉠	−	+
㉡	+	ⓐ
㉢	−	−

(+: 정상보다 높음, −: 정상보다 낮음)

(나)

이에 대한 설명으로 옳은 것만을 <보기>에서 있는 대로 고른 것은? (단, 제시된 조건 이외는 고려하지 않는다.) [3점]

<보 기>

ㄱ. ⓐ는 '−'이다.
ㄴ. ㉠에게 티록신을 투여하면 투여 전보다 TSH의 분비가 촉진된다.
ㄷ. 정상인에서 뇌하수체 전엽에 TRH의 표적 세포가 있다.

① ㄱ ② ㄴ ③ ㄷ ④ ㄱ, ㄷ ⑤ ㄴ, ㄷ

선지 판단

ㄱ. 갑상샘에서 티록신의 분비를 촉진하는 TSH의 분비량이 정상보다 적은 A와 티록신 분비량이 적은 C의 혈중 티록신 농도는 정상보다 낮음으로 갑상샘에 이상이 생겨 티록신 분비량이 정상보다 많은 B는 ㉡이다. 티록신이 정상보다 많으므로 음성 피드백 작용에 의해 B의 뇌하수체에서 TSH의 분비량은 정상보다 낮다.
따라서 ⓐ는 '-'이다. (○)

ㄴ. A는 TSH의 분비량이 정상보다 적으므로 ㉢이고, C는 ㉠이다. ㉠(C)에 티록신을 주사하면 음성 피드백 작용에 의해 TSH의 분비량은 감소한다. (×)

ㄷ. 시상 하부에서 분비되는 TRH는 뇌하수체 전엽을 자극하여 TSH의 분비를 촉진한다. 따라서 정상인에서 뇌하수체 전엽에 TRH의 표적 세포가 있다. (○)

답은 ④ ㄱ, ㄷ이다.

26.

혈액형 인원 추론 [H]

표 (가)는 집단 X에서 ABO식 혈액형에 따른 응집원 ㉠, ㉡과 응집소 ⓐ, ⓑ의 유무에 따라 Ⅰ ~ Ⅳ로 구분한 것이고, (나)는 X에서 ㉡과 응집소 ⓐ와 ⓑ의 유무에 따른 인원을 나타낸 것이다. Ⅰ ~ Ⅳ의 ABO식 혈액형은 모두 다르다. ㉠과 ㉡은 응집원 A와 B를, 응집소 ⓐ와 ⓑ는 응집소 α와 β를 순서 없이 나타낸 것이다. X에서 B형인 사람은 18명이다.

구분 \ 물질	㉠	㉡	ⓐ	ⓑ
Ⅰ	○	?	㉮	?
Ⅱ	×	?	?	○
Ⅲ	×	?	㉯	?
Ⅳ	?	?	?	×

(○: 있음 ×: 없음)

(가)

구분	인원(명)
㉡을 가진 사람	21
ⓑ를 가진 사람	29
㉡과 ⓐ를 모두 가진 사람	12
ⓐ와 ⓑ를 모두 가진 사람	11

(나)

이에 대한 설명으로 옳은 것만을 <보기>에서 있는 대로 고른 것은? (단, ABO식 혈역형 외 다른 조건은 고려하지 않는다.)

<보기>

ㄱ. X는 50명의 사람으로 구성된다.
ㄴ. ㉮와 ㉯는 모두 '×'이다.
ㄷ. ⓐ를 가진 사람은 23명이다.

[Comment 1] **자료 해석 (혈액형 인원)**

X에서 B형인 사람은 18명이라고 하였는데, 응집원 ⓛ과 응집소 ⓐ를 모두 가진 사람은 12명이므로 A형인 사람은 12명이다. 따라서 응집원 ㉠은 응집원 B, 응집원 ⓛ은 응집원 A이며, 응집소 ⓐ는 응집소 β 응집소 ⓑ는 응집소 α이다.

응집원 ⓛ(응집원 A)을 가진 사람은 42명인데, A형인 사람은 24명이므로 AB형인 사람은 18명이다. 응집소 ⓑ(응집소 α)를 가진 사람은 58명인데, B형인 사람은 36명이므로 O형인 사람은 22명이다. X에서 ABO식 혈액형에 따라 구분한 Ⅰ ~ Ⅳ의 혈액형은 모두 다르다고 하였으므로 이를 바탕으로 정리하면 다음과 같다.

구분 \ 물질	B	A	β	α
Ⅰ (B형)	○	×	×	○
Ⅱ (O형)	×	×	○	○
Ⅲ (A형)	×	○	○	×
Ⅳ (AB형)	○	○	×	×

(○: 있음 ×: 없음)

구분	인원(명)
ⓛ을 가진 사람	21
ⓑ를 가진 사람	29
ⓛ과 ⓐ를 모두 가진 사람	12
ⓐ와 ⓑ를 모두 가진 사람	11

[Comment 2] **선지 판단**

ㄱ. ⓛ을 가진 사람과 ⓑ를 가진 사람은 서로 배반사건의 관계에 있으므로 두 인원을 더하면 전체 인원이 된다. 따라서 X는 50명의 사람으로 구성된다. (○)

ㄴ. ㉮는 '×'이고, ㉯는 '○'이다. (×)

ㄷ. ⓐ를 가진 사람은 A형이 12명, O형이 11명으로 총 23명이다. (○)

답은 ㄱ, ㄷ이다.

27.

혈액형 추론 (응집 반응) [H]

다음은 어떤 가족의 ABO식 혈액형에 대한 자료이다.

○ 아버지, 어머니, 아들. 딸의 ABO식 혈액형은 모두 다르다.

○ 그림은 가족 구성원 중 (가)~(다)의 혈액을 혈구 ⓐ~ⓒ와 혈장 ㉠~㉢으로 분리한 결과를, 표는 혈구 ⓐ~ⓒ를 Ⅰ~Ⅳ의 혈장 및 항 A 혈청과 각각 섞었을 때 응집 여부를 나타낸 것이다. (가)~(다)는 각각 아버지, 아들, 딸 중 하나이고, 아버지의 혈액에는 ㉮와 ㉯ 중 ㉮만 있다. ㉮와 ㉯는 응집소 α와 응집소 β를 순서 없이 나타낸 것이며, Ⅰ~Ⅲ은 아버지, 어머니, 아들을 순서 없이 나타낸 것이다.

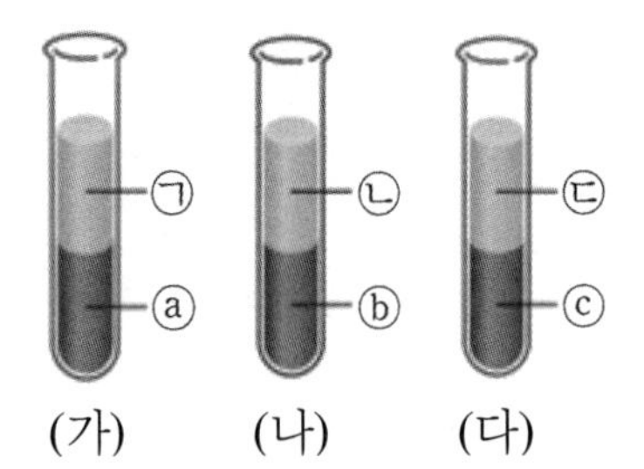

혈장 \ 혈구	ⓐ	ⓑ	ⓒ
Ⅰ	+	?	+
Ⅱ	−	−	−
Ⅲ	+	−	−
항 A 혈청	+	−	+

(+ : 응집함 − : 응집 안 함)

이에 대한 설명으로 옳은 것만을 <보기>에서 있는 대로 고른 것은?

<보기>

ㄱ. 아버지의 ABO식 혈액형은 A형이다.
ㄴ. ㉡은 딸의 혈장이다.
ㄷ. ⓑ와 ㉠을 섞으면 항원 항체 반응이 일어난다.

[Comment 1] **자료 해석 (혈액형 인원)**

ⓑ를 항 A 혈청과 섞었을 때 응집하지 않았으므로 ⓑ에는 응집원 A가 없고, (가)의 ABO식 혈액형은 B형 또는 O형이다.

혈장 \ 혈구	ⓐ	ⓑ	ⓒ
항 A 혈청	+	−	+

(+ : 응집함 − : 응집 안 함)

ⓐ와 ⓒ를 각각 항 A 혈청과 섞었을 때 응집했으므로
ⓐ와 ⓒ에는 각각 응집원 A가 있고,
(가)와 (다)의 ABO식 혈액형은 A형 또는 AB형이다.

[Comment 2] **서로 다른 혈액형**

아버지의 혈액에는 응집소 α와 응집소 β 중 한 가지만 있으므로
아버지의 ABO식 혈액형은 A형 또는 B형이고
어머니의 ABO식 혈액형 B형 또는 A형이다.

[Comment 3] **전체를 보는 관점**

항 A 혈청에 응집되는 혈액형은 A형과 AB형으로
다음과 같은 양상으로 나타나야 한다.

혈장 \ 혈구	A	B	없음	A, B
항 A 혈청	+	−	−	+
A형	+	−	−	+
O형	+	−	−	+
AB형	−	−	−	−
B형	-	+	−	+

(+ : 응집함 − : 응집 안 함)

따라서 Ⅱ는 AB형이고, Ⅲ은 B형이며, Ⅰ은 A형이다.

[Comment 4] **순서 없이의 해석**

B형에도 '−' (응집 안 함)이 나타나므로
ⓑ에는 응집원 A와 B가 모두 없다.

혈장＼혈구	ⓐ	ⓑ	ⓒ
Ⅰ (A형)	+	?	+
Ⅱ (O형)	−	−	−
Ⅲ (B형)	+	−	−
항 A 혈청	+	−	+

(+ : 응집함 − : 응집 안 함)

따라서 (나)는 O형이고 아버지, 어머니, 아들이 A형, B형, AB형을 순서 없이 나타낸 것이었으므로 (나)는 딸이다.

∴ 딸은 O형이고, 아들은 AB형이다.

[Comment 5] **응집 반응 관찰**

ⓐ는 A형 혈장과 B형 혈장에서 모두 응집 반응이 일어나므로

혈장＼혈구	ⓐ	ⓑ	ⓒ
Ⅰ (?형)	+	?	+
Ⅱ (O형)	−	−	−
Ⅲ (?형)	+	−	−
항 A 혈청	+	−	+

(+ : 응집함 − : 응집 안 함)

ⓐ에는 응집원 A와 B가 모두 있다.
딸이 O형이므로 아들은 AB형이어야 하고
(가)는 아들임을 알 수 있다.

∴ (다)는 아버지이다.

혈장＼혈구	ⓐ (A, B)	ⓑ (−)	ⓒ
Ⅰ (?형)	+	?	+
Ⅱ (O형)	−	−	−
Ⅲ (?형)	+	−	−
항 A 혈청	+	−	+

(+ : 응집함 − : 응집 안 함)

아버지의 ⓒ가 응집하는 Ⅰ이 어머니의 혈장이고
아버지의 ⓒ가 응집하지 않는 Ⅲ이 아버지의 혈장이다.

이때 ⓒ에는 응집원 A가 있으므로

아버지는 A형이고, 어머니는 B형이다.

따라서 II는 O형이고, III은 B형이며,
ⓑ를 갖고 있는 (나)의 혈액형은 O형이다.

아버지의 혈액에는 응집소 α와 응집소 β 중 한 가지만 있으므로
아버지의 ABO식 혈액형은 A형이고 응집소 β를 갖는다.

혈구 / 혈장	ⓐ	ⓑ	ⓒ
I 모	+	?	+
II 자	−	−	−
III 부	+	−	−
항 A 혈청	+	−	+

(+ : 응집함 − : 응집 안 함)

아버지의 혈장과 를 섞었을 때 응집하지 않았으므로
ⓑ에는 응집원 B가 없다. 따라서 (나)의 ABO식 혈액형은 O형이다.

아버지의 혈장과 ⓐ를 섞었을 때 응집했으므로 (가)는 아들이고, 아들의 ABO식 혈액형은 AB형이다. 어머니의 ABO식 혈액형은 B형이다.

∴ 딸의 혈액형은 A형이다.
∴ (나)는 딸, (다)는 아버지이다.

자료 해석

[Comment 6] **선지 판단**

ㄱ. 아버지의 ABO식 혈액형은 A형이다. (O)

ㄴ. ㉡은 딸의 혈장이다. (O)

ㄷ. ⓑ에는 응집원 A와 B가 모두 없고
㉠에는 응집소 α와 β가 모두 없다.
그에 따라 ⓑ와 ㉠을 섞으면 항원 항체 반응이 일어나지 않는다. (×)

답은 ㄱ, ㄴ이다.

[Comment 7] **당해 경향의 연계**

2023년에 제공된 디올 Contents와
2023년 수능에 시행된 문항은
다음과 같은 유사성을 나타낸다.

[24학년도 수능 대비]

표는 사람 Ⅰ~Ⅳ의 ABO식 혈액형에 대한 응집 반응 결과를 나타낸 것이다. Ⅰ~Ⅳ의 ABO식 혈액형은 모두 다르다.

혈구 \ 혈장	Ⅰ의 혈장	Ⅱ의 혈장	Ⅲ의 혈장
Ⅱ의 적혈구	?	−	+
Ⅲ의 적혈구	+	ⓐ	−
Ⅳ의 적혈구	?	?	−

(+: 응집됨 −: 응집 안 됨)

이에 대한 설명으로 옳은 것만을 <보기>에서 있는 대로 고른 것은?

<보 기>

ㄱ. Ⅱ의 ABO식 혈액형은 O형이다.
ㄴ. ⓐ는 '−'이다.
ㄷ. Ⅰ의 적혈구와 Ⅳ의 혈장을 섞으면 항원 항체 반응이 일어난다.

[24학년도 수능]

16. 표는 사람 Ⅰ~Ⅲ 사이의 ABO식 혈액형에 대한 응집 반응 결과를 나타낸 것이다. ㉠~㉢은 Ⅰ~Ⅲ의 혈장을 순서 없이 나타낸 것이다. Ⅰ~Ⅲ의 ABO식 혈액형은 각각 서로 다르며, A형, AB형, O형 중 하나이다.

적혈구 \ 혈장	㉠	㉡	㉢
Ⅰ의 적혈구	?	−	+
Ⅱ의 적혈구	−	?	−
Ⅲ의 적혈구	?	+	?

(+: 응집됨, −: 응집 안 됨)

이에 대한 설명으로 옳은 것만을 <보기>에서 있는 대로 고른 것은?

<보 기>

ㄱ. Ⅰ의 ABO식 혈액형은 A형이다.
ㄴ. ㉡은 Ⅱ의 혈장이다.
ㄷ. Ⅲ의 적혈구와 ㉢을 섞으면 항원 항체 반응이 일어난다.

① ㄱ ② ㄴ ③ ㄱ, ㄷ ④ ㄴ, ㄷ ⑤ ㄱ, ㄴ, ㄷ

1) 발문 (혈액형이 다른 사람들)
2) 응집 반응 표
3) 선지 ㄱ, ㄷ 구성

[차이점]

왼쪽 문항은 A형, B형, O형, AB형에 대해 모두 알아내야하는 대신
매칭을 요구하지 않았고

오른쪽 수능 문항은 A형, O형, AB형 세 사람만 주고
매칭을 요구하였다.

해당 유형은 개정 교육과정 수능에서 처음 나온 유형으로
당해 경향을 반영한 Contents를 통해 충분히 유의미하게
대비할 수 있음을 시사하고 있다.

27+ 24학년도 수능 대비 유사 문항 (H)

표는 사람 Ⅰ ~ Ⅳ의 ABO식 혈액형에 대한 응집 반응 결과를 나타낸 것이다. Ⅰ ~ Ⅳ의 ABO식 혈액형은 모두 다르다.

이에 대한 설명으로 옳은 것만을 <보기>에서 있는 대로 고른 것은?

혈구 \ 혈장	Ⅰ의 혈장	Ⅱ의 혈장	Ⅲ의 혈장
Ⅱ의 적혈구	?	−	+
Ⅲ의 적혈구	+	ⓐ	−
Ⅳ의 적혈구	?	?	−

(+: 응집됨 −: 응집 안 됨)

<보기>

ㄱ. Ⅱ의 ABO식 혈액형은 O형이다.
ㄴ. ⓐ는 '−'이다.
ㄷ. Ⅰ의 적혈구와 Ⅳ의 혈장을 섞으면 항원 항체 반응이 일어난다.

[Comment 8] **24학년도 수능 대비 유사 문항 해설**

24학년도 수능 유사 문항과 함께 본 문항의 논리를 복습해보자.

혈구＼혈장	Ⅰ의 혈장	Ⅱ의 혈장	Ⅲ의 혈장
Ⅱ의 적혈구	?	−	+
Ⅲ의 적혈구	+	ⓐ	−
Ⅳ의 적혈구	?	?	−

(+ : 응집됨 − : 응집 안 됨)

Ⅰ ~ Ⅳ의 ABO식 혈액형은 모두 다르며, Ⅱ의 적혈구를 Ⅲ의 혈장에 섞었을 때와 Ⅲ의 적혈구를 Ⅰ의 혈장에 섞었을 때 응집 반응이 일어났고, Ⅳ의 적혈구를 Ⅲ의 혈장에 섞었을 때는 응집 반응이 일어나지 않았으므로 ABO식 혈액형은 Ⅱ는 AB형, Ⅳ는 O형이며, Ⅰ과 Ⅲ은 A형과 B형 중 서로 다른 하나이다.

선지 판단

ㄱ. Ⅱ의 ABO식 혈액형은 AB형이다. (×)

ㄴ. ⓐ는 '−'이다. (○)

ㄷ. Ⅰ은 A형 또는 B형 중 하나이고 Ⅳ는 O형이다.
Ⅰ은 응집원 한 종류를 갖고, Ⅳ는 응집소 두 종류를 가지므로
Ⅰ이 A형인지 B형인지와 무관하게 항원 항체 반응이 일어난다. (○)

답은 ㄴ, ㄷ이다.

28.

방형구법 계산형 [H]

표는 방형구법을 이용하여 어떤 지역의 식물 군집을 조사한 결과를 나타낸 것이다. ㉠~㉢은 상대 밀도(%), 상대 빈도(%), 상대 피도(%)를 순서 없이 나타낸 것이다.

종	개체 수	빈도	㉠－㉡	㉡＋㉢	중요치(중요도)
A	?	0.4	9	40	91
B	28	?	1	73	?
C	24	0.2	8	?	64
D	?	?	?	34	47

이에 대한 설명으로 옳은 것만을 <보기>에서 있는 대로 고른 것은? (단, A~D 이외의 종은 고려하지 않는다.)

<보기>

ㄱ. ㉡은 상대 피도(%)이다.
ㄴ. 지표를 덮고 있는 면적이 가장 큰 종은 D이다.
ㄷ. 우점종은 B이다.

[Comment 1] **순서 없이의 해석**

표를 다음과 같이 가공할 수 있다.

종	개체 수	빈도	㉠－㉡	㉡＋㉢	㉠＋㉢	중요치(중요도)
A	?	0.4	9	40		91
B	28	?	1	73		?
C	24	0.2	8	?		64
D	?	?	?	34		47
S		1		200	200	300

이 표를 활용하여 전체 요소를 채우면 다음과 같다.

종	개체 수	빈도	㉠－㉡	㉡＋㉢	㉠＋㉢	중요치(중요도)
A	?	0.4	9	40	49	91
B	28	?	1	73	74	98
C	24	0.2	8	48	56	64
D	?	?	?	34	21	47
S		1		200	200	300

이 표를 활용하여 ㉠, ㉡, ㉢을 구하면 다음과 같다.

종	㉡＋㉢	㉠＋㉢	중요치(중요도)	㉢	㉡	㉠
A	40	49	91	9	31	40
B	73	74	98	42	31	32
C	48	56	64	36	12	20
D	34	21	47	13	26	8
S	200	200	300	100	100	100

개체 수는 상대 밀도에 비례하고
빈도는 상대 빈도에 비례하므로

부분 비례를 관찰했을 때 ㉢이 상대 밀도, ㉠이 상대 빈도
여사건인 ㉡이 상대 피도임을 알 수 있다.

[Comment 2] **선지 판단**

ㄱ. ㉡은 상대 피도(%)이다. (○)
ㄴ. 지표를 덮고 있는 면적이 가장 큰 종은 D가 아니다. (×)
ㄷ. 우점종은 B이다. (○)

답은 ㄱ, ㄷ이다.

[Comment 3] **닮은꼴 문항**

닮은꼴 문항과 함께 본 문항의 논리를 복습해보자.

[23학년도 수능]

11. 표는 방형구법을 이용하여 어떤 지역의 식물 군집을 두 시점 t_1과 t_2일 때 조사한 결과를 나타낸 것이다.

시점	종	개체 수	상대 빈도(%)	상대 피도(%)	중요치(중요도)
t_1	A	9	?	30	68
	B	19	20	20	?
	C	?	20	15	49
	D	15	40	?	?
t_2	A	0	?	?	?
	B	33	?	39	?
	C	?	20	24	?
	D	21	40	?	112

이 자료에 대한 설명으로 옳은 것만을 <보기>에서 있는 대로 고른 것은? (단, A~D 이외의 종은 고려하지 않는다.) [3점]

<보 기>

ㄱ. t_1일 때 우점종은 D이다.
ㄴ. t_2일 때 지표를 덮고 있는 면적이 가장 큰 종은 B이다.
ㄷ. C의 상대 밀도는 t_1일 때가 t_2일 때보다 작다.

① ㄱ ② ㄷ ③ ㄱ, ㄴ ④ ㄴ, ㄷ ⑤ ㄱ, ㄴ, ㄷ

정답은 ③ ㄱ, ㄴ이다.

[Comment 4] **닮은꼴 문항 (2)**

닮은꼴 문항과 함께 본 문항의 논리를 복습해보자.

[24학년도 9평]

18. 다음은 어떤 지역의 식물 군집에서 우점종을 알아보기 위한 탐구이다.

(가) 이 지역에 방형구를 설치하여 식물 종 A~E의 분포를 조사했다. 표는 조사한 자료 중 A~E의 개체 수와 A~E가 출현한 방형구 수를 나타낸 것이다.

구분	A	B	C	D	E
개체 수	96	48	18	48	30
출현한 방형구 수	22	20	10	16	12

(나) 표는 A~E의 분포를 조사한 자료를 바탕으로 각 식물 종의 ㉠~㉢을 구한 결과를 나타낸 것이다. ㉠~㉢은 상대 밀도, 상대 빈도, 상대 피도를 순서 없이 나타낸 것이다.

구분	A	B	C	D	E
㉠(%)	27.5	?	ⓐ	20	15
㉡(%)	40	?	7.5	20	12.5
㉢(%)	36	17	13	?	10

이 자료에 대한 설명으로 옳은 것만을 <보기>에서 있는 대로 고른 것은? (단, A~E 이외의 종은 고려하지 않는다.) [3점]

<보 기>

ㄱ. ⓐ는 12.5이다.
ㄴ. 지표를 덮고 있는 면적이 가장 작은 종은 E이다.
ㄷ. 우점종은 A이다.

① ㄱ ② ㄴ ③ ㄱ, ㄷ ④ ㄴ, ㄷ ⑤ ㄱ, ㄴ, ㄷ

정답은 ⑤ ㄱ, ㄴ, ㄷ이다.

29.

에너지 효율 계산형 [H]

표는 어떤 안정된 생태계에서 영양 단계 A～C의 에너지양과 에너지 효율을, 그림은 이 생태계의 식물 군집에서 물질의 생산과 소비를 나타낸 것이다. A～D는 생산자, 1차 소비자, 2차 소비자, 3차 소비자를 순서 없이, ㉠～㉢은 순생산량, 피식·고사·낙엽량, 호흡량을 순서 없이 나타낸 것이다. ⓐ+ⓑ+ⓒ=65이다.

영양 단계	에너지양 (상댓값)	에너지 효율 (%)
A	4	ⓐ
B	ⓑ	10
C	200	?
D	1	ⓒ

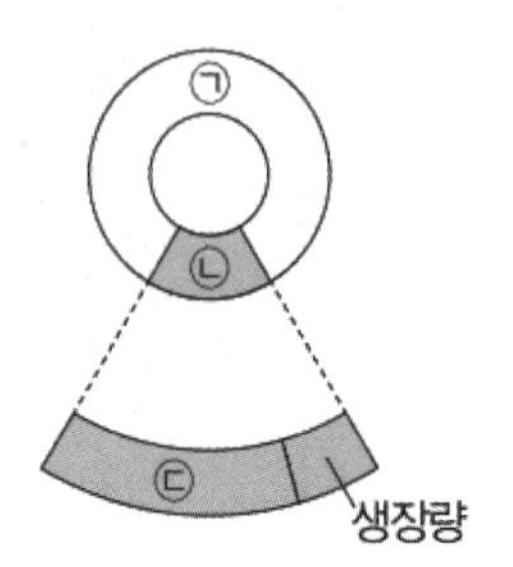

이에 대한 설명으로 옳은 것만을 <보기>에서 있는 대로 고른 것은?

<보기>

ㄱ. ⓐ는 20이다.
ㄴ. B의 호흡량은 ㉠에 포함된다.
ㄷ. ㉡은 C가 광합성을 통해 생산한 유기물의 총량이다.

[Comment 1] **에너지 효율 계산형**

23학년도 수능에 방형구법이
24학년도 수능에 혈액형 추론이 새로운 Point로 여겨졌던 것처럼
에너지 효율 계산형이 새로운 Point로 출제될 수 있다.

[Comment 2] **자료 해석**

ⓐ와 ⓑ는 모두 20, ⓒ는 25이다.

자료를 정리하면 다음과 같다.

영양 단계	에너지양 (상댓값)	에너지 효율 (%)
A (2차 소비자)	4	ⓐ (20)
B (1차 소비자)	ⓑ (20)	10
C (생산자)	200	?
D (3차 소비자)	1	ⓒ (25)

[Comment 3] **선지 판단**

ㄱ. ⓐ는 20이다. (O)

ㄴ. B의 호흡량은 ㉠에 포함되지 않는다. 생산자의 피식량은 1차 소비자의 섭식량과 같으므로 1차 소비자의 호흡량은 생산자의 피식·고사·낙엽량(㉢) 중 피식량에 포함된다. (×)

ㄷ. C(생산자)가 광합성을 통해 생산한 유기물의 총량은 총생산량이고, 이는 호흡량(㉠)과 순생산량(㉡)을 더한 값이다. (×)

답은 ㄱ이다.

30.

개체군 간 상호 작용 [H]

표는 종 사이의 상호 작용 Ⅰ ~ Ⅲ에 해당하는 생물 종의 예와 각 예에서 이익을 얻는 종과 손해를 입는 종을, 그림은 종 A와 종 B를 각각 단독 배양했을 때와 혼합 배양했을 때 시간에 따른 개체 수를 나타낸 것이다. Ⅰ ~ Ⅲ은 기생, 상리 공생, 종간 경쟁을 순서 없이 나타낸 것이고, A와 B 사이의 상호 작용은 Ⅰ ~ Ⅲ 중 하나이다.

상호 작용	예	구분	
		이익	손해
Ⅰ	개와 벼룩	벼룩	개
Ⅱ	캥거루쥐와 주머니쥐	ⓐ	?
Ⅲ	콩과식물과 뿌리혹박테리아	?	－

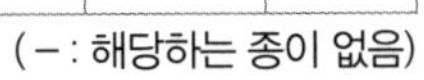

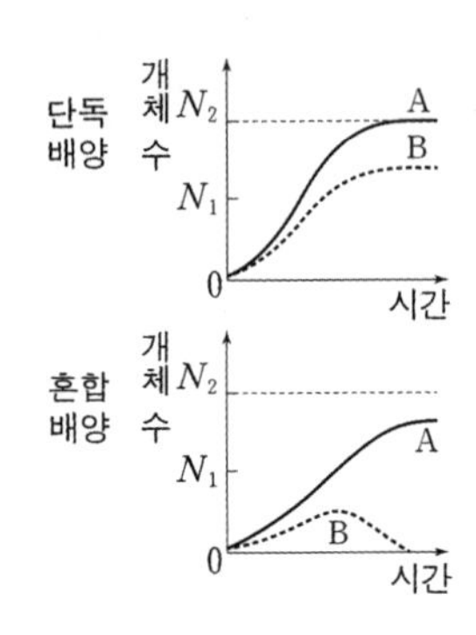

이에 대한 설명으로 옳은 것만을 <보기>에서 있는 대로 고른 것은?

<보기>

ㄱ. ⓐ는 '－'이다.

ㄴ. A와 B 사이의 상호 작용은 Ⅱ에 해당한다.

ㄷ. 흰동가리가 말미잘 속에 숨어서 적을 방어하고, 말미잘이 흰동가리를 통해 먹이를 섭취하는 것은 Ⅲ의 예에 해당한다.

[Comment 1] **자료 해석**

Ⅰ은 기생, Ⅱ는 종간 경쟁, Ⅲ은 상리 공생이다.

오른쪽 그래프의 혼합 배양 시 시간이 지난 후
종 B의 개체 수가 0이 되었으므로 경쟁 배타가 일어났음을 알 수 있다.

[Comment 2] **선지 판단**

ㄱ. Ⅱ(종간 경쟁)에서 두 종 모두 이익을 얻는 종은 없고, 손해만 입으므로 ⓐ는 '−'이다. (○)
ㄴ. A와 B 사이의 상호 작용은 Ⅱ에 해당한다. (○)
ㄷ. 흰동가리와 말미잘 사이의 상호 작용은 Ⅲ(상리 공생)의 예에 해당한다. (○)

답은 ㄱ, ㄴ, ㄷ이다.

[Comment 3] **닮은꼴 문항**

닮은꼴 문항과 함께 본 문항의 논리를 복습해보자.

[23학년도 수능]

20. 표는 종 사이의 상호 작용 (가)~(다)의 예를, 그림은 동일한 배양 조건에서 종 A와 B를 각각 단독 배양했을 때와 혼합 배양했을 때 시간에 따른 개체 수를 나타낸 것이다. (가)~(다)는 경쟁, 상리 공생, 포식과 피식을 순서 없이 나타낸 것이고, A와 B 사이의 상호 작용은 (가)~(다) 중 하나에 해당한다.

상호 작용	예
(가)	ⓐ 늑대는 말코손바닥사슴을 잡아먹는다.
(나)	캥거루쥐와 주머니쥐는 같은 종류의 먹이를 두고 서로 다툰다.
(다)	딱총새우는 산호를 천적으로부터 보호하고, 산호는 딱총새우에게 먹이를 제공한다.

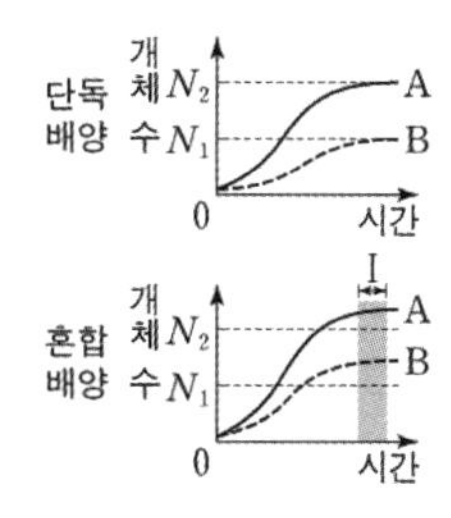

이에 대한 설명으로 옳은 것만을 <보기>에서 있는 대로 고른 것은?

<보 기>

ㄱ. ⓐ에서 늑대는 말코손바닥사슴과 한 개체군을 이룬다.
ㄴ. 구간 Ⅰ에서 A에 환경 저항이 작용한다.
ㄷ. A와 B 사이의 상호 작용은 (다)에 해당한다.

① ㄱ ② ㄷ ③ ㄱ, ㄴ ④ ㄴ, ㄷ ⑤ ㄱ, ㄴ, ㄷ

정답은 ④ ㄴ, ㄷ이다.

세포 대응

31. 일부 염색체 [H]

그림은 동물 세포 (가)~(라) 각각에 들어 있는 염색체 중 ㉠을 제외한 나머지 염색체를 모두 나타낸 것이다. (가)~(라)는 각각 서로 다른 개체 A, B, C의 세포 중 하나이다. A와 C는 같은 종이고, B와 C의 성은 같다. A~C의 핵상은 모두 2n이며, A~C의 성염색체는 암컷이 XX, 수컷이 XY이다. ㉠은 1번 염색체와 X 염색체 중 하나이다.

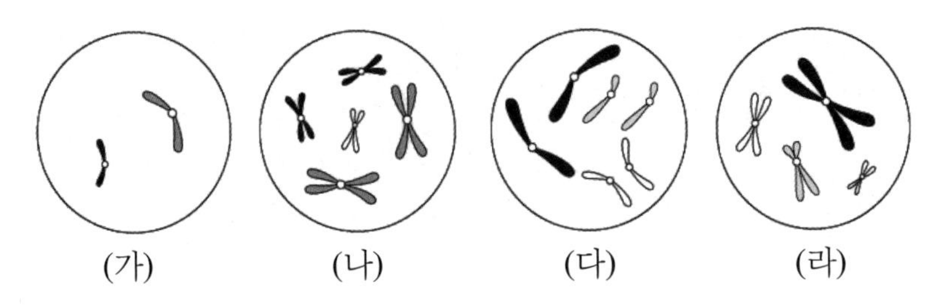

이에 대한 설명으로 옳은 것만을 <보기>에서 있는 대로 고른 것은? (단, 돌연변이와 교차는 고려하지 않는다.)

<보기>

ㄱ. (라)는 C의 세포이다.
ㄴ. ㉠은 1번 염색체이다.
ㄷ. A의 감수 1분열 중기 세포 1개당 상염색체의 염색 분체 수는 12이다.

[Comment 1] **세포 그림 해석**

(나)를 단독 해석했을 때 염색체 수가 홀수이므로 ㉠은 X 염색체이고 세포 (나)의 성염색체 조합은 XY이며, 원래 개체의 체세포 1개당 염색체 수는 6개이다.

(다)는 모든 염색체가 쌍으로 있으므로 (다)의 성염색체 조합은 XX이고 원래 개체의 체세포 1개당 염색체 수는 8이다.

[Comment 2] **종 그리고 개체 판단**

염색체 그림을 통해 (가)와 (나)가 같은 종임을, (다)와 (라)가 같은 종임을 알 수 있다. 이때 (라)에는 (다)에 없는 염색체가 있으므로 성염색체 조합은 Y이다. 따라서 (다)와 (라)의 여사건 세포인 (가)와 (나)는 B의 세포로 결정된다. B와 C의 성은 같으므로 (라)는 C의 세포이고 여사건 세포인 (다)는 A의 세포이다.

[Comment 3] **선지 판단**

ㄱ. (라)는 C의 세포이다. (○)
ㄴ. ㉠은 X 염색체이다. (×)
ㄷ. 감수 1분열 중기 세포 1개당 상염색체의 염색 분체 수는 12이다. (○)

답은 ㄱ, ㄷ 이다.

세포 대응

[Comment 4] **닮은꼴 문항**

닮은꼴 문항과 함께 본 문항의 논리를 복습해보자.

[23학년도 수능]

16. 다음은 핵상이 $2n$인 동물 A~C의 세포 (가)~(라)에 대한 자료이다.

- A와 B는 서로 같은 종이고, B와 C는 서로 다른 종이며, B와 C의 체세포 1개당 염색체 수는 서로 다르다.
- (가)~(라) 중 2개는 암컷의, 나머지 2개는 수컷의 세포이다. A~C의 성염색체는 암컷이 XX, 수컷이 XY이다.
- 그림은 (가)~(라) 각각에 들어 있는 모든 상염색체와 ㉠을 나타낸 것이다. ㉠은 X 염색체와 Y 염색체 중 하나이다.

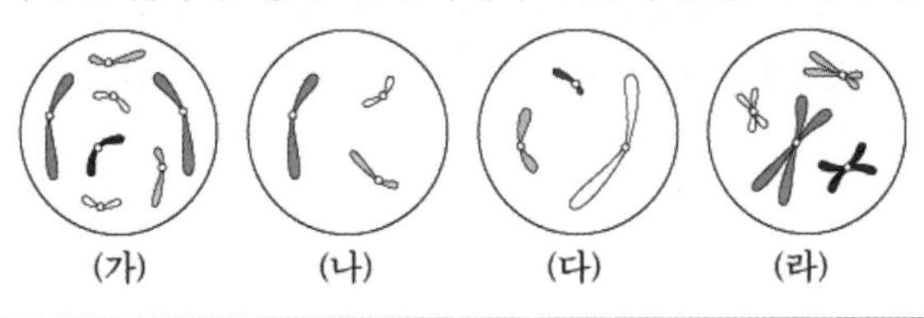

이에 대한 설명으로 옳은 것만을 <보기>에서 있는 대로 고른 것은? (단, 돌연변이는 고려하지 않는다.)

<보 기>

ㄱ. ㉠은 Y 염색체이다.
ㄴ. (가)와 (라)는 서로 다른 개체의 세포이다.
ㄷ. C의 체세포 분열 중기의 세포 1개당 상염색체의 염색 분체 수는 8이다.

① ㄱ ② ㄴ ③ ㄱ, ㄷ ④ ㄴ, ㄷ ⑤ ㄱ, ㄴ, ㄷ

정답은 ④ ㄴ, ㄷ이다.

[Comment 5] **닮은꼴 문항 (2)**

닮은꼴 문항과 함께 본 문항의 논리를 복습해보자.

[24학년도 9평]

15. 다음은 핵상이 $2n$인 동물 A~C의 세포 (가)~(다)에 대한 자료이다.

○ A와 B는 서로 같은 종이고, B와 C는 서로 다른 종이며, B와 C의 체세포 1개당 염색체 수는 서로 다르다.
○ B는 암컷이고, A~C의 성염색체는 암컷이 XX, 수컷이 XY이다.
○ 그림은 세포 (가)~(다) 각각에 들어 있는 모든 상염색체와 ㉠을 나타낸 것이다. (가)~(다)는 각각 서로 다른 개체의 세포이고, ㉠은 X 염색체와 Y 염색체 중 하나이다.

(가)

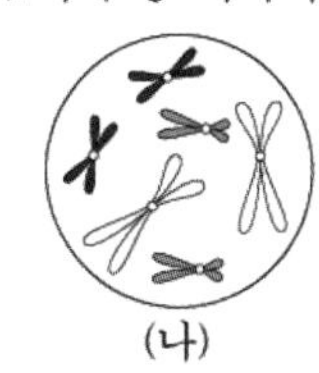
(나)

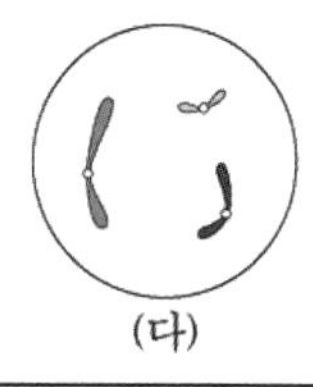
(다)

이에 대한 설명으로 옳은 것만을 <보기>에서 있는 대로 고른 것은? (단, 돌연변이는 고려하지 않는다.)

<보 기>

ㄱ. ㉠은 X 염색체이다.
ㄴ. (가)와 (나)는 모두 암컷의 세포이다.
ㄷ. C의 체세포 분열 중기의 세포 1개당 $\frac{\text{상염색체 수}}{\text{X 염색체 수}}=3$이다.

① ㄱ ② ㄷ ③ ㄱ, ㄴ ④ ㄴ, ㄷ ⑤ ㄱ, ㄴ, ㄷ

정답은 ③ ㄱ, ㄴ이다.

32. 복합형 자료 [H]

사람의 유전 형질 (가)는 3쌍의 대립유전자 A와 a, B와 b, D와 d에 의해 결정되며, (가)의 유전자는 서로 다른 2개의 염색체에 있다. 그림은 사람 P의 G_1기 세포 Ⅰ로부터 정자가 형성되는 과정을, 표는 세포 ㉠~㉣의 핵상과 A, b, d의 DNA 상대량을 더한 값(A+b+d), a, b, D의 DNA 상대량을 더한 값(a+b+D)을 나타낸 것이다. ㉠~㉣은 Ⅰ~Ⅳ를 순서 없이 나타낸 것이다.

Ⅰ
Ⅱ
Ⅲ
Ⅳ

세포	핵상	DNA 상대량을 더한 값	
		A+b+d	a+b+D
㉠	n	3	?
㉡	?	ⓐ	0
㉢	$2n$	ⓑ	?
㉣	?	3	1

이에 대한 설명으로 옳은 것만을 <보기>에서 있는 대로 고른 것은? (단, 돌연변이와 교차는 고려하지 않으며, A, a, B, b, D, d 각각의 1개당 DNA 상대량은 1이다. Ⅱ와 Ⅲ은 중기의 세포이다.)

<보기>

ㄱ. Ⅲ에 b 가 있다.
ㄴ. ⓐ+ⓑ=6 이다.
ㄷ. P에서 A와 d는 같은 염색체에 있다.

[Comment 1] **양극단 세포 활용**

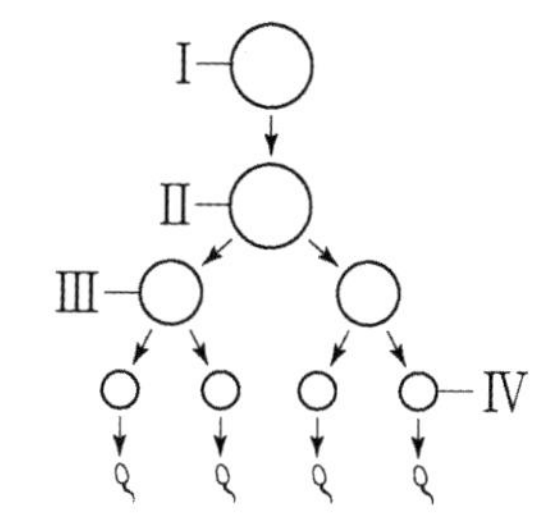

세포	DNA 상대량을 더한 값	
	A+b+d	a+b+D
㉠	3	?
㉡	ⓐ	0
㉢	ⓑ	?
㉣	3	1

㉠과 ㉣에는 홀수 3이 있으므로 ㉠과 ㉣은 각각 Ⅰ과 Ⅳ 중 하나이고
㉡과 ㉢은 각각 Ⅱ와 Ⅲ 중 하나이다.

이때 ㉡에는 0이 있으므로 ㉡은 Ⅲ이고 ㉢은 Ⅱ이다.

[Comment 2] **배수 관계 활용**

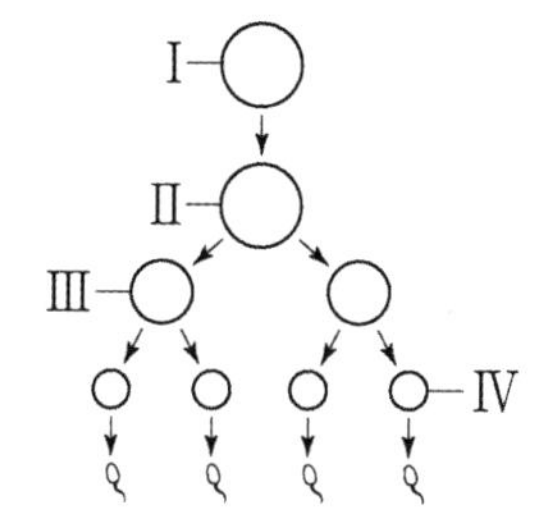

세포	DNA 상대량을 더한 값	
	A+b+d	a+b+D
㉠	3	?
㉡	ⓐ	0
㉢	ⓑ	?
㉣	3	1

Ⅰ과 Ⅱ는 ×2 관계에 있어야 하며 ㉠의 핵상은 n이다.
따라서 Ⅰ은 ㉣이고 Ⅱ는 ㉢으로 결정된다.

∴ Ⅲ은 ㉡이고 Ⅳ는 ㉠이다.

세포 대응

[Comment 3] **좌우 대응**

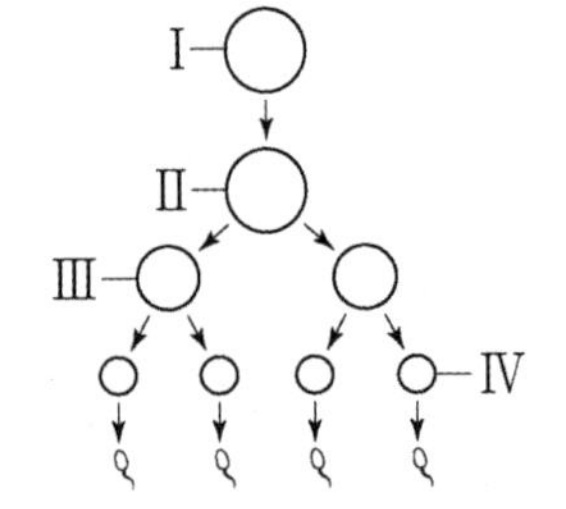

세포	DNA 상대량을 더한 값	
	A+b+d	a+b+D
㉠	3	?
㉡	ⓐ	0
㉢	ⓑ (6)	2
㉣	3	1

㉠의 DNA 상대량을 더한 값은 A + b + d = 3이고 ㉠은 n, 1이므로
오른쪽에는 (A, b, d) = (1, 1, 1)로 존재한다.

이때 2n, 2인 ㉣에서 a + b + D = 1이므로 이 사람의 체세포에는
(a, b, D) = (0, 1, 0)로 존재한다.

[Comment 4] **연관 추론**

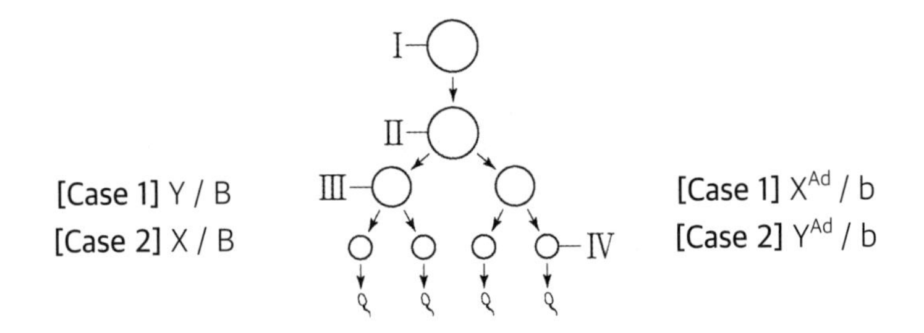

오른쪽 영역 중 n, 1 세포에서 (A, b, d) = (1, 1, 1)로 존재하고
S(2n, 2)에서 (a, b, D) = (0, 1, 0)로 존재하므로
왼쪽 영역에서는 (a, b, D) = (0, 0, 0)이어야 한다.

서로 다른 2개의 염색체 위에 있으므로
모두 성염색체 위에 있을 수 없다.

따라서 A와 d가 성염색체 위에 함께 있고
b는 상염색체 위에 있으며 b의 쌍으로 오는 대립유전자는 B로 결정된다.

혹시 A와 d가 X 염색체 위에 있었다고 단정지었다면
수능에서 <u>Y 염색체 위 유전자가 등장했을 때 당황할 수 있으니 주의!</u>

[Comment 5] **상황 정리**

염색체 지도로 나타내면 다음과 같다.

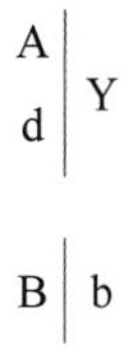

A | Y
d |

B | b

좌우 대응된 그림을 활용하여 표를 적절히 완성하면 다음과 같다.

세포	DNA 상대량을 더한 값	
	A+b+d	a+b+D
㉠	3	1
㉡	ⓐ(0)	0
㉢	ⓑ(6)	2
㉣	3	1

[Comment 6] **선지 판단**

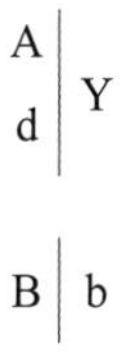

A | Y
d |

B | b

염색체 지도

세포	대응	DNA 상대량을 더한 값	
		A+b+d	a+b+D
㉠	Ⅳ	3	? (1)
㉡	Ⅲ	ⓐ (0)	0
㉢	Ⅱ	ⓑ (6)	?(2)
㉣	Ⅰ	3	1

ㄱ. Ⅲ에는 b가 없다. (×)
ㄴ. ⓐ+ⓑ=6 이다. (○)
ㄷ. A와 d는 같은 염색체에 있다. (○)

답은 ㄴ, ㄷ이다.

[Comment 7] **닮은꼴 문항**

닮은꼴 문항과 함께 본 문항의 논리를 복습해보자.

[23학년도 수능]

7. 사람의 유전 형질 ㉮는 2쌍의 대립유전자 A와 a, B와 b에 의해 결정된다. 그림은 사람 P의 G_1기 세포 Ⅰ로부터 정자가 형성되는 과정을, 표는 세포 (가)~(라)에서 대립유전자 ㉠~㉢의 유무와 a와 B의 DNA 상대량을 나타낸 것이다. (가)~(라)는 Ⅰ~Ⅳ를 순서 없이 나타낸 것이고, ㉠~㉢은 A, a, b를 순서 없이 나타낸 것이다.

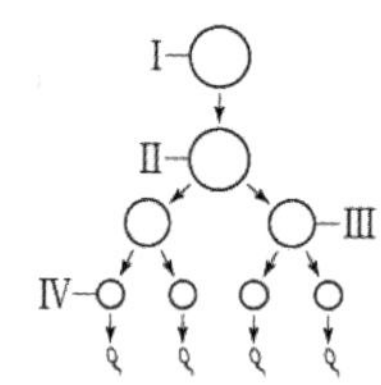

세포	대립유전자			DNA 상대량	
	㉠	㉡	㉢	a	B
(가)	×	×	○	?	2
(나)	○	?	○	2	?
(다)	?	?	×	1	1
(라)	○	?	?	1	?

(○: 있음, ×: 없음)

이에 대한 설명으로 옳은 것만을 <보기>에서 있는 대로 고른 것은? (단, 돌연변이와 교차는 고려하지 않으며, A, a, B, b 각각의 1개당 DNA 상대량은 1이다. Ⅱ와 Ⅲ은 중기의 세포이다.) [3점]

<보 기>

ㄱ. Ⅳ에 ㉠이 있다.
ㄴ. (나)의 핵상은 $2n$이다.
ㄷ. P의 유전자형은 AaBb이다.

① ㄱ ② ㄴ ③ ㄷ ④ ㄱ, ㄴ ⑤ ㄴ, ㄷ

정답은 ④ ㄱ, ㄴ이다.

[Comment 8] **닮은꼴 문항 (2)**

닮은꼴 문항과 함께 본 문항의 논리를 복습해보자.

[24학년도 9평]

11. 사람의 유전 형질 (가)는 대립유전자 A와 a에 의해, (나)는 대립유전자 B와 b에 의해 결정된다. (가)의 유전자와 (나)의 유전자는 서로 다른 염색체에 있다. 그림은 어떤 사람의 G_1기 세포 Ⅰ로부터 정자가 형성되는 과정을, 표는 세포 ㉠~㉣에서 A, a, B, b의 DNA 상대량을 더한 값(A+a+B+b)을 나타낸 것이다. ㉠~㉣은 Ⅰ~Ⅳ를 순서 없이 나타낸 것이고, ⓐ는 ⓑ보다 작다.

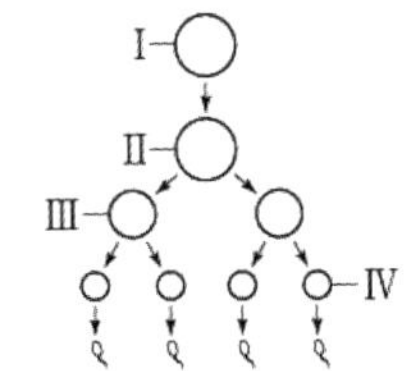

세포	A+a+B+b
㉠	ⓐ
㉡	ⓑ
㉢	1
㉣	4

이에 대한 설명으로 옳은 것만을 <보기>에서 있는 대로 고른 것은? (단, 돌연변이는 고려하지 않으며, A, a, B, b 각각의 1 개당 DNA 상대량은 1이다. Ⅱ와 Ⅲ은 중기의 세포이다.) [3점]

<보 기>

ㄱ. ⓐ는 3이다.
ㄴ. ㉡은 Ⅲ이다.
ㄷ. ㉣의 염색체 수는 46이다.

① ㄱ ② ㄴ ③ ㄷ ④ ㄱ, ㄴ ⑤ ㄱ, ㄷ

정답은 ① ㄱ이다.

33.

세포 그림 미출제 Point [H]

다음은 핵상이 $2n$인 동물 A～C의 세포 (가)～(마)에 대한 자료이다.

- A와 B는 서로 같은 종이고, B와 C의 체세포 1 개당 염색체 수는 서로 다르다.
- (가)～(마) 중 2 개는 수컷, 나머지 3 개는 암컷의 세포이다. A～C의 성염색체는 암컷이 XX, 수컷이 XY이다.
- 그림은 (가)～(마) 각각에 들어 있는 염색체 중 ㉠ 임의의 ⓐ 개의 염색체를 제외한 나머지 염색체를 모두 나타낸 것이다.

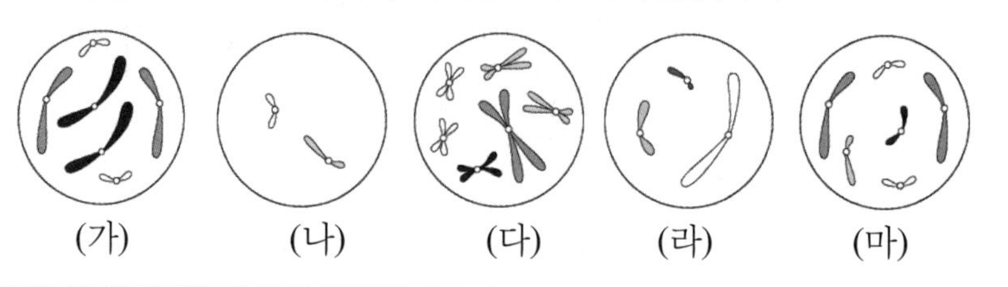

(가) (나) (다) (라) (마)

이에 대한 설명으로 옳은 것만을 <보기>에서 있는 대로 고른 것은? (단, 돌연변이는 고려하지 않는다.)

<보기>

ㄱ. (나)에는 ㉠ 중 X 염색체가 있다.
ㄴ. (다)와 (마)는 서로 같은 개체의 세포이다.
ㄷ. C의 감수 1분열 중기 세포 1개당 상염색체의 염색 분체 수는 16이다.

[Comment 1] **종 판단**

(가), (다), (마)의 핵상은 2n인데 세포 내 염색체 수가 6로 동일하고
염색체 모양을 관찰했을 때 (가), (다), (마)는 같은 종의 세포임을 알 수 있다.

이때 (가)는 세포 내 모든 염색체가 쌍을 이루고 있으므로 ⓐ는 2 이상의 짝수이다.

[Comment 2] **기타 판단**

핵상이 n인 세포 (나)와 (라)는 서로 염색체 수가 다르므로 종이 다르다.
이때 (나)와 (라) 중 하나는 핵상이 2n인 세포와 염색체 수가 배수 관계여야 한다.
ⓐ가 4 이상의 숫자이면 이를 만족시킬 수 없으므로 ⓐ는 2이다.

ⓐ가 2이므로 염색체가 제외되지 않았을 때, 같은 종에 속하는 A와 B의 핵상이 2n인 세포의 염색체 수는 8이고 핵상이 n인 세포의 염색체 수는 4이어야 한다. 따라서 (가), (나), (다), (마)는 같은 종의 세포이고, (라)는 다른 종의 세포이다.

∴ (라)는 C의 세포이다.

(가)는 (다)와 크기와 모양이 다른 염색체가 쌍으로 있으므로 (가)에서 성염색체 조합은 XX이다.

(다)에는 (가)와 크기와 모양이 다른 검은 염색체가 있으므로 Y 염색체가 있고 성염색체 조합은 XY이다.

(마)에는 (다)에 있는 검은 염색체가 있으므로 Y 염색체가 있고 성염색체 조합은 XY이다.

수컷의 세포는 (다)와 (마)로 2개, 나머지는 암컷의 세포이므로
(나)와 (라)에 있는 성염색체는 X 염색체로 결정된다.

[Comment 3] **선지 판단**

ㄱ. (나)에는 그림 상 검은 염색체가 없는데, 암컷의 세포이므로
㉠ 중 X 염색체가 있다. (○)
ㄴ. (다)와 (마)는 서로 같은 개체의 세포이다. (○)
ㄷ. C의 감수 1분열 중기 세포 1개당 상염색체의 염색 분체 수는 16이다. (○)

답은 ㄱ, ㄴ, ㄷ이다.

34.

세포 그림 복합형 [H]

다음은 핵상이 $2n$인 어떤 동물 종의 개체 Ⅰ ~ Ⅲ의 세포 (가)~(라)에 대한 자료이다.

- 이 동물의 유전 형질 ㉮는 2 쌍의 대립유전자 A와 a, B와 b에 의해 결정된다.
- (가)~(라) 중 2 개는 수컷, 나머지 2 개는 암컷의 세포이다. Ⅰ ~ Ⅲ의 성염색체는 암컷이 XX, 수컷이 XY이다.
- ⓐ와 Ⅱ 사이에서 ⓑ가 태어났고, ⓐ와 ⓑ는 각각 Ⅰ과 Ⅲ 중 하나이다.
- 그림은 Ⅰ의 세포 P와 Ⅱ의 세포 Q 각각에 들어 있는 모든 상염색체와 ㉠을 나타낸 것이고, 표는 (가)~(라)가 갖는 A, a, B, b의 DNA 상대량을 나타낸 것이다. P와 Q는 각각 (가)~(라) 중 하나이고, ㉠은 X 염색체와 Y 염색체 중 하나이다.

P

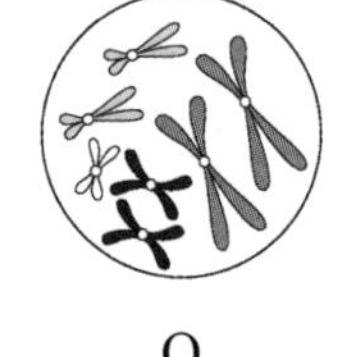
Q

세포	DNA 상대량			
	A	a	B	b
(가)	?	0	?	1
(나)	0	2	1	?
(다)	2	2	?	0
(라)	0	2	?	4

이에 대한 설명으로 옳은 것만을 <보기>에서 있는 대로 고른 것은? (단, 돌연변이와 교차는 고려하지 않으며, A, a, B, b 각각의 1개당 DNA 상대량은 1이다.)

<보기>

ㄱ. ㉠은 X 염색체이다.
ㄴ. Ⅱ와 Ⅲ은 모두 암컷의 세포이다.
ㄷ. ⓑ의 유전자형은 aaBb이다.

[Comment 1] **성상 판단**

(라)에서 A와 a의 DNA 상대량을 더한 값이 2인데, B와 b의 DNA 상대량을 더한 값이 4(B의 DNA 상대량은 0)이므로 A와 a는 성염색체에 있는 유전자이고, B와 b는 상염색체에 있는 유전자이며,

(라)를 갖는 개체의 ㉮의 유전자형은 X^aYbb 또는 XY^abb이다.

(나)는 성염색체에 있는 A와 a의 DNA 상대량을 더한 값이 2인데, 상염색체에 있는 B의 DNA 상대량이 1이므로 b를 갖는다.

(나)는 B와 b를 모두 갖고, (다)는 A와 a를 모두 가지므로
(나)와 (다)의 핵상은 모두 $2n$이고, A와 a는 X 염색체에 있다.

[Comment 2] **유전자형 매칭하기**

B와 b가 상염색체에 있는 유전자이므로 (다)를 갖는 개체의 ㉮의 유전자형은 X^AX^aBB이고, (나)를 갖는 개체의 ㉮의 유전자형은 X^aX^aBb이다.

또한 (라)를 갖는 개체의 ㉮의 유전자형은 X^aYbb이고,
(라)는 II 의 세포 Q이다.

세포 대응

[Comment 3] 개체 매칭

(나)와 (다)는 서로 다른 암컷의 세포이므로 (가)와 (라)는 수컷의 세포이고, (가)는 (A, a) = (0, 0)이다. 이때 (나)는 Ⅰ의 세포 P이므로 Ⅰ의 유전자형은 X^aX^aBb이다.

∴ Ⅱ의 유전자형은 X^aYbb

∴ Ⅲ의 유전자형은 X^AX^aBB이다.

ⓐ와 Ⅱ 사이에서 ⓑ가 태어났으므로 ⓐ는 Ⅲ이고, ⓑ는 Ⅰ이다.

[Comment 4] 선지 판단

ㄱ. ㉠은 Y 염색체이다. (×)
ㄴ. Ⅱ는 수컷, Ⅲ은 암컷의 세포이다. (×)
ㄷ. ⓑ의 유전자형은 aaBb이다. (○)

답은 ㄷ이다.

[Comment 5] 당해 경향의 연계

2023년에 제공된 Contents와 2023년 수능에 시행된 문항은 다음과 같은 유사성을 나타낸다.

[24학년도 수능 대비]

다음은 핵상이 2n인 어떤 동물 종의 개체 Ⅰ~Ⅲ의 세포 (가)~(라)에 대한 자료이다.

○ 이 동물의 유전 형질 ㉮는 2쌍의 대립유전자 A와 a, B와 b에 의해 결정된다.
○ (가)~(라) 중 2개는 수컷, 나머지 2개는 암컷의 세포이다. Ⅰ~Ⅲ의 성염색체는 암컷이 XX, 수컷이 XY이다.
○ ⓐ와 Ⅱ 사이에서 ⓑ가 태어났고, ⓐ와 ⓑ는 각각 Ⅰ과 Ⅲ 중 하나이다.
○ 그림은 Ⅰ의 세포 P와 Ⅱ의 세포 Q 각각에 들어 있는 모든 상염색체와 ㉠을 나타낸 것이고, 표는 (가)~(라)가 갖는 A, a, B, b의 DNA 상대량을 나타낸 것이다. P와 Q는 각각 (가)~(라) 중 하나이고, ㉠은 X 염색체와 Y 염색체 중 하나이다.

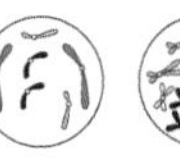
P

Q

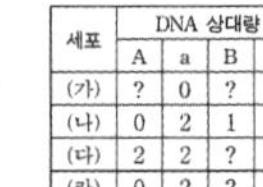

세포	DNA 상대량			
	A	a	B	b
(가)	?	0	?	1
(나)	0	2	1	?
(다)	2	2	?	0
(라)	0	2	?	4

[24학년도 수능]

11. 어떤 동물 종($2n=6$)의 유전 형질 ㉠은 대립유전자 A와 a에 의해, ㉡은 대립유전자 B와 b에 의해, ㉢은 대립유전자 D와 d에 의해 결정된다. ㉠~㉢의 유전자 중 2개는 서로 다른 상염색체에, 나머지 1개는 X 염색체에 있다. 표는 이 동물 종의 개체 P와 Q의 세포 Ⅰ~Ⅳ에서 A, a, B, b, D, d의 DNA 상대량을, 그림은 세포 (가)와 (나) 각각에 들어 있는 모든 염색체를 나타낸 것이다. (가)와 (나)는 각각 Ⅰ~Ⅳ 중 하나이다. P는 수컷이고 성염색체는 XY이며, Q는 암컷이고 성염색체는 XX이다.

세포	DNA 상대량					
	A	a	B	b	D	d
Ⅰ	0	ⓐ	?	2	4	0
Ⅱ	2	0	ⓑ	2	?	2
Ⅲ	0	0	1	?	1	ⓒ
Ⅳ	0	2	?	1	2	0

(가)

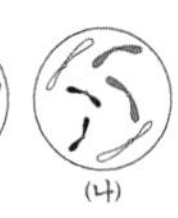
(나)

1) 세포 그림 2개와 4개의 세포 간 매칭
2) DNA 상대량을 통한 세포 상태 판단
3) 세포 그림 상태 (2n, 2와 2n, 4 세포)

[Comment 6] **닮은꼴 문항**

닮은꼴 문항과 함께 본 문항의 논리를 복습해보자.

[24학년도 수능]

11. 어떤 동물 종($2n=6$)의 유전 형질 ㉠은 대립유전자 A와 a에 의해, ㉡은 대립유전자 B와 b에 의해, ㉢은 대립유전자 D와 d에 의해 결정된다. ㉠~㉢의 유전자 중 2개는 서로 다른 상염색체에, 나머지 1개는 X 염색체에 있다. 표는 이 동물 종의 개체 P와 Q의 세포 Ⅰ~Ⅳ에서 A, a, B, b, D, d의 DNA 상대량을, 그림은 세포 (가)와 (나) 각각에 들어 있는 모든 염색체를 나타낸 것이다. (가)와 (나)는 각각 Ⅰ~Ⅳ 중 하나이다. P는 수컷이고 성염색체는 XY이며, Q는 암컷이고 성염색체는 XX이다.

세포	DNA 상대량					
	A	a	B	b	D	d
Ⅰ	0	ⓐ	?	2	4	0
Ⅱ	2	0	ⓑ	2	?	2
Ⅲ	0	0	1	?	1	ⓒ
Ⅳ	0	2	?	1	2	0

(가)

(나)

이에 대한 설명으로 옳은 것만을 <보기>에서 있는 대로 고른 것은? (단, 돌연변이와 교차는 고려하지 않으며, A, a, B, b, D, d 각각의 1개당 DNA 상대량은 1이다.) [3점]

<보 기>

ㄱ. (가)는 Ⅰ이다.
ㄴ. Ⅳ는 Q의 세포이다.
ㄷ. ⓐ+ⓑ+ⓒ=6이다.

① ㄱ ② ㄴ ③ ㄱ, ㄷ ④ ㄴ, ㄷ ⑤ ㄱ, ㄴ, ㄷ

ㄱ. (가)는 Ⅱ이다. (×)
ㄴ. Ⅳ는 Q의 세포인 (나)이다. (○)
ㄷ. ⓐ+ⓑ+ⓒ=4+2+0=6이다. (○)

답은 ④ ㄴ, ㄷ이다.

35.

수정 과정 [H]

사람의 유전 형질 ⓐ는 3쌍의 대립유전자 A와 a, B와 b, D와 d에 의해 결정되며, ⓐ의 유전자는 서로 다른 3개의 상염색체에 있다. 그림은 사람 P의 G_1기 세포 Ⅰ로부터 정자가 형성되는 과정을, 표는 세포 (가)~(마)에서 A, a, B, b, D, d의 DNA 상대량을 나타낸 것이다. ㉮ 중 하나의 정자와 난자 Ⅳ가 수정되어 수정란 Ⅴ가 형성되었다. (가)~(마)는 Ⅰ~Ⅴ를 순서 없이 나타낸 것이고, ㉠~㉣은 0, 1, 2, 4를 순서 없이 나타낸 것이다.

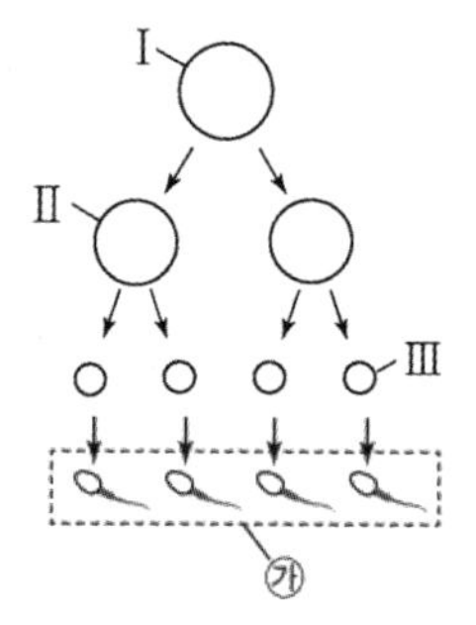

세포	DNA 상대량					
	A	a	B	b	D	d
(가)	㉡	0	㉢	?	?	㉡
(나)	㉡	㉡	0	㉠	?	?
(다)	0	?	0	㉣	1	?
(라)	0	?	㉣	?	㉡	?
(마)	㉢	?	㉣	?	?	0

이에 대한 설명으로 옳은 것만을 <보기>에서 있는 대로 고른 것은? (단, 돌연변이와 교차는 고려하지 않으며, A, a, B, b, D, d 각각의 1개당 DNA 상대량은 1이다. Ⅰ과 Ⅱ는 중기의 세포이다.)

<보기>

ㄱ. Ⅳ는 (마)이다.
ㄴ. (가)과 (라)의 핵상은 같다.
ㄷ. P의 유전자형은 AabbDd이다.

[Comment 1] **순서쌍 내 정보 판단**

(나)에서 A와 a의 DNA 상대량(ⓐ)이 모두 0이거나 모두 4인 경우는 없으므로
ⓒ은 1이거나 2이어야 한다.

이때 (나)에서 B의 DNA 상대량이 0이고 ㉠은 0일 수 없다.
따라서 (나)의 핵상은 2n이고 (㉠, ⓒ) = (2, 1) 또는 (4, 2)이며
(나)는 Ⅰ과 Ⅴ 중 하나이다.

[Comment 2] **여사건 논리 그리고 종류의 해석**

(다)에서 (B, b) = (0, ㉣)이므로 ㉣은 0이 아니다.
따라서 ⓒ은 0이어야 한다.

(나)와 (라)는 DNA 상대량으로 0을 갖고
0이 아닌 DNA 상대량을 2종류 갖는다.

∴ (나)와 (라)는 각각 Ⅰ과 Ⅴ 중 하나이다.

(나)와 (라)가 공통으로 갖는 DNA 상대량인 ⓒ은 2이다.

[정보 정리]

세포	DNA 상대량					
	A	a	B	b	D	d
(가)	2	0	0	?	?	2
(나)	2	2	0	㉠	?	?
(다)	0	?	0	㉣	1	?
(라)	0	?	㉣	?	2	?
(마)	0	?	㉣	?	?	0

[Comment 3] **나머지 상대량 해석**

Ⅰ ~ Ⅴ 중 핵상이 2n인 세포는 2개이므로 (라)와 (마)에 공통으로 있는 DNA 상대량 ㉣은 4가 될 수 없다.

∴ ㉠은 4이고 ㉣은 1이다.

[정보 정리]

세포	DNA 상대량					
	A	a	B	b	D	d
(가)	2	0	0	?	?	2
(나)	2	2	0	4	?	?
(다)	0	?	0	1	1	?
(라)	0	?	1	?	2	?
(마)	0	?	1	?	?	0

[Comment 4] **그림과 표의 복합 해석**

그림 내 Ⅰ은 2n, 4이고 표에서 (나)는 2n, 4이고 (라)는 2n, 2이므로 Ⅰ은 (나)이고 Ⅴ은 (라)이다.

(가)는 n, 2이므로 Ⅱ이어야 하고 Ⅱ에는 A가 있으므로 그림 상 다른 영역에 있는 Ⅲ에는 a가 있어야 한다.

이때 Ⅰ에는 B가 없으므로 B가 있는 (마)는 난자 Ⅳ이고 B가 없는 (다)는 Ⅲ이다.

∴ 오른쪽 영역에서 정자가 형성되었다.

[Comment 5] **유전자형 판단**

왼쪽 영역 세포인 Ⅱ는 d를 갖고
오른쪽 영역 세포인 Ⅲ은 D를 갖는다.

이를 (나)의 정보와 함께 고려했을 때 P의 유전자형은 AabbDd이다.

[Comment 6] **선지 판단**

ㄱ. Ⅳ는 (마)이다. (○)
ㄴ. (가)과 (라)의 핵상은 다르다. (×)
ㄷ. P의 유전자형은 AabbDd이다. (○)

답은 ㄱ, ㄷ이다.

36.

DNA 상대량 단독 [K]

사람의 유전 형질 ⓐ는 4쌍의 대립유전자 A와 a, B와 b, D와 d, E와 e에 의해 결정되며, ⓐ를 결정하는 유전자는 서로 다른 3개의 염색체에 있다. 표는 남자 P와 여자 Q의 세포 (가)~(마)가 갖는 유전자 A, a, B, b, D, d, E, e의 DNA 상대량을 나타낸 것이다. (가)~(마) 중 2개는 P의 세포이고, 나머지 3개는 Q의 세포이다.

세포	DNA 상대량							
	A	a	B	b	D	d	E	e
(가)	0	?	0	2	2	?	0	0
(나)	?	1	?	?	0	?	1	0
(다)	㉠	1	?	2	㉡	?	0	1
(라)	2	?	2	2	0	㉢	2	?
(마)	0	㉣	1	?	?	0	0	?

이에 대한 설명으로 옳은 것만을 <보기>에서 있는 대로 고른 것은? (단, 돌연변이와 교차는 고려하지 않으며, A, a, B, b, D, d, E, e 각각의 1개당 DNA 상대량은 1이다.)

<보기>

ㄱ. ㉠ + ㉡ + ㉢ + ㉣ = 3이다.
ㄴ. Q에서 A, B, e를 모두 갖는 난자가 형성될 수 있다.
ㄷ. (마)는 P의 세포이다.

[Remark 1] **가장 흔한 형태의 DNA 상대량 문항**

DNA 상대량에서 쓰이는 중요한 논리들의 총집합 문항이다. DNA 상대량에 대한 이해도를 확인하기 좋은 문제며, 연관 상태 파악까지 곁들여야 하기에 상당히 까다롭다.

[Comment 1] **세포 (가) 해석 및 E, e의 성상 판단**

세포 (가)에서 E와 e의 DNA 상대량이 (0, 0)이다. E와 e는 성염색체 유전이다. 이어서 (가)~(마)를 포괄적으로 보았을 때, E가 관찰되고 e도 관찰된다. 만약 E와 e가 Y 염색체에 있는 유전자였다면, (나)와 (다)는 서로 다른 남자의 세포가 되어 모순이 발생한다. 따라서 E와 e는 X 염색체에 있으며, (가)는 남자 P의 세포이다.

[Comment 2] **세포 (다)와 (마) 해석, Q의 유전자형 파악**

DNA 상대량 2와 1이 동시에 관찰되면, G_1기 세포이다. 따라서 (다)는 G1기 세포이고, E+e가 1이므로 남자 P의 세포이다. 따라서 (나), (라), (마)가 여자 Q의 세포이다.

(라)에서 B+b가 4이다. 이는 M_1기 세포이고, Q는 D를 갖고 있지 않다. 따라서 (마)에서 D의 DNA 상대량은 0이다.

(마)에서 D와 d의 DNA 상대량이 (0, 0)인데, 여자의 세포에서 관찰되는 DNA 상대량이므로 D와 d는 Y 염색체에 있다.

여자의 M_1기 세포에서는 같은 종류의 대립유전자 합은 0 또는 4만 가능하므로, (라)에서 a와 e의 DNA 상대량은 모두 2이며, Q의 유전자형은 AaBbEe이다.

[Comment 3] **세포 (라) 해석 및 연관 형태 파악**

(라)는 E와 e를 갖는데, (나)는 e를 갖지 않으므로 n인 생식세포이다. Q는 A와 a를 가지므로 A와 a는 상염색체나 X 염색체에 있는데, X 염색체에 있으면 (마)를 통해 Q는 a와 e가 연관된 염색체를 가져야 하고, (나)를 통해 Q는 a와 E가 연관된 염색체를 가져야 하는데, 이때 Q의 유전자형은 aaEe가 되어 모순이다. 따라서 A와 a는 상염색체에 있고, (마)를 통해 Q는 Ab/aB 연관이고, P는 Ab/ab 연관임을 파악할 수 있다.

세포	DNA 상대량							
	A	a	B	b	D	d	E	e
(가), P	0	?(2)	0	2	2	?(0)	0	0
(나), Q	?(0)	1	?(1)	?(0)	0	?(0)	1	0
(다), P	㉠(1)	1	?(0)	2	㉡(1)	?(0)	0	1
(라), Q	2	?(2)	2	2	0	㉢(0)	2	?(2)
(마)	0	㉣(1)	1	?(0)	?(0)	0	0	?(1)

[Comment 4] **선지 판단**

ㄱ. ㉠=1, ㉡=1, ㉢=0, ㉣=1이다. (○)

ㄴ. Q는 연관 형태가 Ab/aB이므로 A와 B를 모두 갖는 난자가 형성될 수 없다. (×)

ㄷ. (마)는 여자 Q의 세포이다. (×)

답은 ㄱ이다.

37.

DNA 상대량, 유전자 유무의 복합형 [K]

다음은 어떤 동물 종(2n)의 유전 형질 (가)에 대한 자료이다.

- (가)는 2 쌍의 대립유전자 A와 a, B와 b에 의해 결정된다.
- 표는 이 동물 종의 개체 P와 Q의 세포 Ⅰ ~ Ⅳ가 갖는 대립유전자 ⓐ ~ ⓓ의 DNA 상대량, 유전자 a와 B의 유무, ㉮와 ㉯를 나타낸 것이다. ⓐ ~ ⓓ는 A, a, B, b를 순서 없이 나타낸 것이고, ㉮와 ㉯는 X 염색체 수와 상염색체 수를 순서 없이 나타낸 것이며, ㉠ ~ ㉢은 0, 1, 2 를 순서 없이 나타낸 것이다.

세포	DNA 상대량				유전자		㉮	㉯
	ⓐ	ⓑ	ⓒ	ⓓ	a	B		
Ⅰ	㉠	㉡	㉠	㉠	×	?	㉠	?
Ⅱ	㉡	㉡	㉠	㉡	?	?	?	㉢
Ⅲ	㉡	㉢	?	㉠	?	×	㉢	?
Ⅳ	?	?	㉠	㉢	×	○	㉡	㉡

(○: 있음 ×: 없음)

- Ⅰ ~ Ⅳ는 각각 P와 Q의 세포 중 하나이다. P는 암컷이고 성염색체가 XX이며, Q는 수컷이고 성염색체가 XY이다.

이에 대한 설명으로 옳은 것만을 <보기>에서 있는 대로 고른 것은? (단, 돌연변이와 교차는 고려하지 않으며, A, a, B, b 각각의 1개당 DNA 상대량은 1이다.)

<보기>

ㄱ. ㉢은 1이다.
ㄴ. ⓑ는 b이다.
ㄷ. P의 감수 1분열 중기 세포 1 개당 2가 염색체의 수는 ㉡이다.

[Comment 1] **핵상 판단**

Ⅲ은 DNA 상대량 0, 1, 2가 모두 관찰되므로 2n, 2(G_1기) 세포이다. 이외 더 파악할 수 있는 정보는 없으므로 ㉮와 ㉯ 해석을 시도해본다.

[Comment 2] **㉮와 ㉯ 해석**

㉮에서 0, 1, 2가 모두 관찰되므로 ㉮는 상염색체 수일 수 없다. 따라서 ㉮는 X 염색체 수, ㉯는 상염색체 수이며, ㉯에서 ㉡과 ㉢은 0일 수 없어 ㉠이 0이다.

[Comment 3] **다시 핵상 판단**

Ⅰ의 핵상은 n이고, X염색체 수가 0인 것을 통해 수컷의 세포임을 알 수 있다. Ⅱ에서 ㉡은 자연수인데 ⓐ~ⓓ 중 DNA 상대량이 자연수인 유전자가 절반을 넘어가므로 핵상이 2n이다. Ⅱ의 ㉯(상염색체 수)는 홀수일 수 없어 ㉢은 2이고, ㉡은 1이다. Ⅱ는 수컷의 세포이고 ⓒ는 성염색체에 있는 유전자이다. Ⅲ에서 ㉮(X염색체 수)가 2인 것을 통해 Ⅲ은 암컷의 세포이고, ⓐ와 ⓒ가 대립유전자(성염색체), ⓑ와 ⓓ가 대립유전자(Ⅰ을 통해 상염색체)임을 알 수 있다. Ⅳ에서 ㉯가 1이므로 핵상이 n인 세포이고, ⓓ의 DNA 상대량이 2이므로 암컷의 세포일 수 없어 수컷의 세포이며, 세포의 상태는 n, 2(M_2 중기)이다.

[Comment 4] **A, a, B, b 매칭**

Ⅰ과 Ⅳ에서 a의 유전자 유무는 모두 '×'이므로 a로 가능한 것은 ⓐ와 ⓒ 중 하나인데, Ⅳ에는 X 염색체가 있으므로 ⓐ의 DNA 상대량이 2여야 한다. 따라서 a로 가능한 것은 ⓒ 뿐이다. 따라서 ⓒ는 a이고 ⓐ가 A이다. Ⅳ에는 B가 있으므로, ⓓ가 B, ⓑ가 b가 된다.

[Comment 5] **선지 판단**

ㄱ. ㉢은 2이다. (×)

ㄴ. ⓑ는 b이다. (○)

ㄷ. Ⅳ를 통해 n = 2임을 알 수 있으므로 P의 2가 염색체 수는 2(㉢)이다. (×)

답은 ㄴ이다.

[Remark 1] 2n인 세포에서 상염색체 수는 짝수 개라는 걸 잊지 말아야 하며, Ⅱ와 Ⅳ의 ㉮와 ㉯의 비교를 통해 ㉢을 결정 지을 수 있는 풀이도 존재한다.

38. 유전자 유무 매칭과 수정 과정 [K]

사람의 유전 형질 ⓐ는 3 쌍의 대립유전자 H와 h, R와 r, T와 t에 의해 결정된다. H와 h는 7번 염색체에, R와 r는 9번 염색체에, T와 t는 성염색체에 있다. 표는 사람 Ⅰ의 세포 (가)와 (나), 사람 Ⅱ의 세포 (다)와 (라), Ⅰ과 Ⅱ 사이에서 태어난 사람 Ⅲ의 세포 (마)에서 유전자 ㉠~㉥의 유무를 나타낸 것이다. ㉠~㉥은 H, h, R, r, T, t를 순서 없이 나타낸 것이다.

대립유전자	Ⅰ의 세포		Ⅱ의 세포		Ⅲ의 세포
	(가)	(나)	(다)	(라)	(마)
㉠	×	○	○	×	?
㉡	○	○	×	×	○
㉢	?	×	○	×	○
㉣	○	○	×	○	×
㉤	×	○	×	○	○
㉥	×	×	○	○	×

(○: 있음 ×: 없음)

이에 대한 설명으로 옳은 것만을 <보기>에서 있는 대로 고른 것은? (단, 돌연변이와 교차는 고려하지 않는다.)

<보기>

ㄱ. ㉠은 ㉤과 대립유전자이다.
ㄴ. Ⅲ은 여자이다.
ㄷ. Ⅲ의 동생이 태어날 때, 이 아이의 ⓐ에 대한 유전자형이 Ⅱ와 같을 확률은 $\frac{1}{8}$이다.

[Comment 1] **각 세포의 핵상 파악**

(나)에는 ⓐ의 유전자가 절반보다 많은 4개가 있으므로, 핵상이 $2n$이다(핵상이 n인 세포의 경우, H와 h 중 하나, R와 r 중 하나, T와 t 중 하나를 각각 갖는 것이 최대로 가질 수 있는 경우로, 총 최대 3개의 유전자만 가질 수 있다.). 또한 (나)에는 ㉤이 있는데, (가)에는 ㉤이 없으므로 (가)의 핵상은 n이고, (나)에 ㉢이 없으므로 (가)에도 ㉢이 없다.

(다)에는 ㉠이 있는데, (라)에는 ㉠이 없으므로 (라)의 핵상은 n이다. (라)에는 ㉣이 있는데 (다)에는 ㉣이 없으므로 (다)의 핵상은 n이다.

[Comment 2] **대립유전자 파악**

(가)를 통해 ㉡은 ㉣과 대립유전자일 수 없고,(다)를 통해 ㉠, ㉢, ㉥ 중 대립유전자를 이루는 유전자는 없다. (라)를 통해 ㉣, ㉤, ㉥ 중 대립유전자를 이루는 유전자는 없다. 이에 따라 ㉡은 ㉥과 대립유전자임을 알 수 있다.

(가)에는 ⓐ에 대한 유전자를 2개 갖는데, 이는 T와 t가 없으며, H와 h 중 하나, R와 r 중 하나를 갖는 세포이다. 따라서 ㉡과 ㉣은 모두 상염색체에 있다.

만약 ㉢이 ㉣과 대립유전자라면, ㉠은 ㉤과 대립유전자이다. 이때 (나)를 통해 Ⅰ의 T와 t에 대한 유전자형은 $X^{㉠}X^{㉤}$이므로, (가)에도 ㉠과 ㉤ 중 하나는 있어야 한다. 이는 모순이므로 ㉢이 ㉤과 대립유전자(성염색체에 있음)이며, ㉠은 ㉣과 대립유전자(상염색체에 있음)이다.

[Comment 3] **Ⅰ과 Ⅱ의 성별 및 유전자형 파악, Ⅲ 해석**

Ⅱ는 (다)와 (라)를 통해 ㉢과 ㉤을 모두 가진다는 것을 파악할 수 있고, 이에 따라 ㉢과 ㉤은 성염색체 중 X 염색체에 있으며, Ⅱ는 여자이다. Ⅰ에는 ㉢과 ㉤이 모두 없으므로 Y 염색체가 있고, 남자의 세포이다. Ⅲ은 ㉢과 ㉤을 모두 가지므로 (마)의 핵상은 $2n$이고, 여자의 세포이다. Ⅲ의 유전자형은 ㉠㉠㉡㉡$X^{㉢}X^{㉤}$이다. Ⅲ은 Ⅰ과 Ⅱ로부터 각각 ㉠과 ㉡을 물려받은 것을 알 수 있다. 이를 통해 Ⅰ의 유전자형은 ㉠㉣㉡㉡$X^{㉤}Y$이고, Ⅱ는 ㉠㉣㉡㉥$X^{㉢}X^{㉤}$이다.

[Comment 4] **선지 판단**

ㄱ. ㉠은 ㉣의 대립유전자이다. (×)

ㄴ. Ⅲ은 여자이다. (○)

ㄷ. Ⅲ의 동생이 태어날 때, 이 아이의 ⓐ에 대한 유전자형이 Ⅱ와 같을 확률은 $\frac{1}{2}\times\frac{1}{2}\times\frac{1}{4}=\frac{1}{16}$이다. (×)

답은 ㄴ이다.

39.

DNA 상대량과 유전자 매칭 [K]

사람의 유전 형질 ㉮는 3 쌍의 대립유전자 D와 d, E와 e, F와 f에 의해 결정된다. 표는 남자 Ⅰ과 여자 Ⅱ의 세포 (가)~(라)가 갖는 유전자 D, e, f, ㉠, ㉡, ㉢의 DNA 상대량을 나타낸 것이다. (가)~(라) 중 2개는 Ⅰ의 세포이고, 나머지 2개는 Ⅱ의 세포이다. ㉠~㉢은 d, E, F를 순서 없이 나타낸 것이다.

세포	DNA 상대량					
	D	e	f	㉠	㉡	㉢
(가)	1	0	0	0	ⓐ	0
(나)	2	2	?	0	2	ⓑ
(다)	1	1	0	0	1	1
(라)	1	ⓒ	1	1	1	?

이에 대한 설명으로 옳은 것만을 <보기>에서 있는 대로 고른 것은? (단, 돌연변이와 교차는 고려하지 않으며, D, d, E, e, F, f 각각의 1개당 DNA 상대량은 1이다.)

<보기>

ㄱ. (나)는 Ⅰ의 세포이다.
ㄴ. ㉢은 d이다.
ㄷ. ⓐ + ⓑ + ⓒ = 1이다.

[Comment 1] (다)와 (라)의 핵상 파악

(다)와 (라)에는 ㉮의 유전자가 절반보다 많은 4개가 있으므로, 핵상이 $2n$이다(핵상이 n인 세포의 경우, D와 d 중 하나, E와 e 중 하나, F와 f 중 하나를 각각 갖는 것이 최대로 가질 수 있는 경우로, 총 최대 3개의 유전자만 가질 수 있다.).

(다)와 (라)가 보유한 대립유전자는 서로 다르므로, 두 세포는 각각 Ⅰ과 Ⅱ 세포 중 하나이다. ㉠이 F인 경우, 핵상이 $2n$이면서 F+f가 0인 경우는 해당 세포가 여자의 세포이며, 해당 유전자가 Y 염색체에 있는 경우뿐이다. F와 f가 Y 염색체에 있는 유전자인데, (라)에서 남자 Ⅰ은 F와 f를 모두 가져 Y 염색체를 두 개 갖게 되어 모순이 발생한다. 따라서 ㉠은 d와 E 중 하나이다.

[Comment 2] (가)와 (나)의 핵상 파악, 유전자 위치 파악

F는 ㉡과 ㉢ 중 하나인데, 둘 중 어느 경우건 핵상이 $2n$인 세포 (다)에서 F+f가 1이므로, F와 f는 성염색체에 있고, (다)는 남자 Ⅰ의 세포, (라)는 여자 Ⅱ의 세포이다. 여자인 Ⅱ가 f를 갖고 있으므로 F와 f는 X 염색체에 있다.

만약 해당 문항에 Y 염색체에 있는 유전자가 있을 경우, 해당 대립유전자의 DNA 상대량은 여자에서 (0, 0)이다. 이로 가능한 상황은 ㉢이 E이고, E와 e가 Y 염색체에 있는 경우이다. 그러나 이때 남자 Ⅰ의 세포 (다)에서 E와 e가 모두 있으므로, Y 염색체를 2개 갖는 세포가 되어 모순이다. 따라서 해당 문항에는 Y 염색체에 있는 유전자가 없다. (다)에서 ㉠이 d라면, D+d가 1이고 E+e가 2이다. ㉠이 E라면 E+e가 1이고 D+d가 2이다. 어느 경우건 D와 d, E와 e 중 1쌍은 성염색체에 있고, 나머지 1쌍은 상염색체에 있다. 앞서 해당 문항에는 Y 염색체 유전이 없다는 것을 증명했으므로 D와 d, E와 e 중 성염색체에 있는 유전자는 X 염색체에 있는 것을 알 수 있다.

(가)에서 ⓐ에 대한 유전자를 3가지보다 적게 가지므로, (가)에는 Y 염색체가 있고, D만 있는 세포이며, D와 d가 상염색체에 있는 유전자임을 알 수 있다. 따라서 (가)는 핵상이 n인 남자 Ⅰ의 세포이고, 남은 (나)는 여자 Ⅱ의 세포이다. (라)에는 ㉠이 있는데 (다)는 ㉠이 없으므로 (다)는 핵상이 n이다.

(나)를 통해 ㉡이 F이고, E와 e가 X 염색체에 있으므로 (다)를 통해 ㉠이 E, 남은 ㉢이 d임을 알 수 있다.

세포	DNA 상대량					
	D	e	f	㉠(E)	㉡(F)	㉢(d)
(가), n, Ⅰ	1	0	0	0	ⓐ(0)	0
(나), n, Ⅱ	2	2	?(0)	0	2	ⓑ(0)
(나), $2n$, Ⅰ	1	1	0	0	1	1
(라), $2n$, Ⅱ	1	ⓒ(1)	1	1	1	?(1)

[Comment 3] 선지 판단

ㄱ. (나)는 Ⅱ의 세포이다. (×)
ㄴ. ㉢은 d이다. (○)
ㄷ. ⓐ는 0, ⓑ는 0, ⓒ는 1이므로 ⓐ+ⓑ+ⓒ=1이다. (○)
답은 ㄴ, ㄷ이다.

40.

더한 값의 심화 해석 [K]

어떤 동물 종($2n$=?)의 유전 형질 (가)는 2쌍의 대립유전자 D와 d, E와 e에 의해 결정된다. 표는 이 동물 종의 개체 P와 Q의 세포 Ⅰ~Ⅳ에서 ㉮ D와 e의 DNA 상대량을 더한 값과 ㉯ X 염색체 수와 상염색체 수를 더한 값의 비(㉮ : ㉯)와 ㉠, ㉡의 DNA 상대량을 나타낸 것이다. Ⅰ~Ⅳ 중 2개는 P의 세포이고, 나머지 2개는 Q의 세포이다. P는 암컷이고 성염색체가 XX이며, Q는 수컷이고 성염색체가 XY이다. ㉠과 ㉡은 각각 D와 E 중 하나이다.

세포	㉮ : ㉯	DNA 상대량	
		㉠	㉡
Ⅰ	1 : 1	2	0
Ⅱ	?	0	1
Ⅲ	4 : 3	2	0
Ⅳ	1 : 3	2	ⓐ

이에 대한 설명으로 옳은 것만을 <보기>에서 있는 대로 고른 것은?
(단, 돌연변이와 교차는 고려하지 않으며, D, d, E, e 각각의 1 개당 DNA 상대량은 1 이다.)

<보기>

ㄱ. ㉠은 D이다.
ㄴ. E와 e는 상염색체에 있다.
ㄷ. ⓐ는 4 이다.

[Comment 1] **㉠, ㉡ 매칭**

㉮ : ㉯를 $\frac{㉮}{㉯}$로 바꿔서 생각해보자. 분수값 1은 가능한 경우가 많으니 세포 Ⅲ부터 해석을 시도하자. 분수값은 $\frac{4}{3}$이거나 $\frac{8}{6}$인데, 전체 합(D + d + E + e)은 $2n$, 4(감수 1분열 중기 세포)에서 8로 최대이다. 분수값이 $\frac{8}{6}$이면 D와 d 중 하나의 상대량은 4, 나머지 하나는 0이고, E와 e 중 하나의 상대량은 4, 나머지 하나는 0이어야 한다. 그런데 Ⅲ에서 ㉠의 상대량이 2이므로 이는 모순이므로 분수값은 $\frac{4}{3}$이다.

이때 ㉠이 D라면 e의 상대량은 2가 되고, ㉡이 D라면 e의 상대량은 4가 된다. ㉡이 D일 경우, ㉠은 E가 되고, E의 상대량은 2, e의 상대량은 4가 되어 모순이 발생한다.

따라서 ㉠이 D이고, ㉡이 E이다. Ⅲ의 핵상이 $2n$이라면, X 염색체 수는 1, 상염색체 수는 2가 되어 수컷이며 $2n$=4가 된다.

Ⅲ의 핵상이 n이라면 n=3이 된다.

[Comment 2] **(가)의 성/상 판단**

세포 Ⅳ에서 ㉠(D)의 상대량이 2이므로 분수값은 $\frac{2}{6}$로 확정된다. 분모가 6인 것을 통해 이 동물은 2n=6이고, Ⅳ에는 X 염색체가 2개, 상염색체가 4개 있는 핵상이 2n인 암컷 P의 세포이다. P에서 D + e=2 + 0이므로 P는 E와 e 중 E만 가지거나, E와 e 모두 갖지 않는 Y 염색체 유전일 수 있다.

다시 세포 Ⅲ으로 돌아오면, Ⅲ은 핵상이 n으로 확정되고, 상염색체 수는 2, X 염색체 수는 1인 세포가 된다. 세포 Ⅲ은 X 염색체가 있는 n, 2 세포(감수 2분열 중기 세포)가 되므로 D 상대량 2, e 상대량 2가 되어 D와 e는 모두 Y 염색체에 있을 수는 없다. 따라서 세포 Ⅳ에서 암컷 P는 E와 e 중 E만 가져 유전자형이 EE인 동물이다.

P의 유전자형은 EE인데 Ⅰ과 Ⅲ에는 ㉡(E)이 없으므로 Ⅰ과 Ⅲ은 모두 수컷 Q의 세포이고, 남은 Ⅱ가 P의 세포이다. Ⅳ에는 ㉠(D)이 있는데, Ⅱ에는 ㉠(D)이 없으므로 Ⅱ는 n, 1 세포(생식세포)가 된다. 이에 따라 P의 유전자형은 DdEE이므로, Ⅳ는 2n, 4 세포이며, ⓐ는 4이다.

세포 대응

[Comment 3] **(가)의 성/상 판단**

Ⅰ은 수컷 Q의 세포인데, 핵상이 $2n$이라면 분수값의 분모가 5가 되는데, 분자의 값은 5가 될 수 없어 이는 모순이고, Ⅰ은 핵상이 n인 세포이다. n인 세포에는 상염색체가 2개 있고, X 염색체가 1개 있거나 X 염색체가 없고 Y 염색체가 1개가 있는 경우가 있다.

따라서 Ⅰ에서 분모는 3 아니면 2인데, 분모가 3이면 분자도 3이 되고, 분자의 합이 3이면 (1 + 2)가 되어 $2n$, 2 세포(G_1기 세포)가 되어 모순이다. 분모는 2가 되고, 세포 Ⅰ에는 Y 염색체가 있는데, ㉠(D)가 있으므로 D와 d는 Y 염색체에 있거나 상염색체에 있다. 앞서 D, d, E, e는 Y 염색체에 있을 수 없다고 증명했으므로, D와 d는 상염색체에 있다.

Ⅰ에서 분수값은 $\frac{2}{2}$인데 D의 상대량이 2이므로 e의 상대량은 0, ㉡(E)의 상대량도 0이므로 E와 e는 성염색체에 있고, 앞서 Y 염색체에 있을 수 없다 했으므로 E와 e는 X 염색체에 있다.

[Comment 4] **선지 판단**

ㄱ. ㉠은 D이다. (○)
ㄴ. E와 e는 상염색체에 있다. (×)
ㄷ. ⓐ는 4이다. (○)

답은 ㄱ, ㄷ이다.

유 전

5

Theme

유전 현상

41.

순수 다인자 [H]

다음은 사람의 유전 형질 (가)와 (나)에 대한 자료이다.

- ○ (가)는 서로 다른 2 개의 상염색체에 있는 3 쌍의 대립유전자 A와 a, B와 b, D와 d에 의해 결정되며, A, a, B, b는 9 번 염색체에 있다.
- ○ (가)의 표현형은 유전자형에서 대문자로 표시되는 대립 유전자의 수에 의해서만 결정되며, 이 대립유전자의 수가 다르면 표현형이 다르다.
- ○ (나)는 대립유전자 E와 e에 의해 결정되며, 유전자형이 다르면 표현형이 다르다. (나)의 유전자는 (가)의 유전자와 서로 다른 상염색체에 있다.
- ○ (가)와 (나)의 표현형이 서로 같은 P와 Q 사이에서 ⓐ가 태어날 때, ⓐ에게서 나타날 수 있는 표현형은 최대 15 가지이고, $\frac{\text{ⓐ의 표현형이 부모와 같을 확률}}{\text{ⓐ의 유전자형이 AaBBDdEe일 확률}} = 3$ 이다.

ⓐ가 유전자형이 AaBbDdEe인 사람과 동일한 표현형을 가질 확률은? (단, 돌연변이와 교차는 고려하지 않는다.)

[Comment 1] **단위 표현형 분할**

표현형의 가짓수가 15가지가 나오기 위해서는
(가)에서 단위 표현형 5가지,
(나)에서 단위 표현형 3가지가 나타나야 한다.

(나)에서 단위 표현형 3가지가 나타나기 위해선
부모 모두 (나)의 유전자형이 Ee이고,
ⓐ의 유전자형이 Ee일 확률은 $\frac{1}{2}$,
ⓐ의 (나)의 표현형이 부모와 같을 확률도 $\frac{1}{2}$이다.

그에 따라 분수 값 중 분자의 소인수 3은
다인자 유전 형질에서 나타나야 함을 알 수 있다.

[Comment 2] **유전자형의 존재성 조건**

ⓐ의 유전자형이 AaBBDd일 수 있으므로
P와 Q의 염색체 지도의 일부는 다음과 같다.

이때 aB가 있는 염색체의 차이 양상을 활용하여 경우를 분류해보자.

Case 1) aB가 있는 상동 염색체 쌍의 대문자 수 차이가 없는 경우

표현형이 5가지가 나타나려면 다음과 같이 염색체 지도가 채워져야 하고
수식은 △2×1 + △1×2가 나타나서 중앙값의 소인수가 3이 나타나지 않는다.

[Comment 3] **염색체 지도 그리고 수식으로의 관찰**

aB가 있는 상동 염색체 쌍의 대문자 수 차이가 없는 경우
표현형이 5가지가 나타나려면 다음과 같이 염색체 지도가 채워져야 하고
수식은 △2×1 + △1×2가 나타나서 중앙값의 소인수가 3이 나타나지 않는다.

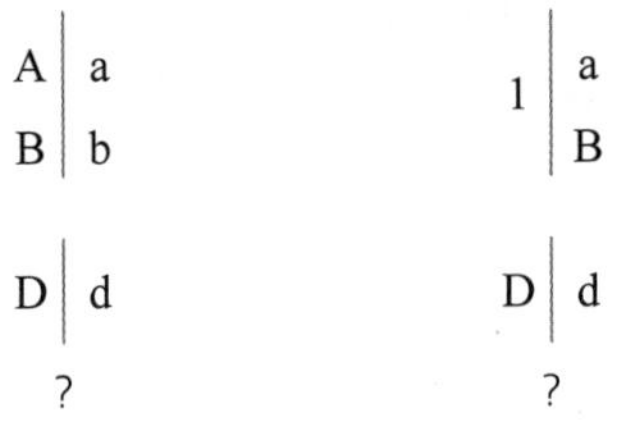

A	a			1	a	
B	b				B	
D	d			D	d	
?			?	

따라서 aB가 있는 상동 염색체 쌍의 대문자 수 차이가 발생해야 하며
이러한 경우 여사건 염색체 지도와 수식은 다음과 같이 관찰된다.

A	1			㉮	a	
B					B	
D	d			D	d	
?			?	

수식 △1×4

부모의 표현형이 같으려면 ㉮는 2가 되어야 한다.

[Comment 4] **구하는 것 판단**

ⓐ가 유전자형이 AaBbDdEe인 사람과 동일한 표현형을 가질 확률을
세로 표로 나타내면 다음과 같다.

		(가)		(나)
단위 표현형		5		3
표현형 & 비중	2	1		
	3	4		1
	4	6		2
	5	4		1
	6	1		

따라서 구하는 확률은 $\frac{1}{8}$ 이다.

[Comment 5] **닮은꼴 문항**

닮은꼴 문항과 함께 본 문항의 논리를 복습해보자.

[24학년도 6평]

19. 다음은 사람의 유전 형질 (가)와 (나)에 대한 자료이다.

- (가)는 서로 다른 3개의 상염색체에 있는 3쌍의 대립유전자 A와 a, B와 b, D와 d에 의해 결정된다.
- (가)의 표현형은 유전자형에서 대문자로 표시되는 대립유전자의 수에 의해서만 결정되며, 이 대립유전자의 수가 다르면 표현형이 다르다.
- (나)는 대립유전자 E와 e에 의해 결정되며, 유전자형이 다르면 표현형이 다르다. (나)의 유전자는 (가)의 유전자와 서로 다른 상염색체에 있다.
- P의 유전자형은 AaBbDdEe이고, P와 Q는 (가)의 표현형이 서로 같다.
- P와 Q 사이에서 ⓐ가 태어날 때, ⓐ에게서 나타날 수 있는 (가)와 (나)의 표현형은 최대 15가지이다.

ⓐ가 유전자형이 AabbDdEe인 사람과 (가)와 (나)의 표현형이 모두 같을 확률은? (단, 돌연변이는 고려하지 않는다.)

① $\frac{1}{16}$ ② $\frac{1}{8}$ ③ $\frac{3}{16}$ ④ $\frac{1}{4}$ ⑤ $\frac{5}{16}$

답은 ② $\frac{1}{8}$ 이다.

42. 일반 유전 [H]

다음은 사람의 유전 형질 (가)~(라)에 대한 자료이다.

- (가)~(라)를 결정하는 유전자는 모두 상염색체에 있고, (가)~(다)의 유전자는 (라)의 유전자와 다른 염색체에 있다.
- (가)는 대립유전자 A와 a에 의해, (나)는 대립유전자 B와 b에 의해, (다)는 대립유전자 D와 d에 의해, (라)는 대립유전자 E와 e에 의해 결정된다.
- (가)~(라) 중 ㉠가지 형질은 각 유전자형에서 대문자로 표시되는 대립유전자가 소문자로 표시되는 대립유전자에 대해 완전 우성이다. 나머지 ㉡가지 형질을 결정하는 대립유전자 사이의 우열 관계는 분명하지 않고, 3 가지 유전자형에 따른 표현형이 모두 다르다. ㉠과 ㉡은 1 과 3 을 순서 없이 나타낸 것이다.
- P의 유전자형은 AaBbDdEe이고, P와 Q는 (가)~(다)의 유전자형은 서로 같으며, (라)의 표현형이 서로 다르다.
- P와 Q 사이에서 ⓐ가 태어날 때, ⓐ가 (가)~(라) 중 적어도 3 가지 형질의 유전자형을 이형 접합성으로 가질 확률은 $\frac{3}{8}$이고, ⓐ의 (가)~(라)의 표현형이 모두 P와 같을 확률은 $\frac{1}{8}$이며, ⓐ가 가질 수 있는 유전자형 중 AABBDDEE가 있다.

이에 대한 설명으로 옳은 것만을 <보기>에서 있는 대로 고른 것은? (단, 돌연변이와 교차는 고려하지 않는다.)

<보기>

ㄱ. ㉠은 3이다.
ㄴ. Q에게서 a, b, d를 모두 갖는 생식세포가 형성될 수 있다.
ㄷ. ⓐ에게서 나타날 수 있는 표현형은 최대 18가지 이다.

[Comment 1] **상염색체의 존재성 조건**

'(가)~(라)를 결정하는 유전자는 모두 상염색체에 있다.'라는 조건은
상염색체 중 '몇 개의 상염색체'에 있는지를 결정해야 하는 조건이다.

[Comment 2] **유전자형의 존재성 그리고 표현형 조건의 해석**

ⓐ의 유전자형이 AABBDDEE일 수 있으므로
P와 Q의 염색체 지도의 일부는 다음과 같다.

P		Q	
A |		A |	
B |		B |	
D |		D |	
E |		E |	
?		?	

(∵ 연관 상태를 판단할 때는 All 독립인 상황으로부터 출발한다.)

이때 P의 유전자형은 AaBbDdEe이므로 이를 나타내면 다음과 같다.

P		Q	
A	a	A	
B	b	B	
D	d	D	
E	e	E	

(라)가 완전 우성 유전이라면 P와 Q의 (라)의 표현형이 다를 수 없다.
그에 따라 (라)는 중간 유전을 나타내고, Q의 (라)의 유전자형은 EE이다.

P		Q	
A	a	A	
B	b	B	
D	d	D	
E	e	E	E

[Comment 3] **상댓값의 합 해석**

All 독립인 상황일 때 P와 Q 사이에서 ⓐ가 태어날 때, ⓐ가 (가)~(라) 중 적어도 3가지 형질의 유전자형을 이형 접합성으로 가질 확률은 $\frac{5}{16}$ 이다.

이때 확률의 분모 (상댓값의 합) 가 8(2의 3승)이므로
(가)~(라)는 서로 다른 4개의 상염색체에 존재하지 않는다.

P	Q
1 | 0	1 |
1 | 0	1 |
1 | 0	1 |
E | e	E | E

(∵ 대문자로 표시되는 대립유전자는 1, 소문자로 표시되는 대립유전자는 0으로 나타내었다.)

[Comment 4] **단위 확률 분할**

ⓐ의 (가)~(라)의 표현형이 모두 P와 같을 확률은 $\frac{1}{8}$ 이므로
단위 확률로 분할하면 $\frac{1}{2}\times1\times\frac{1}{4}$ 또는 $\frac{1}{2}\times\frac{1}{2}\times\frac{1}{2}$ 이다.

P	Q	단위 확률	염색체 넘버링
1 | 0 1 | 0	1 | 1 |	$\frac{1}{2}$	1번
1 | 0	1 |	$\frac{1}{2}$	2번
E | e	E | E	$\frac{1}{2}$	3번

단위 확률에 $\frac{3}{4}$ 과 1이 존재할 수 없으므로
2번 염색체 간 교배는 1/0과 1/0의 교배가 되어야 하며
2번 염색체 위 유전 형질은 중간 유전을 나타내야 한다.

∴ 중간 유전을 나타내는 형질은 (가)~(라) 중 3개이고,
완전 우성 유전을 나타내는 형질은 나머지 1개이다.

[Comment 5] **중간 유전의 특징**

중간 유전을 나타내는 형질은 표현형이 같으면 유전자형이 동일해야 한다.
이를 염색체 지도에 나타내면 다음과 같다.

P		Q		단위 확률	염색체 넘버링
1	0	1		$\frac{1}{2}$	1번
1	0	1	0		
1	0	1	0	$\frac{1}{2}$	2번
E	e	E	E	$\frac{1}{2}$	3번

∵ 1번 염색체에 있는 어떤 대립유전자를 중간 유전으로 간주하더라도
일반성을 잃지 않는다.)

[Comment 6] **확률 연산**

P		Q		단위 확률	염색체 넘버링
1	0	1	㉮	$\frac{1}{2}$	1번
1	0	1	0		
1	0	1	0	$\frac{1}{2}$	2번
E	e	E	E	$\frac{1}{2}$	3번

만약 ㉮가 1이라면 P와 Q 사이에서 ⓐ가 태어날 때,
ⓐ가 (가)~(라) 중 적어도 3가지 형질의 유전자형을
이형 접합성으로 가질 확률은 $\frac{5}{16}$ 이어야 한다.

이는 모순이므로 ㉮는 0이어야 한다.

[Comment 7] **선지 판단**

P	Q	단위 확률	염색체 넘버링
1 | 0 1 | 0	1 | 0 1 | 0	$\frac{1}{2}$	1번
1 | 0	1 | 0	$\frac{1}{2}$	2번
E | e	E | E	$\frac{1}{2}$	3번

ㄱ. ㉠은 1이다. (×)
ㄴ. Q에게서 a, b, d를 모두 갖는 생식세포가 형성될 수 있다. (○)
ㄷ. ⓐ에게서 나타날 수 있는 표현형은 최대 18가지 이다. (○)

답은 ㄴ, ㄷ이다.

[Comment 8] **닮은꼴 문항 (1)**
닮은꼴 문항과 함께 본 문항의 논리를 복습해보자.

[2024학년도 수능]

13. 다음은 사람의 유전 형질 (가)~(다)에 대한 자료이다.

- (가)~(다)의 유전자는 서로 다른 3개의 상염색체에 있다.
- (가)는 대립유전자 A와 a에 의해 결정되며, A는 a에 대해 완전 우성이다.
- (나)는 대립유전자 B와 b에 의해 결정되며, 유전자형이 다르면 표현형이 다르다.
- (다)는 1쌍의 대립유전자에 의해 결정되며, 대립유전자에는 D, E, F가 있다. D는 E, F에 대해, E는 F에 대해 각각 완전 우성이다.
- P의 유전자형은 AaBbDF이고, P와 Q는 (나)의 표현형이 서로 다르다.
- P와 Q 사이에서 ⓐ가 태어날 때, ⓐ가 P와 (가)~(다)의 표현형이 모두 같을 확률은 $\frac{3}{16}$이다.
- ⓐ가 유전자형이 AAbbFF인 사람과 (가)~(다)의 표현형이 모두 같을 확률은 $\frac{3}{32}$이다.

ⓐ의 유전자형이 aabbDF일 확률은? (단, 돌연변이는 고려하지 않는다.) [3점]

① $\frac{1}{4}$ ② $\frac{1}{8}$ ③ $\frac{1}{16}$ ④ $\frac{1}{32}$ ⑤ $\frac{1}{64}$

답은 ④ $\frac{1}{32}$ 이다.

[Comment 9] **닮은꼴 문항 (2)**

닮은꼴 문항과 함께 본 문항의 논리를 복습해보자.

[2025학년도 수능 대비 주간 디올 5권]

다음은 사람의 유전 형질 ㉠~㉣에 대한 자료이다.

> ○ ㉠~㉣를 결정하는 유전자는 모두 상염색체에 있다.
> ○ ㉠은 대립유전자 A와 a에 의해, ㉡은 대립유전자 B와 b에 의해, ㉢은 대립유전자 D와 d에 의해, ㉣은 대립유전자 E와 e에 의해 결정된다.
> ○ ㉠~㉣ 중 3가지 형질은 각 형질을 결정하는 대립유전자 사이의 우열 관계가 분명하다. ㉮나머지 한 형질을 결정하는 대립유전자 사이의 우열 관계는 분명하지 않고, 3가지 유전자형에 따른 표현형이 모두 다르다.
> ○ 유전자형이 AaBbDdEe로 동일한 P와 Q 사이에서 자손 ⓐ가 태어날 때, 이 자손이 ㉠~㉣ 중 적어도 3가지 형질에 대한 유전자형을 이형 접합성으로 가질 확률은 $\frac{5}{16}$이다.
> ○ 유전자형이 AabbDdee인 R과 AabbddEe인 S 사이에서 ⓑ가 태어날 때, ⓑ에게서 나타날 수 있는 표현형은 최대 8가지이고, 유전자형이 aaBbddEe인 T와 AabbDDEe인 U 사이에서 ⓒ가 태어날 때, ⓒ에게서 나타날 수 있는 표현형은 최대 12가지이다.

P와 U 사이에서 자손이 태어날 때, 이 자손의 표현형이 P와 같을 확률은?

답은 $\frac{3}{16}$이다.

43.

복대립 유전 그리고 연관 추론 [H]

다음은 사람의 유전 형질 (가)~(라)에 대한 자료이다.

- (가)~(라)의 유전자는 서로 다른 2 개의 상염색체에 있다.
- (가)는 대립유전자 A와 a에 의해, (나)는 대립유전자 B와 b에 의해 결정된다. A는 a에 대해, B는 b에 대해 완전 우성이다.
- (다)는 대립유전자 D와 d에 의해 결정되며, 유전자형이 다르면 표현형이 다르다.
- (라)는 1 쌍의 대립유전자에 의해 결정되며, 대립유전자에는 E, F, G가 있다. E는 F, G에 대해, F는 G에 대해 각각 완전 우성이다.
- (가)~(다)의 유전자형이 AaBbDd인 남자 P와 AaBbDD인 여자 Q 사이에서 ⓐ가 태어날 때, ⓐ에게서 나타날 수 있는 (가)~(다)의 표현형은 최대 3 가지이고, ⓐ가 가질 수 있는 (가)~(라)의 유전자형 중 AABBDDGG가 있다.
- ⓐ의 (가)~(라)의 표현형이 모두 P와 같을 확률은 $\frac{1}{16}$이다.

ⓐ의 (가)~(라) 중 적어도 2가지 형질의 표현형이 Q와 같을 확률은?
(단, 돌연변이와 교차는 고려하지 않는다.)

[Comment 1] **독립 전제, 연관 추론**

연관 상태를 추론할 때, 전부 독립한 상태를 상정한 후
어떻게 연관되었는지 찾을 수 있다.

[Comment 2] **유전자형의 존재성 조건**

ⓐ의 유전자형이 AABBDGG일 수 있고
P와 Q의 유전자형이 제시되어 있으므로
P와 Q의 염색체 지도의 일부는 다음과 같다.

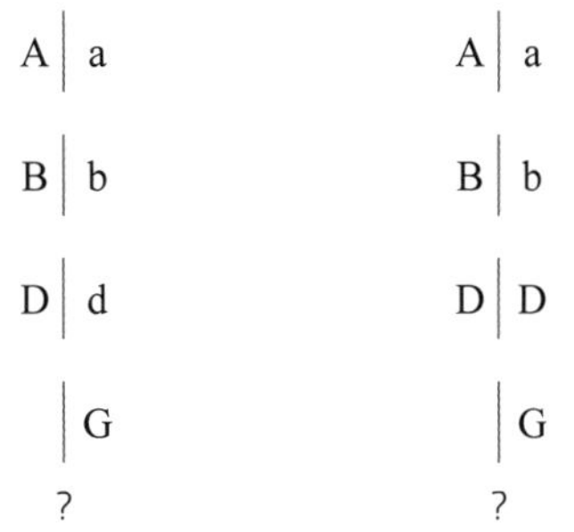

A | a　　　A | a

B | b　　　B | b

D | d　　　D | D

| G　　　| G

?　　　?

(∵ 연관 상태를 판단할 때는 All 독립인 상황으로부터 출발한다.)

[Comment 3] **연관 상태 판단**

만약 (가)~(다)의 유전자가 모두 다른 상염색체에 있다면
유전자형이 AaBbDd인 남자 P와 AaBbDD인 여자 Q 사이에서
ⓐ가 태어날 때, ⓐ에게서 나타날 수 있는 (가)~(다)의 표현형은
최대 8가지이다.

3에는 2라는 소인수가 존재하지 않으므로
(가)~(다)의 유전자는 모두 같은 상염색체에 있어야 한다.

∴ (가)~(다)의 유전자는 (라)의 유전자와 다른 염색체에 있다.

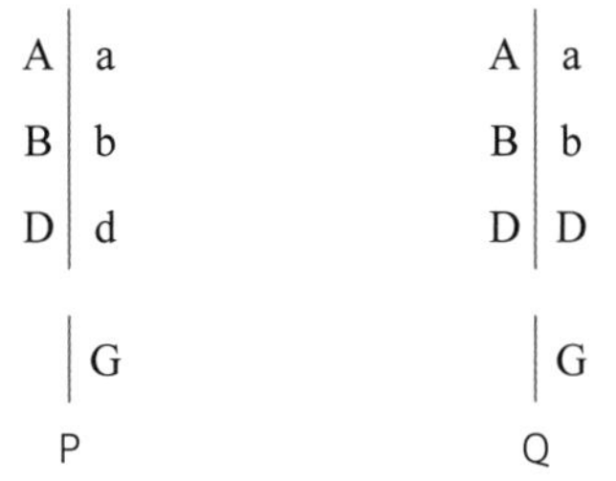

A | a　　　A | a
B | b　　　B | b
D | d　　　D | D

| G　　　| G

P　　　Q

유전 현상

[Comment 5] **단위 확률 분할**

$\frac{1}{16}$ 이므로

단위 확률로 분할하면 $\frac{1}{4} \times \frac{1}{4}$ 이다.

P		Q		단위 확률	염색체 넘버링
A	a	A	a		
B	b	B	b	$\frac{1}{4}$	1번
D	d	D	D		
	G		G	$\frac{1}{4}$	2번

[Comment 6] **순수 복대립 해석**

최우성 유전자 D를 1, 최열성 유전자 F를 3, 여사건 유전자 E를 2라 하자.

_3 × _3인 순수 복대립 교배에서 단위 확률에 $\frac{1}{4}$ 가 나와야 하므로

P는 2를 가져야 하고, Q는 1을 가져야 한다.

P		Q		단위 확률	염색체 넘버링
A	a	A	a		
B	b	B	b	$\frac{1}{4}$	1번
D	d	D	D		
F	G	E	G	$\frac{1}{4}$	2번

[Comment 7] **확률 계산**

1번 염색체 간 교배에서 Q의 표현형과 같을 단위 확률을
나타내면 다음과 같다.

표현형 가짓수	확률
3	$\frac{1}{2}$
2	$\frac{1}{4}$
0	$\frac{1}{4}$

[Comment 8] **확률 계산 (2)**

2번 염색체 간 교배에서 Q의 표현형과 같을 단위 확률을 나타내면 다음과 같다.

표현형 가짓수	확률
1	$\frac{1}{2}$
0	$\frac{1}{2}$

ⓐ의 (가)~(라) 중 적어도 2가지 형질의 표현형이 Q와 같을 확률은 1번 염색체 간 교배에서 표현형 가짓수가 2인 확률와 3인 확률의 합과 동일하다. 따라서 정답은 $\frac{3}{4}$ 이다.

[Comment 9] **닮은꼴 문항**

닮은꼴 문항과 함께 본 문항의 논리를 복습해보자.

[24학년도 9평]

13. 다음은 사람의 유전 형질 (가)~(다)에 대한 자료이다.

- (가)~(다)의 유전자는 서로 다른 2개의 상염색체에 있다.
- (가)는 대립유전자 A와 a에 의해 결정되며, A는 a에 대해 완전 우성이다.
- (나)는 대립유전자 B와 b에 의해 결정되며, 유전자형이 다르면 표현형이 다르다.
- (다)는 1쌍의 대립유전자에 의해 결정되며, 대립유전자에는 D, E, F가 있다. D는 E, F에 대해, E는 F에 대해 각각 완전 우성이다.
- (가)와 (나)의 유전자형이 AaBb인 남자 P와 AaBB인 여자 Q 사이에서 ⓐ가 태어날 때, ⓐ에게서 나타날 수 있는 (가)와 (나)의 표현형은 최대 3가지이고, ⓐ가 가질 수 있는 (가)~(다)의 유전자형 중 AABBFF가 있다.
- ⓐ의 (가)~(다)의 표현형이 모두 Q와 같을 확률은 $\frac{1}{8}$이다.

ⓐ의 (가)~(다)의 표현형이 모두 P와 같을 확률은? (단, 돌연변이와 교차는 고려하지 않는다.) [3점]

① $\frac{1}{16}$ ② $\frac{1}{8}$ ③ $\frac{3}{16}$ ④ $\frac{1}{4}$ ⑤ $\frac{3}{8}$

답은 ② $\frac{1}{8}$

44.

복합 염색체 2쌍 [H]

다음은 사람의 유전 형질 ㉠~㉢에 대한 자료이다.

○ ㉠은 대립유전자 A와 a에 의해 결정 되며, ㉡은 대립유전자 B와 b에 의해 결정된다.

○ 표는 ㉠과 ㉡에서 유전자형이 서로 다를 때 표현형의 일치 여부를 나타낸 것이다.

유전자형		표현형 일치 여부	
사람 1	사람 2	㉠	㉡
AABB	AaBb	?	○
AAbb	aaBB	×	×
aaBb	Aabb	×	×

(○: 일치함 ×: 일치하지 않음)

○ ㉢을 결정하는 2 개의 유전자는 각각 대립유전자 D와 d, E와 e를 갖는다.

○ ㉢의 표현형은 유전자형에서 대문자로 표시되는 대립 유전자의 수에 의해서만 결정되며, 이 대립유전자의 수가 다르면 표현형이 다르다.

○ 그림은 남자 P의 체세포에 들어 있는 일부 염색체와 유전자를 나타낸 것이다.

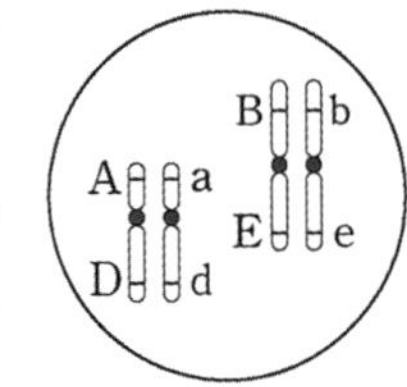

○ 여자 Q에서 ㉠~㉢의 표현형은 모두 P와 같다. P와 Q 사이에서 ⓐ가 태어날 때, ⓐ에게서 나타날 수 있는 표현형은 최대 15 가지이다.

이에 대한 설명으로 옳은 것만을 <보기>에서 있는 대로 고른 것은? (단, 돌연변이와 교차는 고려하지 않는다.)

<보기>

ㄱ. ㉠의 표현형은 AA인 사람과 Aa인 사람이 서로 다르다.

ㄴ. Q에서 A, b, d, E를 모두 갖는 난자가 형성될 수 있다.

ㄷ. ⓐ에서 ㉠~㉢의 표현형이 모두 부모와 같을 확률은 $\frac{1}{8}$이다.

[Comment 1] **표현형 일치 여부 해석**

ⓛ에 대해 BB와 Bb의 표현형이 동일하므로 B는 b에 대해 완전 우성이다.

유전자형		표현형 일치 여부	
사람 1	사람 2	㉠	㉡
AABB	AaBb	?	○
AAbb	aaBB	×	×
aaBb	Aabb	×	×

(○: 일치함 ×: 일치하지 않음)

[Comment 2] **표현형 가짓수 해석**

P와 Q 사이에서 ⓐ가 태어날 때, ⓐ에게서 나타날 수 있는 표현형이 최대 15가지이려면 비중 표의 가로와 세로가 모두 4줄씩 존재해야 한다.

	비중	1	1	1	1
비중	복합 간 교배 / 복합 간 교배				
1					
1					
1					
1					

또한 연관 염색체에서 ○/△ × ○/△ 꼴의 교배에서는 최대 3가지 교배만 가능하므로 가로와 세로 줄이 모두 4줄이 등장하려면 주어진 교배 상황은 다음과 같아야 한다.

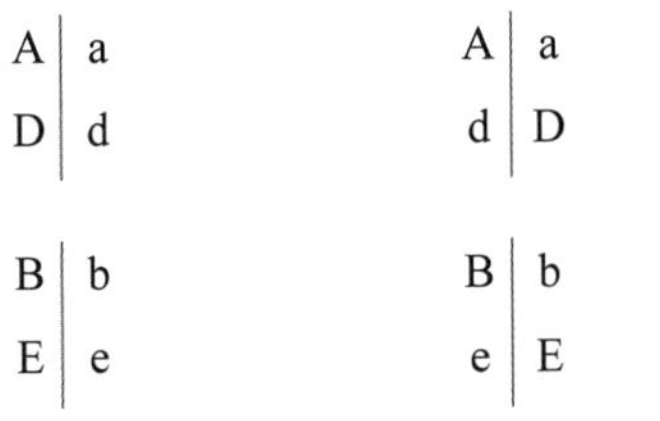

P		Q	
A	a	A	a
D	d	d	D
B	b	B	b
E	e	e	E

P의 염색체 지도 Q의 염색체 지도

[Comment 3] **비중 표 해석**

표 조건에서 ⓛ의 B와 b는 완전 우성 유전됨을 알 수 있다.
표현형이 15가지이다 조건을 만족시키기 위해서
유전자형이 동일한 두 칸을 제외하고 다른 칸들은
모두 표현형이 달라야 한다.

	비중	1	1	1	1
비중	복합 간 교배 / 복합 간 교배	BB (1)	Bb (0)	Bb (2)	bb (1)
1	AA (1)				
1	Aa (2)				
1	Aa (0)				
1	aa (1)				

따라서 A와 a는 중간 유전이다.

이를 표현하면 다음과 같다.

	비중	1	1	1	1
비중	복합 간 교배 / 복합 간 교배	BB (1)	Bb (0)	Bb (2)	bb (1)
1	AA (1)				
1	Aa (2)				
1	Aa (0)				
1	aa (1)				

비중 표

[Comment 4] **선지 판단**

ㄱ. ㉠의 표현형은 AA인 사람과 Aa인 사람이 서로 다르다. (O)
ㄴ. Q에서 A, b, d, E를 모두 갖는 난자가 형성될 수 있다. (O)
ㄷ. ⓐ에서 ㉠~㉢의 표현형이 모두 부모와 같을 확률은 $\frac{1}{8}$ 이다. (O)

답은 ㄱ, ㄴ, ㄷ이다.

[Comment 5] **닮은꼴 문항**

닮은꼴 문항과 함께 본 문항의 논리를 복습해보자.

[22학년도 수능]

16. 다음은 사람의 유전 형질 ㉠~㉢에 대한 자료이다.

○ ㉠은 대립유전자 A와 a에 의해, ㉡은 대립유전자 B와 b에 의해 결정된다.

○ 표 (가)와 (나)는 ㉠과 ㉡에서 유전자형이 서로 다를 때 표현형의 일치 여부를 각각 나타낸 것이다.

㉠의 유전자형		표현형
사람 1	사람 2	일치 여부
AA	Aa	?
AA	aa	×
Aa	aa	×

(○: 일치함, ×: 일치하지 않음)

(가)

㉡의 유전자형		표현형
사람 1	사람 2	일치 여부
BB	Bb	?
BB	bb	×
Bb	bb	×

(○: 일치함, ×: 일치하지 않음)

(나)

○ ㉢은 1쌍의 대립유전자에 의해 결정되며, 대립유전자에는 D, E, F가 있다.

○ ㉢의 표현형은 4가지이며, ㉢의 유전자형이 DE인 사람과 EE인 사람의 표현형은 같고, 유전자형이 DF인 사람과 FF인 사람의 표현형은 같다.

○ 여자 P는 남자 Q와 ㉠~㉢의 표현형이 모두 같고, P의 체세포에 들어 있는 일부 상염색체와 유전자는 그림과 같다.

○ P와 Q 사이에서 ⓐ가 태어날 때, ⓐ의 ㉠~㉢의 표현형 중 한 가지만 부모와 같을 확률은 $\frac{3}{8}$이다.

이에 대한 설명으로 옳은 것만을 <보기>에서 있는 대로 고른 것은? (단, 돌연변이와 교차는 고려하지 않는다.) [3점]

<보 기>

ㄱ. ㉡의 표현형은 BB인 사람과 Bb인 사람이 서로 다르다.

ㄴ. Q에서 A, B, D를 모두 갖는 정자가 형성될 수 있다.

ㄷ. ⓐ에게서 나타날 수 있는 표현형은 최대 12가지이다.

① ㄱ　② ㄴ　③ ㄷ　④ ㄱ, ㄴ　⑤ ㄱ, ㄷ

답은 ⑤ ㄱ, ㄷ

45.

다인자 복대립 연관 [H]

다음은 사람의 유전 형질 (가)와 (나)에 대한 자료이다.

- (가)와 (나)의 유전자는 서로 다른 2 개의 상염색체에 있다.
- (가)는 2 쌍의 대립유전자 A와 a, B와 b에 의해 결정된다.
- (가)의 표현형은 유전자형에서 대문자로 표시되는 대립 유전자의 수에 의해서만 결정되며, 이 대립유전자의 수가 다르면 표현형이 다르다.
- (나)는 1 쌍의 대립유전자에 의해 결정되며, 대립유전자에는 D, E, F가 있다. ㉠은 ㉡, F에 대해, ㉡은 F에 대해 각각 완전 우성이다. (나)의 표현형은 3 가지이며, ㉠과 ㉡은 D와 E를 순서 없이 나타낸 것이다.
- (가)와 (나)의 일부 유전자형이 AaEF인 남자 P와 AADF인 여자 Q 사이에서 ⓐ가 태어날 때, ⓐ의 (가)와 (나)의 표현형이 모두 Q와 같을 확률은 $\frac{3}{16}$이고, ⓐ가 가질 수 있는 (가)와 (나)의 유전자형 중 AaBbFF가 있다.

이에 대한 설명으로 옳은 것만을 <보기>에서 있는 대로 고른 것은? (단, 돌연변이와 교차는 고려하지 않는다.)

<보기>

ㄱ. ㉡은 E이다.
ㄴ. P에서 a, B, E를 모두 갖는 정자가 형성될 수 있다.
ㄷ. ⓐ의 (가)와 (나)의 표현형 중 한 가지만 P와 같을 확률은 $\frac{3}{8}$이다.

[Comment 1] **연관 상태 해석 (1)**

2연관 1독립의 염색체 지도를 나타내면 다음과 같다.

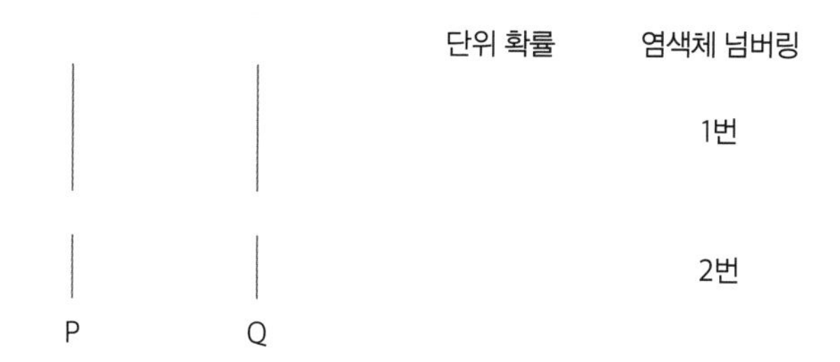

만약 (나)의 유전자가 2번 염색체에 존재한다면

다인자 유전에 대한 단위 확률이 $\frac{3}{8}$이나 $\frac{3}{4}$이 나타나야 한다.

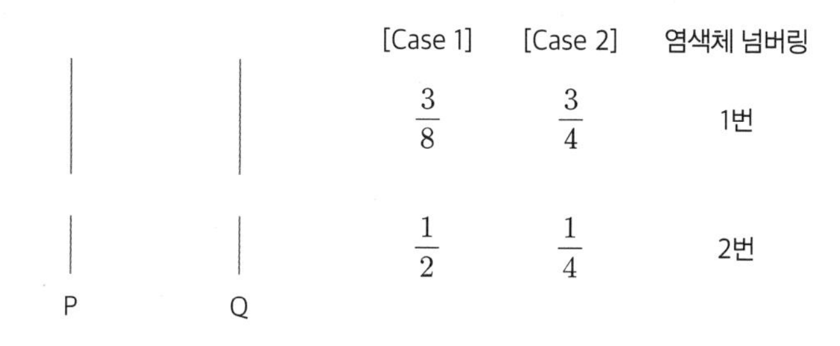

[Case 1]은 한 쌍 염색체에서 단위 교배이므로 모순이고

[Case 2]는 다인자 유전의 확률에서 나타날 수 없으므로 모순이다.

[Comment 2] **연관 상태 해석 (2)**

(가)에 관여하는 유전자 중 A와 a가 2번 염색체에 있다면

ⓐ의 (가)와 (나)의 표현형이 모두 Q와 같을 확률은

동형 접합성이 존재하므로 $\frac{3}{16}$이 나타날 수 없다.

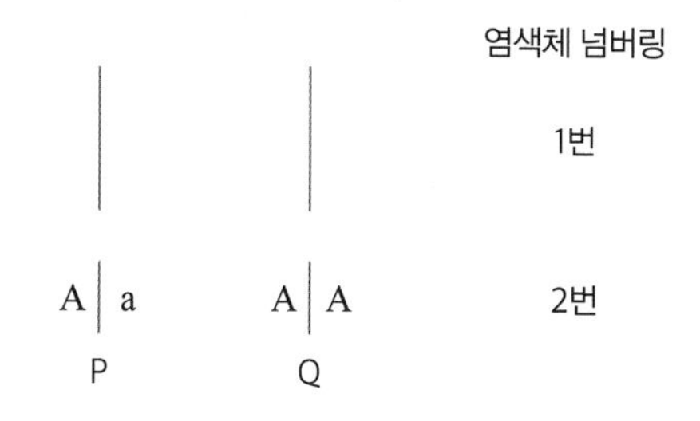

따라서 2번 염색체 위에는 (가)에 관여하는 유전자 중 B와 b가 있다.

[Comment 3] **유전자형 조건 해석 (1)**

Q의 일부 유전자형은 AADF이고, 동형 1개와 이형 1개가 연관되어 있으므로
염색체 지도 위 연관 염색체에 나타내도 일반성을 잃지 않는다.

이를 나타내면 다음과 같다.

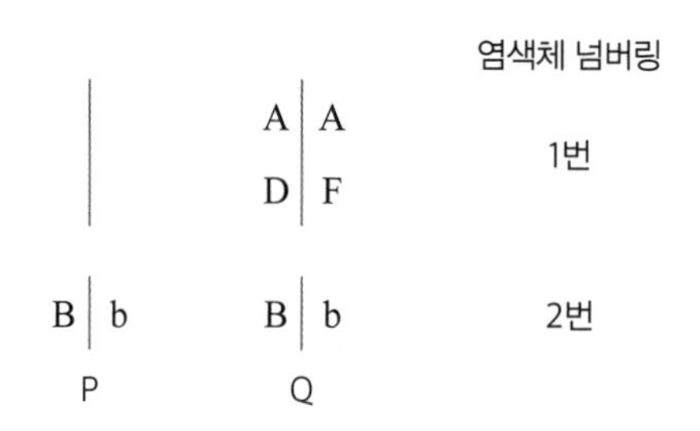

[Comment 4] **유전자형 조건 해석 (2)**

ⓐ가 가질 수 있는 (가)와 (나)의 유전자형 중 AaBbFF가 있고
Q는 A와 F를 함께 갖는 생식세포를 가질 수 있으므로
P는 a와 F를 함께 갖는 생식세포를 가질 수 있다.

P	Q	단위 확률	염색체 넘버링
	a | F	A	A D	F		1번
B	b	B	b		2번

남은 유전자 자리를 채우면 다음과 같다.

P	Q	염색체 넘버링
A	a E	F	A	A D	F	1번
B	b	B	b	2번

[Comment 5] **비중 표 해석**

다인자 유전과 복대립 유전이 연관된 복합 염색체가 존재하므로
비중 표 위에서 확률을 해석해보자.

비중 표를 그리면 다음과 같다.

	비중	1	1	1	1
비중	1번 간 교배 / 2번 간 교배	DE [2]	EF [2]	DF [1]	FF [1]
1	[2]				
2	[1]				
1	[0]				

ⓐ의 (가)와 (나)의 표현형이 모두 Q([D, 3])와 같을 확률이
$\frac{3}{16}$을 만족하려면 다음 배치로 나타나야 한다.

	비중	1	1	1	1
비중	1번 간 교배 / 2번 간 교배	DE [2]	EF [2]	DF [1]	FF [1]
1	[2]				
2	[1]				
1	[0]				

유전자형 DE에서 표현형 [D]가 나타나야 하므로
㉠은 D이고, ㉡은 E이어야 한다.

[Comment 6] **선지 판단**

ㄱ. ㉡은 E이다. (○)

ㄴ. P에서 a, B, E를 모두 갖는 정자가 형성될 수 없다. (×)

ㄷ. ⓐ의 (가)와 (나)의 표현형 중 한 가지만 P([E, 2])와 같을 확률은 $\frac{1}{2}$이다. (×)

	비중	1	1	1	1
비중	1번 간 교배 / 2번 간 교배	DE [2]	EF [2]	DF [1]	FF [1]
1	[2]				
2	[1]				
1	[0]				

(∵ 비중 표를 테트리스 맞추듯이 관찰할 수 있다 by 주디 Vol.8)

답은 ㄱ이다.

[Comment 7] **닮은꼴 문항**

닮은꼴 문항과 함께 본 문항의 논리를 복습해보자.

[23학년도 수능]

9. 다음은 사람의 유전 형질 (가)~(라)에 대한 자료이다.

> ○ (가)는 대립유전자 A와 a에 의해, (나)는 대립유전자 B와 b에 의해, (다)는 대립유전자 D와 d에 의해, (라)는 대립유전자 E와 e에 의해 결정된다. A는 a에 대해, B는 b에 대해, D는 d에 대해, E는 e에 대해 각각 완전 우성이다.
> ○ (가)~(라)의 유전자는 서로 다른 2개의 상염색체에 있고, (가)~(다)의 유전자는 (라)의 유전자와 다른 염색체에 있다.
> ○ (가)~(라)의 표현형이 모두 우성인 부모 사이에서 ⓐ가 태어날 때, ⓐ의 (가)~(라)의 표현형이 모두 부모와 같을 확률은 $\frac{3}{16}$이다.

ⓐ가 (가)~(라) 중 적어도 2가지 형질의 유전자형을 이형 접합성으로 가질 확률은? (단, 돌연변이와 교차는 고려하지 않는다.)

① $\frac{7}{8}$ ② $\frac{3}{4}$ ③ $\frac{5}{8}$ ④ $\frac{1}{2}$ ⑤ $\frac{3}{8}$

답은 ② $\frac{3}{4}$

46.

다인자와 복대립 복합 [K]

다음은 사람의 유전 형질 (가)와 (나)에 대한 자료이다.

○ (가)는 2쌍의 대립유전자 A와 a, B와 b에 의해 결정된다.
○ (가)의 표현형은 유전자형에서 대문자로 표시되는 대립 유전자의 수에 의해서만 결정되며, 이 대립유전자의 수가 다르면 표현형이 다르다.
○ (나)는 1쌍의 대립유전자에 의해 결정되며, 대립유전자에는 E, F, G가 있다. E는 F, G에 대해, F는 G에 대해 각각 완전 우성이다. (나)의 표현형은 3가지이다.
○ 그림은 남자 P의 체세포에 들어 있는 일부 상염색체와 유전자를 나타낸 것이다. ㉠~㉣은 A, b, E, G를 순서 없이 나타낸 것이다.
○ P와 여자 Q 사이에서 ⓐ가 태어날 때, ⓐ에게서 나타날 수 있는 (가)와 (나)의 표현형은 최대 7가지이고, ⓐ의 (가)와 (나)의 표현형 중 한 가지만 Q와 같을 확률은 $\frac{5}{8}$이다.
○ ⓐ가 가질 수 있는 유전자형 중 AabbEG가 있다.

이에 대한 설명으로 옳은 것만을 <보기>에서 있는 대로 고른 것은? (단, 돌연변이와 교차는 고려하지 않는다.)

<보기>

ㄱ. ㉡은 E이다.
ㄴ Q에서 ㉠, ㉢, ㉣을 모두 갖는 난자가 형성될 수 있다.
ㄷ. ⓐ의 (가)와 (나)의 표현형이 모두 P와 같을 확률은 $\frac{1}{8}$이다.

[Comment 1] **Q의 1번 염색체 유전자형 파악하기**

㉠이 있는 염색체를 1번 염색체, ㉡, ㉢, ㉣이 있는 염색체를 2번 염색체라고 했을 때, 1번 염색체에서 P의 유전자형이 동형 접합성인데, Q도 1번 염색체에 있는 유전자형이 동형 접합성일 경우, ⓐ에게서 나타날 수 있는 표현형은 2번 염색체에서 4가지가 최대일 것이며, 비율은 4가 최대일 것이므로 문제 조건에 주어진 확률에서 분모 8을 만족시킬 수도 없다.

따라서 Q의 1번 염색체에 있는 유전자형은 이형 접합성이다. 따라서 ⓐ에서 나타날 수 있는 1번 염색체 표현형은 (2), (1)이거나 (1), (0)이다. 따라서 편의상 x+1, x로 표현하겠다. (x는 1과 0 중 하나)

[Comment 2] **Q의 2번 염색체 유전자형 파악**

Q의 (나)에 대한 유전자형을 □☆라고 하였을 때, ⓐ에 대한 교배 결과를 비중 표에 나열하면 다음과 같다.

	비중(비율)	1	1
비중	대문자 개수 \ 대문자 개수	x+1	x
1	E□()		
1	E☆()		
1	G□()		
1	G☆()		

ⓐ의 (나)의 표현형에서 나타날 수 있는 표현형이 1가지일 경우, 표현형은 아무리 많아봤자 E(4)~E(0)로 5가지가 나타나 모순이다. 2가지일 경우, 2가지에 대한 비율이 1:1이라면 ⓐ에게서 나타날 수 있는 (가)와 (나)의 표현형은 '짝수'가지가 되므로 모순이다.

[Comment 3] **Q의 표현형 파악**

2가지에 대한 비율이 3:1일 경우, 비율 1짜리에서 (가)와 (나)의 표현형이 2가지, 비율 3짜리에서 5가지의 표현형이 나타나야 한다. 그러나 비율 3짜리에서 5가지 표현형이 나타나려면 1번 염색체에서 (2), (1), (0)이 나타나야 하므로 모순이 발생한다. 따라서 ⓐ의 (나)의 표현형에서 나타날 수 있는 표현형은 3가지이고, 이에 따라 Q의 (나)의 유전자형은 FG이다. 임의로 □를 F, ☆를 G라고 했을 때 비중 표를 다시 정리하면 다음과 같다.

	비중(비율)	1	1
비중	대문자 개수 \ 대문자 개수	x+1	x
1	[E]()		
1	[E]()		
1	[F]()		
1	[G]()		

이때 [F]에서 2가지, [G]에서 2가지가 나타나므로 [E]에서 3가지가 나타나야 한다. [E]에서 3가지가 나타나기 위해선 2번 염색체의 다인자 유전의 대문자 수 차이는 1번 염색체에서 대문자 수 차이와 같아야 한다. 따라서 Q의 2번 염색체의 좌우 유전자형은 1F/0G 또는 0F/1G이다. 두 중 어느 경우건 Q의 (가)의 표현형은 (2)이다.

[Comment 4] **확률 조건 해석**

Q와 1가지만 표현형이 같아야 하는데, [E]나 [G]일 땐 (2)인 곳이 해당하고, [F]일 땐 (2)가 아닌 곳이 해당한다. 이때 확률 5/8를 만족시키기 위해선 [E]일 때 2가지, [F]일 때 2가지, [G]일 때 1가지가 유일하게 가능하다. [E]일 때 2가지가 나타나기 위해선, [E]일 때 (3), (2), (1)이 1:2:1의 비율로 나타난다. 이때 마지막 조건에서 EG면서 (1)인 경우가 가능하다고 했으므로 EF일 때 (3), EG일 때 (1)이 나타날 수 있다. 따라서 Q는 F1/G0 1/0이다.

[Comment 5] **확률 조건 해석 (2)**

Q가 F1/G0이므로 [F]에서 두 가지 표현형을 (k+1), (k)라고 했을 때 [G]에서 두 가지 표현형은 (k), (k-1)이 된다. 이때 5/8를 만족시키기 위해 [F]일 때 (2)가 나타나면 안 되므로 [F]일 때는 (4), (3)이 나타나거나 (1), (0)이 나타난다. (1), (0)이 되었을 경우 k가 0이 되어 [G]에서 (-1) 표현형이 생기게 되어 모순이 발생한다. 따라서 (4), (3)이 나타나며, k는 3이 되며, 비중 표를 완성시키면 다음과 같다.

	비중(비율)	1	1
비중	대문자 개수 \ 대문자 개수	2	1
1	EF(1)	3	2
1	EG(0)	2	1
1	FG(2)	4	3
1	GG(1)	3	2

비중 표를 토대로 P는 1/1 E0/G1, Q는 1/0 F1/G0이 된다. 따라서 ㉠이 A, ㉣이 b, ㉡이 E, ㉢이 G이다.

[Comment 6] **선지 판단**

ㄱ. ㉡은 E이다. (○)

ㄴ. Q에서 ㉠(A), ㉢(G), ㉣(b)를 모두 갖는 난자가 형성될 수 있다. (○)

ㄷ. P의 표현형은 [E](3)이고 ⓐ의 (가)와 (나)의 표현형이 P와 같을 확률은 위 비중 표를 참고했을 때 $\frac{1}{8}$임을 알 수 있다. (○)

답은 ㄱ, ㄴ, ㄷ이다.

47.

일반 유전과 복대립 유전의 연관 [K]

다음은 사람의 유전 형질 (가)~(다)에 대한 자료이다.

- (가)는 대립유전자 A와 A^*에 의해 결정되며, A는 A^*에 대해 완전 우성이다.
- (나)는 대립유전자 B와 B^*에 의해 결정되며, 유전자형이 다르면 표현형이 다르다.
- (다)는 1 쌍의 대립유전자에 의해 결정되며, 대립유전자에는 D, E, F가 있고, 각 대립유전자 사이의 우열 관계는 분명하다. (다)의 표현형은 3 가지이다.
- (가)와 (다)의 유전자는 같은 상염색체에 있고, (가)와 (나)의 유전자는 서로 다른 상염색체에 있다.
- 유전자형이 ㉠ AA^*BB^*DE인 아버지와 AA^*BB^*EF인 어머니 사이에서 ⓐ가 태어날 때, ⓐ에게서 나타날 수 있는 표현형은 최대 6 가지이다.
- 유전자형이 $A^*A^*BB^*DF$인 아버지와 AA^*BBEF인 어머니 사이에서 ⓑ가 태어날 때, ⓑ의 표현형이 아버지와 같을 확률은 $\frac{1}{4}$이다.

이에 대한 설명으로 옳은 것만을 <보기>에서 있는 대로 고른 것은? (단, 돌연변이와 교차는 고려하지 않는다.)

<보기>

ㄱ. ㉠에서 A^*, B, D를 모두 갖는 정자가 형성될 수 있다.
ㄴ. 유전자형이 DD인 사람과 유전자형이 DF인 사람의 (다)에 대한 표현형은 같다.
ㄷ. ⓑ의 (가)~(다)의 표현형이 모두 ㉠과 같을 확률은 $\frac{1}{4}$이다.

[Comment 0] **해설 전제 : 편의상 A^*는 a로, B^*는 b로 두고 해설합니다.**

[Comment 1] **ⓐ에게서 나타날 수 있는 표현형 가짓수의 해석**

ⓐ에게서 나타날 수 있는 (나)의 표현형은 3가지이므로, (가)와 (다)에서 나타날 수 있는 표현형은 2가지이다. 이때 퍼넷 사각형을 이용해 교배 결과를 나타낼 수 있다.

아버지의 생식세포 / 어머니의 생식세포	좌	우
좌	좌좌	좌우
우	우좌	우우

이때 아버지에서 A가 있는 염색체를 '좌' 염색체, a가 있는 염색체를 '우' 염색체, 어머니에서 A가 있는 염색체를 '좌' 염색체, a가 있는 염색체를 '우' 염색체로 설정한다. 이때 '좌좌', '좌우', '우좌'는 모두 [A] 표현형이고 '우우'는 [a] 표현형이다. (가)와 (다)에서 나타날 수 있는 표현형 2가지를 만족시키기 위해서 '좌좌', '좌우', '우좌'에서 (나)의 표현형은 모두 같아야 한다. 이 세 경우 모두 (나)의 표현형이 같기 위해선 부모 모두에 보이는 유전자인 E로 이루어진 [E] 표현형으로만 같을 수가 있다. 따라서 E가 D, F에 대해 완전 우성이다. 이때 아버지의 '좌'에 D가 있을 경우, 3가지 경우의 [A] 표현형 중 [E] 표현형이 나타날 수 있는 경우는 최대 2가지가 되어 모순이다. 따라서 아버지의 '좌'에는 E가, '우'에는 D가 있다.

[Comment 2] **ⓑ의 표현형이 아버지와 같을 확률 해석**

ⓑ의 (나)의 표현형이 아버지와 같을 확률은 $\frac{1}{2}$이다. 이때 (가)와 (다)의 표현형이 아버지와 같을 확률은 $\frac{1}{2}$이다. (가)의 표현형이 같기 위해선 어머니는 $\frac{1}{2}$의 확률로 ⓑ에게 a가 있는 염색체를 물려주어야 하는데, 이때 a가 있는 염색체에 E가 있을 경우 ⓑ의 (가)와 (다)의 표현형이 아버지와 같을 확률은 0이 되므로 모순이다.

따라서 a가 있는 염색체에 F가 있으며, ⓑ에게서 [a] 표현형일 때 (다)의 유전자형은 DF와 FF가 있다. 이때 두 유전자형에 따른 표현형은 같아야 하므로 F가 D에 대해 완전 우성이다. 따라서 (다)의 유전자 사이의 우열 관계는 E > F > D이다. 우열 관계를 알게 되었으므로 ⓐ에서 어머니의 (가)와 (다)의 연관 형태는 AE/aF와 AF/aE 중 AE/aF일 때만 조건을 만족시킬 수 있다.

[Comment 3] **선지 판단**

ㄱ. ㉠에서 A^*, B, D를 모두 갖는 정자가 형성될 수 있다. (○)

ㄴ. 유전자형이 DD인 사람과 DF인 사람의 표현형은 다르다. (×)

ㄷ. ⓑ의 (가)~(다)의 표현형이 모두 ㉠과 같을 확률은 $\frac{1}{4}$이다. (○)

답은 ㄱ, ㄷ이다.

[Comment 4] **닮은꼴 문항**

닮은꼴 문항과 함께 본 문항의 논리를 복습해보자.

24학년도 9평

13. 다음은 사람의 유전 형질 (가)~(다)에 대한 자료이다.

- (가)~(다)의 유전자는 서로 다른 2개의 상염색체에 있다.
- (가)는 대립유전자 A와 a에 의해 결정되며, A는 a에 대해 완전 우성이다.
- (나)는 대립유전자 B와 b에 의해 결정되며, 유전자형이 다르면 표현형이 다르다.
- (다)는 1쌍의 대립유전자에 의해 결정되며, 대립유전자에는 D, E, F가 있다. D는 E, F에 대해, E는 F에 대해 각각 완전 우성이다.
- (가)와 (나)의 유전자형이 AaBb인 남자 P와 AaBB인 여자 Q 사이에서 ⓐ가 태어날 때, ⓐ에게서 나타날 수 있는 (가)와 (나)의 표현형은 최대 3가지이고, ⓐ가 가질 수 있는 (가)~(다)의 유전자형 중 AABBFF가 있다.
- ⓐ의 (가)~(다)의 표현형이 모두 Q와 같을 확률은 $\frac{1}{8}$이다.

ⓐ의 (가)~(다)의 표현형이 모두 P와 같을 확률은? (단, 돌연변이와 교차는 고려하지 않는다.) [3점]

① $\frac{1}{16}$ ② $\frac{1}{8}$ ③ $\frac{3}{16}$ ④ $\frac{1}{4}$ ⑤ $\frac{3}{8}$

정답은 ② $\frac{1}{8}$이다.

48. 순수 일반 유전 [K]

다음은 사람의 유전 형질 (가)~(라)에 대한 자료이다.

- (가)~(라)의 유전자는 서로 다른 4 개의 상염색체에 있다.
- (가)는 대립유전자 A와 a에 의해, (나)는 대립유전자 B와 b에 의해, (다)는 대립유전자 D와 d에 의해, (라)는 대립유전자 E와 e에 의해 결정된다.
- (가)~(라) 중 3 가지 형질은 각 유전자형에서 대문자로 표시되는 대립유전자가 소문자로 표시되는 대립유전자에 대해 완전 우성이다. 나머지 한 형질을 결정하는 대립유전자 사이의 우열 관계는 분명하지 않고, 3 가지 유전자형에 따른 표현형이 모두 다르다.
- ⓐ 아버지와 (가)~(라)의 유전자형이 AABbddEe인 어머니 사이에서 ㉠이 태어날 때, ㉠에게서 나타날 수 있는 표현형은 최대 12 가지이다.
- (가)와 (나)의 유전자형이 Aabb인 아버지와 (다)와 (라)의 유전자형이 ddEe인 어머니 사이에서 ㉡이 태어날 때, ㉡의 (가)~(라)의 표현형이 모두 ⓐ와 같을 확률은 $\frac{3}{64}$이다.
- ⓐ는 (가)~(라) 중 2 가지 형질에 대한 유전자형은 이형 접합성이고, 나머지 2 가지 형질에 대한 유전자형은 동형 접합성이다.

이에 대한 설명으로 옳은 것만을 <보기>에서 있는 대로 고른 것은? (단, 돌연변이와 교차는 고려하지 않는다.)

<보기>

ㄱ. (라)는 유전자형에 따른 표현형이 모두 다르다.
ㄴ. ⓐ의 (가)와 (라)에 대한 유전자형은 동형 접합성이다.
ㄷ. ㉡에게서 나타날 수 있는 표현형은 최대 24 가지이다.

[Comment 1] **문제 상황 해석**

순수 일반 유전으로만 이루어져 있고, 모든 유전자가 독립되어 있다. 3가지 형질은 완전 우성이고, 나머지 한 형질은 중간 유전이다.

[Comment 2] **㉠에게서 나타날 수 있는 표현형 12가지의 해석**

표현형 12가지는 3×2×2×1로 분할할 수 있다. 표현형 3가지는 중간 유전에서만 나타날 수 있고, 중간 유전 형질에 대한 유전자형은 부모 모두 이형 접합성이다. 부모 모두 이형 접합성인 형질은 (나)와 (라)만 가능하므로 중간 유전인 형질은 (나)와 (라) 중 하나이다. 따라서 (가)와 (다)는 완전 우성 형질이고, 어머니를 통해 ㉠에게서 나타날 수 있는 (가)의 표현형은 1가지이고, (다)의 표현형은 2가지가 된다. 따라서 ⓐ의 (다)의 유전자형은 Dd이다. 이때 (나)와 (라) 중 중간 유전인 형질은 이형 접합성이므로, 나머지 한 형질은 동형 접합성이고, (가) 형질에 대한 유전자형은 동형 접합성이다. 따라서 ⓐ의 유전자형은 AA와 aa 중 하나이다.

[Comment 3] **㉡에게서 표현형이 모두 ⓐ와 같을 확률 해석**

$\frac{3}{64}$은 $\frac{3}{4}\times\frac{1}{4}\times\frac{1}{2}\times\frac{1}{2}$로 분해할 수 있다. 이때 분모에 4가 나타나기 위해선 부모 모두 유전자형이 이형 접합성이어야 한다. 따라서 분모에 4가 있는 확률은 (가) 형질과 (라) 형질에서 나타나고, $\frac{1}{2}$ 확률 2개는 (나)와 (다)에서 나타난다. 이때 (라)가 중간 유전일 경우, ⓐ의 (라)의 유전자형은 Ee이고, ㉡의 (라)의 표현형이 ⓐ와 같을 확률은 $\frac{1}{2}$이 되므로 모순이다. 따라서 (나)가 중간 유전이고, (가), (다), (라)는 완전 우성인 형질이며, ⓐ의 (나)의 유전자형은 Bb이다. 이때 아버지의 (다)와 (라)의 유전자형은 DdEe이고, 어머니의 (가)와 (나)의 유전자형은 AaBb이다. 또한 ㉠에게서 나타날 수 있는 (나)의 표현형은 3가지, (다)와 (라)는 각각 2가지가 되어 ⓐ의 (다)와 (라)의 유전자형은 Ddee이다. 이때 ㉡의 (라)의 표현형이 ⓐ와 같을 확률은 $\frac{1}{4}$이고, (가)의 표현형이 ⓐ와 같을 확률은 $\frac{3}{4}$이므로 ⓐ의 (가)의 유전자형은 AA이다. 최종적으로 ⓐ의 유전자형은 AABbDdee이다.

[Comment 4] **선지 판단**

ㄱ. (라)는 중간 유전 형질이 아니므로 유전자형에 따른 표현형이 모두 다르지 않다. EE인 사람은 Ee인 사람과 표현형이 같다. (×)

ㄴ. ⓐ의 (가)와 (라)에 대한 유전자형은 동형 접합성이다. (○)

ㄷ. ㉡에게서 나타날 수 있는 표현형은 (가)~(라)에서 각각 2가지씩 가능하므로 최대 16가지이다. (×)

답은 ㄴ이다.

49.

다인자 유전과 일반 유전의 연관 [K]

다음은 사람의 유전 형질 (가)와 (나)에 대한 자료이다.

- (가)는 대립유전자 A와 a에 의해 결정되며, 유전자형이 다르면 표현형이 다르다. (가)의 유전자는 7 번 염색체에 있다.
- (나)는 3 쌍의 대립유전자 B와 b, D와 d, E와 e에 의해 결정된다. B와 b는 7 번 염색체에, D, d, E, e는 9 번 염색체에 있다.
- (나)의 표현형은 유전자형에서 대문자로 표시되는 대립 유전자의 수에 의해서만 결정되며, 이 대립유전자의 수가 다르면 표현형이 다르다.
- (가)와 (나)의 표현형이 서로 같은 P와 Q 사이에서 ⓐ가 태어날 때, ⓐ에게서 나타날 수 있는 표현형은 최대 7 가지이고, ⓐ의 (가)와 (나)의 표현형이 유전자형이 AABbDDEe인 사람과 같을 확률은 $\frac{1}{8}$이며, ⓐ의 유전자형이 AabbDDee일 확률은 $\frac{1}{16}$이다.

ⓐ에서 (가)와 (나)의 표현형이 부모와 같을 확률은? (단, 돌연변이와 교차는 고려하지 않는다.)

[Comment 1] **기본 조건 해석**

ⓐ는 유전자형이 AABbDDEe인 사람과 표현형이 같을 수 있다. 이는 ⓐ에서 [AA] 표현형에서 (나)의 대문자 수가 4일 수 있다는 조건이다. 따라서 P와 Q는 모두 A를 갖는다.

ⓐ의 유전자형이 AabbDDee일 확률이 $\frac{1}{16}$ 이라는 정보는, P와 Q 각각에서 좌우 염색체의 유전자 구성은 모두 다르다는 것이고, P와 Q 중 한 명은 a를 갖고 있어야 하는데 P와 Q의 표현형이 같다고 했으므로, P와 Q의 (가)의 유전자형은 모두 Aa이고, D와 e가 연관된 9번 염색체를 갖는다. 또한 P와 Q 중 한 사람은 A와 b가 연관된 염색체, 나머지 한 사람은 a와 b가 연관된 염색체를 갖는다.

[Comment 2] **표현형 가짓수 해석**

ⓐ에서 [AA] 표현형일 때 나타날 수 있는 (나)의 표현형을 n가지라고 했을 때, [aa] 표현형일 때 나타날 수 (나)의 표현형도 n가지이고, [Aa] 표현형일 때 나타날 수 있는 (나)의 표현형은 n가지 이상이다. 이 모든 가짓수를 합했을 때 7가지가 나타나야 하므로, n은 2이며, [Aa] 표현형일 때 나타날 수 있는 (나)의 표현형은 3가지이다.

따라서 P와 Q 중 한 사람의 좌우 9번 염색체에 대한 (나)의 대문자 수는 서로 같고, 나머지 한 사람은 좌우 9번 염색체에 대한 (나)의 대문자 수는 서로 달라야 한다.

따라서 P와 Q 중 한 사람의 유전자 구성을 (가)의 유전자형, (나)의 유전자형에서 대문자로 표시되는 대립유전자의 수로 나타내면 A0(b)/a? 1(De)/?, ㉮ 나머지 한 사람은 A?/a0(b) 1(De)/? 이다. 이때 ㉮를 좌우 9번 염색체에 대한 (나)의 대문자 수를 같은 사람으로 취급하면, ㉮는 A?/a0 1(De)/1(dE)이다.

ⓐ에는 AA일 때 (나)의 대문자 수가 4인 경우가 있어야 하므로, ㉮는 A1/a0 1/1로 확정되고, P와 Q의 표현형은 같아야 하므로 ㉮의 배우자는 A0(b)/a0(b) 1(De)/2(DE)이다.

[Comment 3] **확률 구하기**

ⓐ에 대한 비중 표를 작성하면 다음과 같다.

	비중(비율)	1	1
비중	대문자 개수 \ 대문자 개수	3	2
1	AA(1)	4	3
1	Aa(1)	4	3
1	Aa(0)	3	2
1	aa(0)	3	2

P와 Q의 표현형은 Aa(3)이므로, ⓐ의 (가)와 (나)의 표현형이 부모와 같을 확률은 $\frac{1}{4}$ 이다.

50.

다인자 복대립 가계도 [K]

다음은 어떤 집안의 유전 형질 (가)와 (나)에 대한 자료이다.

- (가)는 서로 다른 3 개의 상염색체에 있는 3 쌍의 대립유전자 A와 a, B와 b, D와 d에 의해 결정된다.
- (가)의 표현형은 유전자형에서 대문자로 표시되는 대립 유전자의 수에 의해서만 결정되며, 이 대립유전자의 수가 다르면 (가)의 표현형이 다르다.
- (나)는 1 쌍의 대립유전자에 의해 결정되며, 대립유전자에는 E, F, G가 있다. (나)의 유전자는 (가)의 유전자와 서로 다른 상염색체에 있다.
- (나)의 표현형은 4 가지이며, (나)의 유전자형이 EF인 사람과 EE인 사람의 표현형은 같고, 유전자형이 FG인 사람과 GG인 사람의 표현형은 같다.
- 표는 이 가족 구성원의 성별, (가)에 대한 유전자형에서 대문자로 표시되는 대립유전자의 수, (나)의 유전자형을 나타낸 것이다. ㉠~㉣은 아버지, 어머니, 자녀 1, 자녀 2 를 순서 없이 나타낸 것이다.

구성원	성별	대문자로 표시되는 대립유전자의 수	(나)의 유전자형
㉠	남	6	?
㉡	?	3	?
㉢	남	4	EE
㉣	?	2	EF

- 자녀 2 의 동생이 태어날 때, ⓐ 이 아이에게서 나타날 수 있는 표현형은 최대 12 가지이다.

ⓐ에서 (가)와 (나)의 표현형이 아버지와 같을 확률은? (단, 돌연변이와 교차는 고려하지 않는다.)

[Comment 1] **(나)의 우열 관계 파악**

(나)에서 각 대립유전자 사이의 우열 관계는 E＝G>F이다.

[Comment 2] **㉠~㉣ 매칭**

ⓐ에서 나타날 수 있는 표현형 12가지는 6×2나 4×3으로 쪼갤 수 있다. ⓐ에게서 나타날 수 있는 (가)의 표현형이 6가지일 경우, 부모의 (가)의 유전자형에서 이형 접합성을 이루는 대립유전자 쌍의 수를 모두 더한 값은 5이다. ⓐ에게서 나타날 수 있는 (가)의 표현형이 4가지일 경우, 부모의 (가)의 유전자형에서 이형 접합성을 이루는 대립유전자 쌍의 수를 모두 더한 값은 3이다.

㉠의 (가)의 유전자형은 AABBDD이므로, ㉠이 아버지일 경우 자녀에겐 A, B, D를 하나씩 물려주어야 하고, ㉠이 자녀일 경우 부모는 모두 A, B, D를 가져야 한다. 이때 ㉣의 (가)의 대문자 수는 2이므로, ㉠과 ㉣은 부모와 자식의 관계일 수 없다. 따라서 ㉠과 ㉣은 부부 관계거나, 각각 자녀 1과 2 중 하나이다.

만약 ㉠과 ㉣이 부부 관계일 경우, 부모의 (가)의 유전자형에서 이형 접합성을 이루는 대립유전자 쌍의 수를 모두 더한 값은 최대 2가 되어 모순이다. 따라서 ㉠과 ㉣은 각각 자녀 1과 2 중 하나이고, ㉡이 어머니, ㉢이 아버지이다.

[Comment 3] **표현형 가짓수 해석**

아버지(㉢)의 (나)의 유전자형이 EE인데, 자녀인 ㉣이 F를 가지므로, 어머니(㉡)의 (나)의 유전자형은 EF, FG, FF 중 하나이다. 어머니의 (나)의 유전자형이 이 중 무엇이 되었건, ⓐ에게서 나타날 수 있는 (나)의 표현형은 3가지일 수 없으므로 12가지는 6×2로 쪼갤 수 있으며, 어머니의 (나)의 유전자형이 FG일 때만 ⓐ에게서 (나)의 표현형이 2가지가 나타날 수 있다.

ⓐ에게서 나타날 수 있는 (가)의 표현형이 6가지일 경우, 부모의 (가)의 유전자형에서 이형 접합성을 이루는 대립유전자 쌍의 수를 모두 더한 값은 5이다. 따라서 ㉡(어머니)의 (가)의 유전자형은 AaBbDd이며, ㉢(아버지)은 AaBbDD, AaBBDd, AABbDd 중 하나이다.

[Comment 4] **확률 구하기**

ⓐ에서 (가)의 표현형이 아버지와 같을 확률은 $\frac{{}_5C_3}{2^5}$ 이고, (나)의 표현형이 이비지와 같을 확률은 $\frac{1}{2}$ 이다. 따라서 ⓐ에서 (가)와 (나)의 표현형이 아버지와 같을 확률은 $\frac{{}_5C_3}{2^5} \times \frac{1}{2} = \frac{5}{32}$ 이다.

유전

6 Theme

가계도

51. 가계도 기본 형태 [H]

다음은 어떤 집안의 유전 형질 (가)와 (나)에 대한 자료이다.

- (가)는 대립유전자 A와 a에 의해, (나)는 대립유전자 B와 b에 의해 결정되며, A는 a에 대해, B는 b에 대해 각각 완전 우성이다.
- 가계도는 구성원 1~8 에게서 (가)와 (나)의 발현 여부를, 나타낸 것이다.

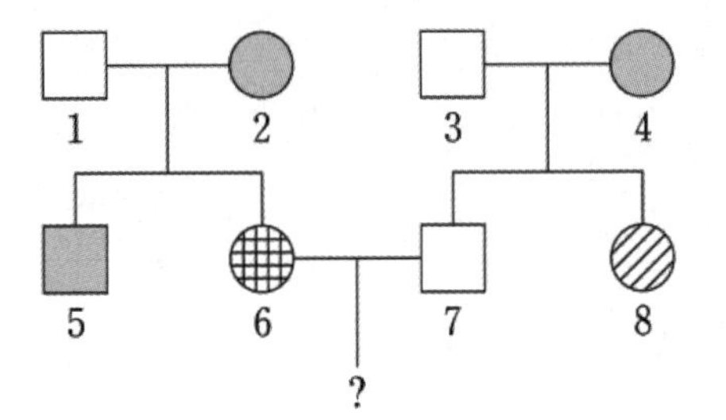

□ 정상 남자
(가) 발현 여자
(나) 발현 여자
(가), (나) 발현 남자
(가), (나) 발현 여자

- 표는 구성원 1, 2, 5, 6 에서 체세포 1 개당 A, B, b의 DNA 상대량을 나타낸 것이다. ㉠~㉢은 0, 1, 2 를 순서 없이 나타낸 것이다.

구성원		1	2	5	8
DNA 상대량	A	?	?	?	㉢
	B	?	㉠	㉡	㉢
	b	㉡	?	?	?

이에 대한 설명으로 옳은 것만을 <보기>에서 있는 대로 고른 것은? (단, 돌연변이와 교차는 고려하지 않으며, A, a, B, b 각각의 1개당 DNA 상대량은 1이다.)

<보기>

ㄱ. (가)의 유전자는 상염색체에 있다.

ㄴ. (나)는 우성 형질이다.

ㄷ. 6 과 7 사이에서 아이가 태어날 때, 이 아이에게서 (가)와 (나)가 모두 발현될 확률은 $\frac{1}{8}$ 이다.

[Comment 1] **순서 없이의 해석 by 존재성**

B의 가로에 DNA 상대량 ㉠, ㉡, ㉢이 순서 없이 존재하므로 B의 가로에 상대량 2가 존재한다.

우성 2가 가능한 구성원은 구성원 2 뿐이므로 ㉠은 2이다.

[Comment 2] **동형 직계 구성원**

구성원 5는 구성원 2의 직계이므로 B를 하나 이상 갖는다.
따라서 ㉡은 1이다. ∴ ㉢은 0이다. 지금까지 알아낸 사실을 바탕으로 염색체 지도와 표를 채우면 다음과 같다.

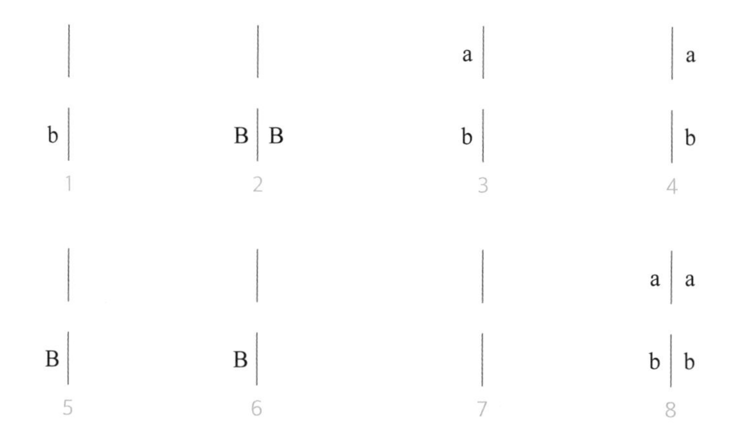

이때 우성 대립유전자 B를 갖는 2, 5, 6는 (나)가 발현되므로 (나)는 우성 형질이다.

구성원 1에서 열성 1 & 열성 형질이므로 (나)는 성염색체 유전이다.

[Comment 3] 표현형 다른 직계 남녀

3-8은 (가)에 대한 열성 대립유전자 a를 공유하고

이때 여성 구성원이 우성 형질이라면 대립쌍으로 우성 대립을 갖고
여성 구성원이 열성 형질이라면 남성 구성원이 대립쌍으로 우성 대립을 갖고
상염색체 유전임이 방증된다.

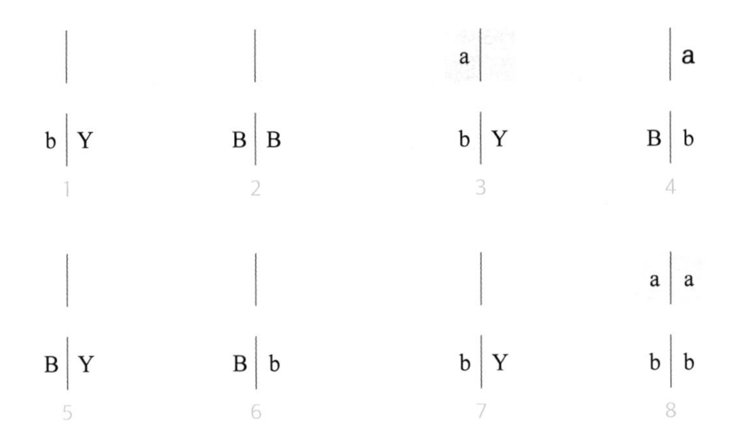

8에서 발현되는 (가)는 열성 형질이므로 3은 대립쌍으로 우성 대립유전자 A를 갖고, (가)는 상염색체 유전이다.

염색체 지도를 완성하면 다음과 같다.

1	2	3	4
A | a	a | a	a | A	a | a
b | Y	B | B	b | Y	B | b

5	6	7	8
a | a	A | a	A | a	a | a
B | Y	B | b	b | Y	b | b

[Comment 4] 상염색체 유전 방증

㉠ <u>어떤 형질</u>에 대해 우성 대립유전자에 대한 조건<u>만</u> 주어져 있으면
㉠은 상염색체 유전이다.

그에 따라 (가)는 상염색체 유전임을 판단하고 시작해도 무방하다.

[Comment 5] **선지 판단**

ㄱ. (가)의 유전자는 상염색체에 있다. (○)

ㄴ. (나)는 우성 형질이다. (○)

ㄷ. 6의 유전자형은 $\mathrm{AaX^BX^b}$이고, 7의 유전자형은 $\mathrm{AaX^bY}$이다. 6과 7 사이에서 아이가 태어날 때, 이 아이에게서 (가)가 발현될 확률은 $\frac{1}{4}$이고, (나)가 발현될 확률은 $\frac{1}{2}$이다. 따라서 이 아이에게서 (가)와 (나)가 모두 발현될 확률은 $\frac{1}{8}\left(=\frac{1}{4}\times\frac{1}{2}\right)$이다. (○)

답은 ㄱ, ㄴ, ㄷ이다.

[Comment 6] **닮은꼴 문항**

닮은꼴 문항과 함께 본 문항의 논리를 복습해보자.

[24학년도 6평]

16. 다음은 어떤 집안의 유전 형질 (가)와 (나)에 대한 자료이다.

○ (가)는 대립유전자 A와 a에 의해, (나)는 대립유전자 B와 b에 의해 결정된다. A는 a에 대해, B는 b에 대해 각각 완전 우성이다.

○ (가)와 (나)는 모두 우성 형질이고, (가)의 유전자와 (나)의 유전자는 서로 다른 염색체에 있다.

○ 가계도는 구성원 1~8에게서 (가)와 (나)의 발현 여부를 나타낸 것이다.

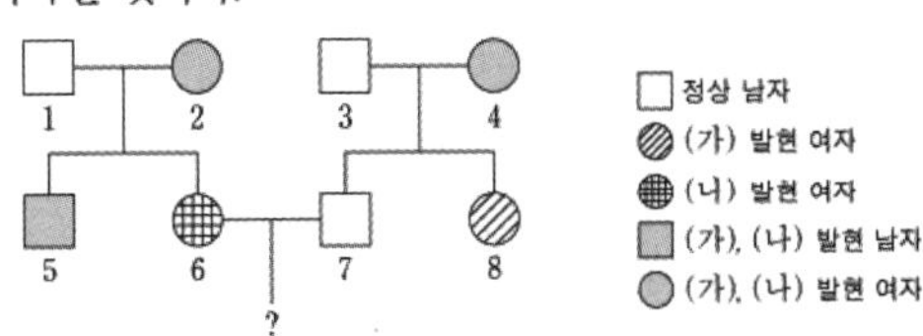

○ 표는 구성원 1, 2, 5, 8에서 체세포 1개당 a와 B의 DNA 상대량을 나타낸 것이다. ㉠~㉢은 0, 1, 2를 순서 없이 나타낸 것이다.

구성원		1	2	5	8
DNA 상대량	a	1	㉠	㉡	?
	B	?	㉢	㉠	㉡

이에 대한 설명으로 옳은 것만을 <보기>에서 있는 대로 고른 것은? (단, 돌연변이와 교차는 고려하지 않으며, A, a, B, b 각각의 1개당 DNA 상대량은 1이다.) [3점]

<보 기>

ㄱ. (가)의 유전자는 X 염색체에 있다.

ㄴ. ㉢은 2이다.

ㄷ. 6과 7 사이에서 아이가 태어날 때, 이 아이에게서 (가)와 (나) 중 (나)만 발현될 확률은 $\frac{1}{2}$이다.

① ㄱ ② ㄷ ③ ㄱ, ㄴ ④ ㄴ, ㄷ ⑤ ㄱ, ㄴ, ㄷ

정답은 ⑤ ㄱ, ㄴ, ㄷ이다.

52.

복대립 가계도 [H]

다음은 어떤 집안의 유전 형질 (가)와 (나)에 대한 자료이다.

○ (가)는 대립유전자 A와 a에 의해 결정되며, A는 a에 대해 완전 우성이다.

○ (나)는 대립유전자 D, E, F에 의해 결정되며, ㉠은 ㉡과 F에 대해 완전 우성이며, (나)의 표현형은 4 가지이다. ㉠과 ㉡은 각각 D와 E 중 하나이다.

○ 가계도는 구성원 1～6 에게서 (가)의 발현 여부를, 표는 구성원 1, 3, 5, 6 에서 체세포 1 개당 ⓐ와 E의 DNA 상대량을 더한 값(ⓐ＋E)을 나타낸 것이다. ⓐ는 A와 a 중 하나이다.

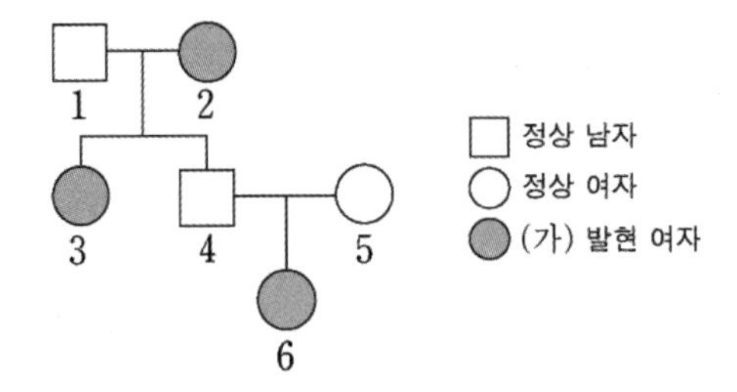

구성원	ⓐ＋E
1	2
3	3
5	2
6	3

○ 1, 2, 3, 4 의 (나)의 표현형은 모두 다르고, 4, 5, 6 의 (나)의 표현형도 모두 다르다.

이에 대한 설명으로 옳은 것만을 <보기>에서 있는 대로 고른 것은? (단, 돌연변이와 교차는 고려하지 않으며, A, a, D, E, F 각각의 1개당 DNA 상대량은 1이다.)

<보기>

ㄱ. ⓐ는 a이다.

ㄴ. (나)의 유전자는 상염색체에 있다.

ㄷ. 6 의 동생이 태어날 때, 이 아이의 (가)와 (나)의 표현형이 모두 2 와 같을 확률은 $\frac{1}{8}$ 이다.

[Comment 1] **가계도 해석**

정상 구성원 4와 5 사이에서 (가)가 발현된 6이 태어났으므로 (가)는 상염색체 열성 형질이다.

그에 따라 4와 5는 유전자형이 Aa이고
ⓐ의 DNA 상대량은 1이다.

(∵ 이형 접합성 여성 구성원은 원 문자를 1만큼 갖는다.)

구성원	ⓐ+E
1	2
3	3
5	2 (1+1)
6	3 (2+1)

6은 ⓐ에 대한 DNA 상대량을 0 또는 2만큼 가져야 한다. 이때 0은 될 수 없으므로 ⓐ는 a이고 DNA 상대량을 더한 값은 2+1로 결정된다.

[Comment 2] **추가 조건 해석**

표에 주어진 DNA 상대량의 합을 각각 분할하면 다음과 같다.

구성원	ⓐ+E
1	2 (1+1)
3	3 (2+1)
5	2 (1+1)
6	3 (2+1)

1과 3은 모두 E를 DNA 상대량 1만큼 갖는다.
만약 E가 최우성 대립유전자라면 1, 2, 3, 4의 (나)의 표현형이 모두 다를 수 없다.
따라서 ㉠은 D이고, ㉡은 E이다.

[Comment 3] **추가 조건 해석 (2)**

복대립 유전에서 등장할 수 있는 표현형은
[D], [E], [F], [EF]이다.

이중, 1, 3, 5, 6은 모두 E를 1씩 가지므로 [F]가 될 수 없다.
따라서 2와 4 중 한 구성원의 표현형은 [F]이다.

만약 (나)가 상염색체 유전일 때 2의 표현형이 [F]라면 유전자형은 FF이고
3과 4의 유전자형은 각각 EF, DF가 된다.

이는 1~4의 표현형이 모두 다르다는 조건을 만족할 수 없다.

만약 (나)가 상염색체 유전일 때 4의 표현형이 [F]라면 유전자형은 FF이고
1과 2의 유전자형은 각각 EF, DF가 된다.

이는 1~4의 표현형이 모두 다르다는 조건을 만족할 수 없다.

따라서 (나)는 X 염색체 유전이다.

[Comment 4] **염색체 지도 완성**

조건을 만족하는 경우를 염색체 지도 위에 표현하면 다음과 같다.

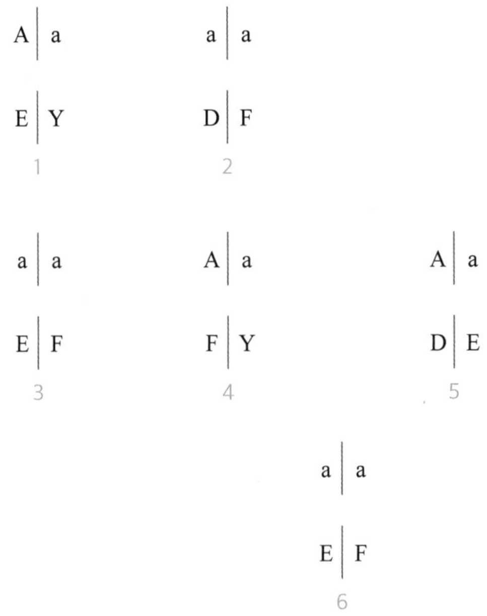

A | a
E | Y
1

a | a
D | F
2

a | a
E | F
3

A | a
F | Y
4

A | a
D | E
5

a | a
E | F
6

[Comment 5] **선지 판단**

ㄱ. ⓐ는 a이다. (○)

ㄴ. (나)의 유전자는 X 염색체에 있다. (×)

ㄷ. 6의 동생이 태어날 때, 이 아이의 (가)와 (나)의 표현형이 모두 2와 같을 확률은 $\frac{1}{8}$이다. (○)

답은 ㄱ, ㄷ이다.

[Comment 6] **닮은꼴 문항**

닮은꼴 문항과 함께 본 문항의 논리를 복습해보자.

[24학년도 9평]

19. 다음은 어떤 집안의 유전 형질 (가)와 (나)에 대한 자료이다.

○ (가)는 대립유전자 A와 a에 의해, (나)는 대립유전자 B와 b에 의해 결정된다. A는 a에 대해, B는 b에 대해 각각 완전 우성이다.
○ (가)의 유전자와 (나)의 유전자는 서로 다른 염색체에 있다.
○ 가계도는 구성원 1~7에게서 (가)와 (나)의 발현 여부를, 표는 구성원 1, 3, 6에서 체세포 1 개당 ㉠과 B의 DNA 상대량을 더한 값(㉠+B)을 나타낸 것이다. ㉠은 A와 a 중 하나이다.

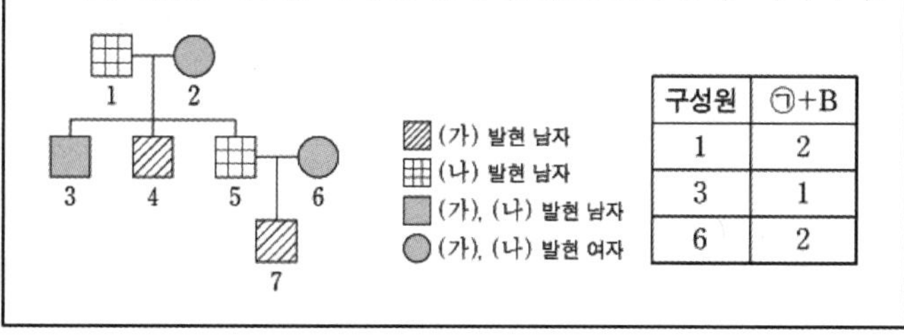

구성원	㉠+B
1	2
3	1
6	2

이에 대한 설명으로 옳은 것만을 <보기>에서 있는 대로 고른 것은? (단, 돌연변이와 교차는 고려하지 않으며, A, a, B, b 각각의 1 개당 DNA 상대량은 1이다.)

<보 기>

ㄱ. ㉠은 A이다.
ㄴ. (나)의 유전자는 상염색체에 있다.
ㄷ. 7의 동생이 태어날 때, 이 아이에게서 (가)와 (나)가 모두 발현될 확률은 $\frac{3}{8}$이다.

① ㄱ　② ㄴ　③ ㄱ, ㄷ　④ ㄴ, ㄷ　⑤ ㄱ, ㄴ, ㄷ

정답은 ④ ㄴ, ㄷ이다.

53.

미매칭 정보에 대한 해석 [H]

다음은 사람의 유전 형질 (가)~(다)에 대한 자료이다.

- (가)는 대립유전자 A와 a에 의해, (나)는 대립유전자 B와 b에 의해, (다)는 대립유전자 D와 d에 의해 결정된다. A는 a에 대해, B는 b에 대해, D는 d에 대해 각각 완전 우성이다.
- (가)의 유전자는 상염색체에 있고, (나)와 (다)의 유전자는 모두 X 염색체에 있다.
- 가계도는 구성원 ⓐ~ⓓ를 제외한 구성원 1~6 에게서 (가)~(다) 중 (가)와 (나)의 발현 여부를 나타낸 것이다.

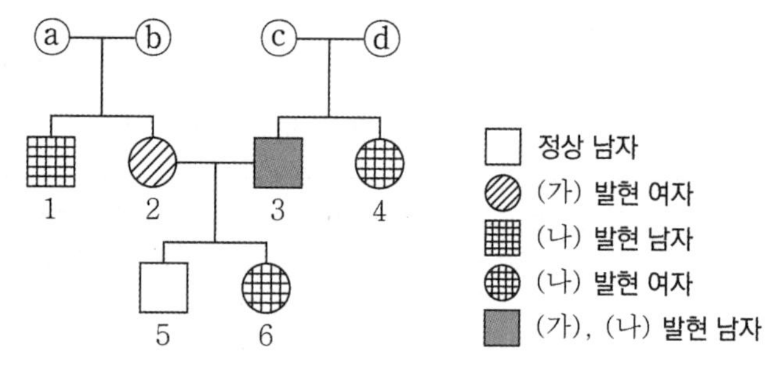

- 2 와 3 은 각각 B와 b 중 한 종류만 가지고 있다.
- 표는 ⓐ~ⓓ에서 체세포 1 개당 ㉠~㉢의 DNA 상대량을 나타낸 것이다. ㉠~㉢은 각각 A, B, D 중 하나이다.

구성원		ⓐ	ⓑ	ⓒ	ⓓ
DNA 상대량	㉠	0	1	0	2
	㉡	0	1	1	1
	㉢	1	1	0	?

- 3 에서는 (다)가 발현되었고, 1, 2, 4, 5, 6 에서는 (다)가 발현되지 않았다.

이에 대한 설명으로 옳은 것만을 <보기>에서 있는 대로 고른 것은? (단, 돌연변이와 교차는 고려하지 않으며, A, a, B, b, D, d 각각의 1개당 DNA 상대량은 1이다.)

<보기>

ㄱ. ㉠은 A이다.
ㄴ. ⓒ의 (가)의 유전자형과 4의 (나)의 유전자형은 모두 이형 접합성이다.
ㄷ. 6의 동생이 태어날 때, 이 아이에게서 (가)~(다) 중 (다)만 발현될 확률은 $\frac{1}{16}$이다.

[Comment 1] **표현형 다른 딸**

2, 3, 6을 통해 (가)는 상염색체 우성 유전됨을 알 수 있다.

[Comment 2] **한 종류 다른 자녀**

2와 3은 각각 B와 b 중 한 종류만 갖고 있는데, 자손의 (나)의 표현형이 다르게 나타나므로 (나)는 X 염색체에 있다.

[Comment 3] **표현형 다른 직계 남녀 관찰**

6의 (나)의 유전자형이 이형 접합성이므로 (나)는 우성 형질이다. (다)의 유전자도 X 염색체에 있으므로 3과 6을 통해 (다)는 열성 형질이다.

1의 (나)와 (다)의 연관 형태는 BD/Y인데, ⓐ와 ⓑ 중 1의 어머니는 B와 D를 모두 갖고 있어야 한다. 따라서 표를 통해 ⓑ가 여자, ⓐ가 남자인 것을 알 수 있다.

[Comment 4] **추가 조건 관찰**

표를 통해 ⓑ의 유전자형은 Aa BD/bd임을 알 수 있다. ⓑ는 2에게 bd를 물려주고, 2의 (나)와 (다)의 유전자형은 bbDd이므로 ⓐ의 (나)와 (다)의 연관 형태는 bD/Y이다. 1은 D를 갖고 있으므로 ㉢이 D이다.

[Comment 5] **남은 요소 매칭**

4의 (가)의 유전자형이 aa이므로 ⓒ와 ⓓ 모두 a를 갖는다. ㉠이 A라면 ⓓ가 AA이므로 모순이 발생한다. 따라서 ㉠은 B, ㉡은 A이다. ⓓ에서 B의 DNA 상대량이 2이므로 ⓓ가 여자, ⓒ가 남자이다.

[Comment 6] **유전자형 정리**

모든 구성원의 유전자형을 표로 정리하면 다음과 같다.

구성원	(가)의 유전자형	(나)와 (다)의 유전자형
ⓐ	aa	bD/Y
ⓑ	Aa	BD/bd
ⓒ	Aa	bd/Y
ⓓ	Aa	BD/Bd
1	aa	BD/Y
2	Aa	bD/bd
3	Aa	Bd/Y
4	aa	BD/bd
5	aa	bD/Y
6	aa	Bd/bD

[Comment 7] **선지 판단**

ㄱ. ㉠은 B이다. (×)

ㄴ. ⓒ의 (가)의 유전자형은 이형 접합성(Aa), 4의 (나)의 유전자형은 이형 접합성(Bb)이다. (○)

ㄷ. 6의 동생이 태어날 때, 이 아이에게서 (가)를 발현하지 않을 확률은 $\frac{1}{4}$, (나)와 (다) 중 (다)만 발현할 확률은 $\frac{1}{4}$이다. 따라서 구하는 확률은 $\frac{1}{4}\times\frac{1}{4}=\frac{1}{16}$이다. (○)

답은 ㄴ, ㄷ이다.

[Comment 8] **닮은꼴 문항**

닮은꼴 문항과 함께 본 문항의 논리를 복습해보자.

[22학년도 6평]

17. 다음은 어떤 집안의 유전 형질 (가)~(다)에 대한 자료이다.

- (가)는 대립유전자 A와 a에 의해, (나)는 대립유전자 B와 b에 의해, (다)는 대립유전자 D와 d에 의해 결정된다. A는 a에 대해, B는 b에 대해, D는 d에 대해 각각 완전 우성이다.
- (가)~(다)의 유전자 중 2개는 X 염색체에, 나머지 1개는 상염색체에 있다.
- 가계도는 구성원 ⓐ를 제외한 구성원 1~7에게서 (가)~(다) 중 (가)와 (나)의 발현 여부를 나타낸 것이다.

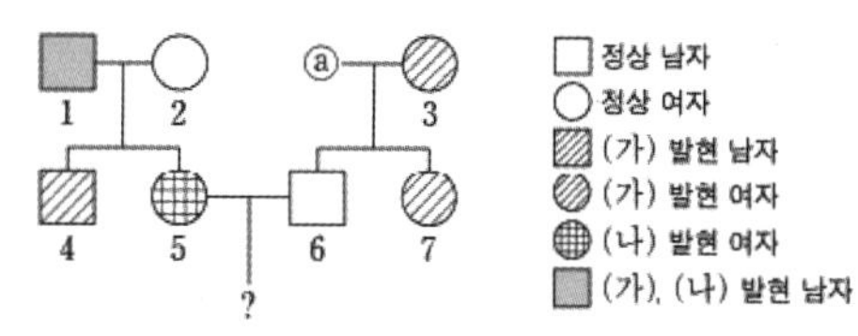

- 표는 ⓐ와 1~3에서 체세포 1개당 대립유전자 ㉠~㉢의 DNA 상대량을 나타낸 것이다. ㉠~㉢은 A, B, d를 순서 없이 나타낸 것이다.

구성원		1	2	ⓐ	3
DNA 상대량	㉠	0	1	0	1
	㉡	0	1	1	0
	㉢	1	1	0	2

- 3, 6, 7 중 (다)가 발현된 사람은 1명이고, 4와 7의 (다)의 표현형은 서로 같다.

이에 대한 설명으로 옳은 것만을 <보기>에서 있는 대로 고른 것은? (단, 돌연변이와 교차는 고려하지 않으며, A, a, B, b, D, d 각각의 1개당 DNA 상대량은 1이다.) [3점]

<보 기>

ㄱ. ㉠은 B이다.
ㄴ. 7의 (가)~(다)의 유전자형은 모두 이형 접합성이다.
ㄷ. 5와 6 사이에서 아이가 태어날 때, 이 아이에게서 (가)~(다) 중 한 가지 형질만 발현될 확률은 $\frac{1}{2}$이다.

① ㄱ ② ㄴ ③ ㄷ ④ ㄱ, ㄷ ⑤ ㄴ, ㄷ

ㄱ. ㉠은 B, ㉡은 A, ㉢은 d이다. (○)

ㄴ. 1의 (가)~(다)의 유전자형은 $aaX^{bD}X^{Bd}$이다. (×)

ㄷ. (가)~(다)가 중 한 가지 형질만 발현될 확률은 $\frac{1}{8}+\frac{3}{8}=\frac{1}{2}$이다. (○)

답은 ④ ㄱ, ㄷ이다.

가계도

54.

다음은 어떤 집안의 유전 형질 (가)와 (나)에 대한 자료이다.

- (가)는 대립유전자 H와 h에 의해, (나)는 대립유전자 T와 t에 의해 결정된다. H는 h에 대해, T는 t에 대해 각각 완전 우성이다.
- 가계도는 구성원 ⓐ를 제외한 구성원 1～6 에게서 (가)와 (나)의 발현 여부를 나타낸 것이다.

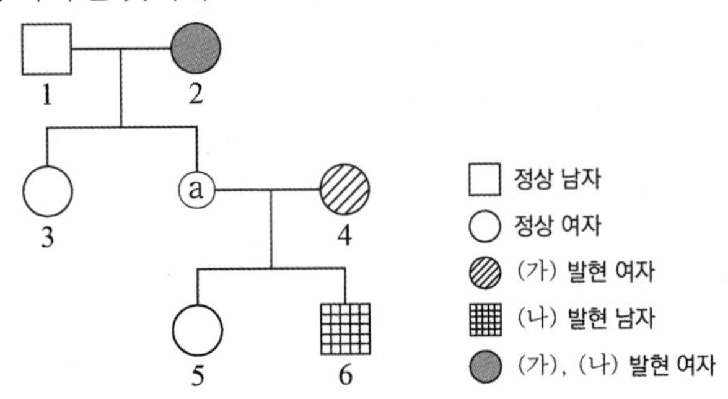

- 표는 ⓐ를 제외한 구성원 1～6 의 체세포 1 개당 H, h, T, t의 DNA 상대량을 더한 값을 각각 나타낸 것이고, ㉠～㉣은 0, 1, 2, 3 을 순서 없이 나타낸 것이다.

구성원		H	h	T	t
DNA 상대량을 더한 값	1과 2	㉠	㉡	㉠	㉢
	3과 4	㉠	㉢	㉡	㉡
	5와 6	㉣	㉢	㉠	㉢

이에 대한 설명으로 옳은 것만을 <보기>에서 있는 대로 고른 것은? (단, 돌연변이와 교차는 고려하지 않으며, H, h, T, t 각각의 1개당 DNA 상대량은 1이다.)

<보기>

ㄱ. (나)는 열성 형질이다.

ㄴ. 1～6, ⓐ 중 (가)가 발현된 사람은 3 명이다.

ㄷ. 6 의 동생이 태어날 때, 이 아이에게서 (가)와 (나)가 모두 발현될 확률은 $\frac{7}{32}$이다.

[Comment 1] **순서 없이의 해석**

여성 구성원 3과 4에서 DNA 상대량을 더한 값이 ㉠ + ㉢ = 2㉡이므로
㉡은 2이고, ㉠과 ㉢은 1과 3을 순서 없이 나타낸 것이다.
여사건 논리로 ㉣은 0이다.

[Comment 1]을 정리하면 다음과 같다.

구성원		H	h	T	t
DNA 상대량을 더한 값	1과 2	㉠	2	㉠	㉢
	3과 4	㉠	㉢	2	2
	5와 6	0	㉢	㉠	㉢

[Comment 2] **상대량의 합 Max**

한 개체의 특정 형질을 나타내는 체세포 1개당(G_1기)
DNA 상대량의 합은 최대 2이다.

따라서 H와 h의 DNA 상대량을 더한 값인 ㉠ + 2 값은 4를 넘을 수 없다.

∴ ㉠은 1이고, 남은 ㉢은 3이다.

[Comment 2]를 정리하면 다음과 같다.

구성원		H	h	T	t
DNA 상대량을 더한 값	1과 2	1	2	1	3
	3과 4	1	3	2	2
	5와 6	0	3	1	3

H와 h의 DNA 상대량 합(3)보다
T와 t의 DNA 상대량 합(4)이 크므로
H와 h는 X 염색체에, T와 t는 상염색체에 있다.

가계도

[Comment 3] **순서 없이의 해석**

주어진 DNA 상대량 합과 가계도를 활용하여
염색체 지도를 채우면 다음과 같다.

1	2	
h | Y	H | h	
T | t	t | t	

3	ⓐ	4
h | h	h | Y	H | h
T | t	_ | t	T | t

5	6
h | h	h | Y
T | t	t | t

[Comment 4] **선지 판단**

ㄱ. (나)는 열성 형질이다. (○)

ㄴ. 1~6, ⓐ 중 (가)가 발현된 사람은 2명이다. (×)

ㄷ. 6의 동생이 태어날 때, 이 아이에게서 (가)와 (나)가 모두 발현될 확률은

$\frac{1}{2}\times(\frac{1}{2}\times\frac{1}{4}+\frac{1}{2}\times\frac{1}{2})=\frac{3}{16}$ 이다. (×)

답은 ㄱ이다.

[Comment 5] **닮은꼴 문항**

닮은꼴 문항과 함께 본 문항의 논리를 복습해보자.

[24학년도 수능]

19. 다음은 어떤 집안의 유전 형질 (가)와 (나)에 대한 자료이다.

- (가)의 유전자와 (나)의 유전자는 같은 염색체에 있다.
- (가)는 대립유전자 H와 h에 의해, (나)는 대립유전자 T와 t에 의해 결정된다. H는 h에 대해, T는 t에 대해 각각 완전 우성이다.
- 가계도는 구성원 ⓐ~ⓒ를 제외한 구성원 1~6에게서 (가)와 (나)의 발현 여부를 나타낸 것이다. ⓑ는 남자이다.

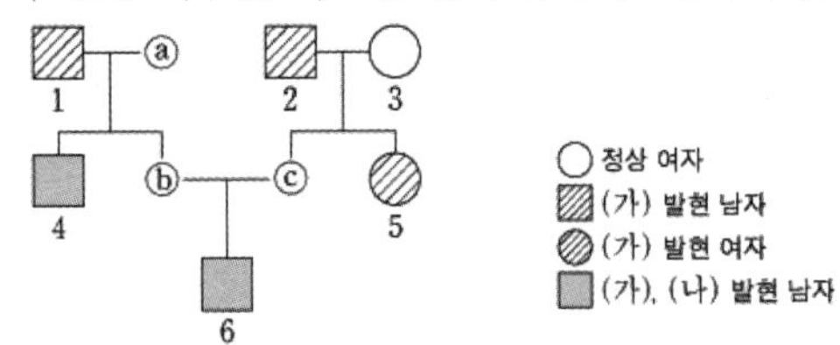

- ⓐ~ⓒ 중 (가)가 발현된 사람은 1명이다.
- 표는 ⓐ~ⓒ에서 체세포 1개당 h의 DNA 상대량을 나타낸 것이다. ㉠~㉢은 0, 1, 2를 순서 없이 나타낸 것이다.

구성원	ⓐ	ⓑ	ⓒ
h의 DNA 상대량	㉠	㉡	㉢

- ⓐ와 ⓒ의 (나)의 유전자형은 서로 같다.

이에 대한 설명으로 옳은 것만을 <보기>에서 있는 대로 고른 것은? (단, 돌연변이와 교차는 고려하지 않으며, H, h, T, t 각각의 1개당 DNA 상대량은 1이다.) [3점]

<보 기>

ㄱ. (가)는 열성 형질이다.

ㄴ. ⓐ~ⓒ 중 (나)가 발현된 사람은 2명이다.

ㄷ. 6의 동생이 태어날 때, 이 아이에게서 (가)와 (나)가 모두 발현될 확률은 $\frac{1}{4}$이다.

① ㄱ ② ㄴ ③ ㄱ, ㄷ ④ ㄴ, ㄷ ⑤ ㄱ, ㄴ, ㄷ

ㄱ. (가)와 (나)는 모두 열성 형질이다. (○)

ㄴ. ⓐ~ⓒ 중 (나)가 발현된 사람은 없다. (×)

ㄷ. 6의 동생이 태어날 때, 이 아이에게서 (가)와 (나)가 모두 발현될($X^{ht}Y$) 확률은 $\frac{1}{4}$이다. (○)

답은 ㄱ, ㄷ이다.

55.

다인자 반성 가계도 [H]

다음은 어떤 집안의 유전 형질 (가)와 (나)에 대한 자료이다.

○ (가)는 대립유전자 A와 a에 의해 결정되며, A는 a에 대해 완전 우성이다. (가)의 유전자는 X 염색체에 있다.

○ (나)는 3 쌍의 대립유전자 H와 h, R와 r, T와 t에 의해 결정된다. (나)의 표현형은 유전자형에서 대문자로 표시되는 대립유전자의 수에 의해서만 결정되며, 이 대립유전자의 수가 다르면 표현형이 다르다. (나)의 유전자 중 2 개는 7 번 염색체에, 나머지 1 개는 X 염색체에 있다.

○ 가계도는 구성원 1 ~ 8 에게서 발현된 (가)의 표현형을, 표는 1 ~ 8 에서 체세포 1 개당 ⓐ, H, R, T의 DNA 상대량을 더한 값(ⓐ + H + R + T)을 나타낸 것이다. ㉠ ~ ㉣은 4, 5, 6, 7 을 순서 없이 나타낸 것이고, ⓐ는 A와 a 중 하나이다.

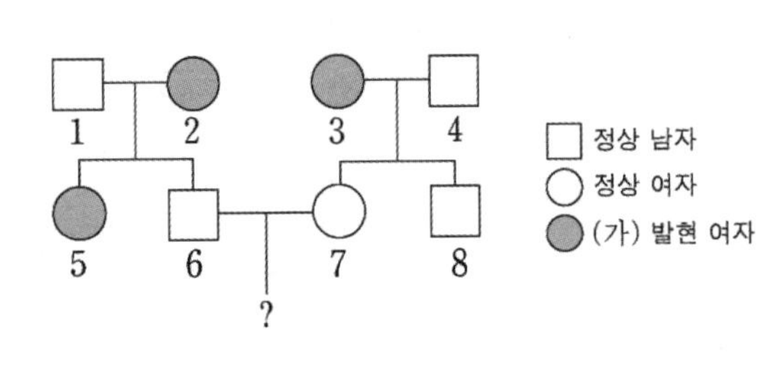

구성원	ⓐ + H + R + T
1	㉣
2	㉠
3	㉡
4	1
5	㉢
6	㉡
7	1
8	0

○ 1 과 4 에서 R를 갖는 생식세포가 형성될 수 있으며, 5, 6, 7, 8 각각의 체세포 1 개당 r의 DNA 상대량을 더한 값은 2 이다.

이에 대한 설명으로 옳은 것만을 <보기>에서 있는 대로 고른 것은? (단, 돌연변이와 교차는 고려하지 않으며, A, a, H, h, R, r, T, t 각각의 1개당 DNA 상대량은 1이다.)

<보기>

ㄱ. ⓐ는 A이다.

ㄴ. 2에게서 a, h, R, t를 모두 갖는 생식세포가 형성될 수 있다.

ㄷ. 6과 7 사이에서 아이가 태어날 때, 이 아이의 (나)의 표현형이 3과 같을 확률은 $\frac{3}{8}$이다.

[Comment 1] **X 염색체 전제**

X 염색체 위에 있음을 문제에서 제시하거나 자료 내에서 규명되면
표현형 다른 직계 남녀를 통해 우열 판단에 활용할 수 있다.

(가)의 유전자는 X 염색체에 있는데 (가)를 갖지 않는 남성 구성원 1으로부터 (가)를
갖는 여성 구성원 5가 태어났으므로 X 염색체 위에 있는 열성 대립유전자 a를
공유한다. 따라서 (가)는 우성 형질이다.

[Comment 2] **정보가 결정된 구성원**

특수 가계도에서는 정보가 결정된 구성원을 통해 미결정 정보들을 추론해내는
방향으로 자료 해석이 전개된다.

구성원 4는 R를 가지면서(H + R + T)의 값이 1이므로 대문자로 표시되는 유전자는
R 1개를 갖는다. 8은 (H + R + T)의 값이 0이므로, 부모인 3과 4는 대문자로
표시되는 유전자가 없는 X 염색체와 7번 염색체를 각각 갖는다.

[Comment 3] **순서 없이 조건의 해석 그리고 범위 압축**

3-4-8의 정보를 염색체 지도로 나타내면 다음과 같다.

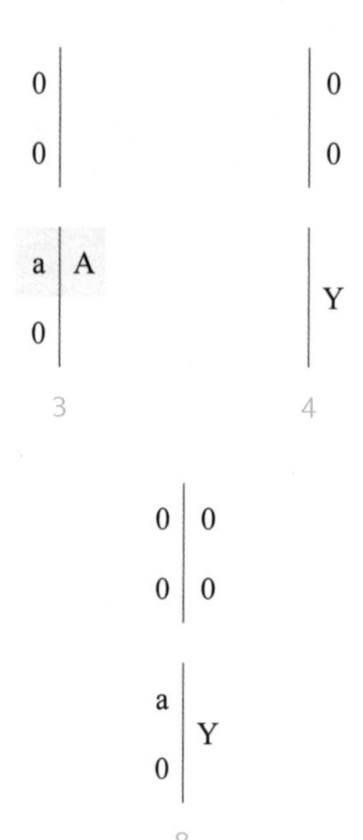

(∵ X 염색체 유전, 표현형 다른 직계 남녀에서 여성 구성원은 열성 대립유전자와 함께 우성 대립유전자를 대립쌍으로 갖는다. 함께 생각하자.)

이때 3은 X^AX^a의 유전자형을 갖고, ⓐ와 h, r, t 중 1개가 함께 있는 X 염색체를 갖고 있다. ㉠~㉣은 4, 5, 6, 7을 순서 없이 나타낸 것이므로
3의 ⓐ에 대한 DNA 상대량은 1이므로 (H + R + T)의 값은 3, 4, 5, 6 중 하나인데 소문자로 표시되는 유전자만 있는 7번 염색체가 있어야 하므로 3의 (H + R + T)의 값은 3이다. 이를 나타내면 다음과 같다. ∴ ㉡ = 4

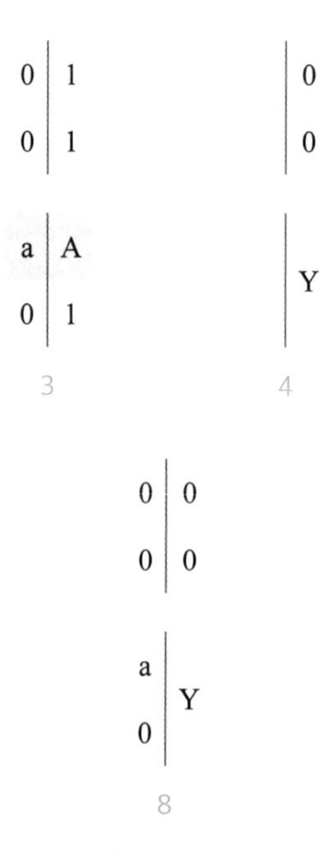

[Comment 4] **유전자 위치 판단**

X^aX^a의 유전자형과 대문자로 표시되는 유전자는 1개를 갖는 7은 3으로부터 대문자로 표시되는 유전자를 받을수 없고, 4의 R가 7에게 전달된 것이다. 7의 유전자형은 Rr, 8은 R를 갖지 못하는데 구성원 5~8의 체세포 1개당 r의 DNA 상대량을 더한 값은 2이므로, R와 r는 X 염색체에 있고, H와 h, T와 t가 7번 염색체에 있다. 이를 토대로 3-4-7-8의 염색체 지도를 나타내면 다음과 같다. ∴ ⓐ = A

H | h
T | t

A | a
R | r

3

h | h
t | t

a
R | Y

4

h | h
t | t

a | a
R | r

7

h | h
t | t

a
r | Y

8

[Comment 5] **나머지 구성원 (X 염색체 해석)**

1은 a와 R가 있는 X 염색체가 있고, 5, 6, 7, 8 각각의 체세포 1개당 r의 DNA 상대량을 더한 값은 2이므로 5와 6은 r를 갖지 않는다. 따라서 2는 $X^{AR}X^{aR}$, 5는 $X^{AR}X^{aR}$, 6은 $X^{aR}Y$ 의 유전자형을 갖는다.

a
R | Y

1

A | a
R | R

2

(∵ 6의 A + H + R + T = 4)

2 | 1

A | a
R | R

5

a
R | Y

6

[Comment 6] 나머지 구성원 (상염색체 해석)

1은 A의 DNA 상대량이 0이므로 ㉣은 5이다. 2, 5는 A의 DNA 상대량이 1이므로 (H + R + T)의 값이 5와 6 중 하나인데, ㉠이 7, ㉢이 6인 경우는 1과 2에서 대문자로 표시되는 대립유전자와 소문자로 표시되는 대립유전자가 함께 있는 7번 염색체가 있을 수 없어 기각된다. 따라서 ㉠은 6, ㉢이 7이고, 2에는 대문자로 표시되는 대립유전자와 소문자로 표시되는 대립유전자가 함께 있는 7번 염색체가 있다. 이를 염색체 지도에 나타내면 다음과 같다.

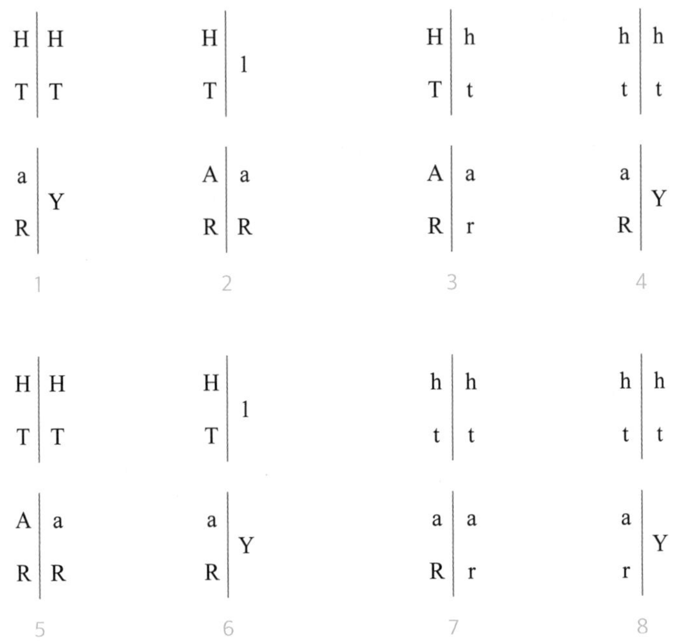

1	2	3	4
(H, T) (H, T)	(H, T) (1)	(H, T) (h, t)	(h, t) (h, t)
(a, R) (Y)	(A, R) (a, R)	(A, R) (a, r)	(a, R) (Y)

5	6	7	8
(H, T) (H, T)	(H, T) (1)	(h, t) (h, t)	(h, t) (h, t)
(A, R) (a, R)	(a, R) (Y)	(a, R) (a, r)	(a, r) (Y)

[Comment 7] 선지 판단

ㄱ. ⓐ는 A이다. (○)

ㄴ. 2에게서 a, h, R, t를 모두 갖는 생식세포가 형성될 수 없다. (×)

ㄷ. 6과 7 사이에서 아이가 태어날 때, 이 아이의 (나)의 표현형이 3과 같을 확률은 $\frac{3}{8}$이다. (○)

답은 ㄱ, ㄷ이다.

[Comment 8] **닮은꼴 문항**

닮은꼴 문항과 함께 본 문항의 논리를 복습해보자.

[23학년도 6평]

17. 다음은 어떤 집안의 유전 형질 (가)와 (나)에 대한 자료이다.

- (가)는 대립유전자 E와 e에 의해 결정되며, 유전자형이 다르면 표현형이 다르다. (가)의 3가지 표현형은 각각 ㉠, ㉡, ㉢이다.
- (나)는 3쌍의 대립유전자 H와 h, R와 r, T와 t에 의해 결정된다. (나)의 표현형은 유전자형에서 대문자로 표시되는 대립유전자의 수에 의해서만 결정되며, 이 대립유전자의 수가 다르면 표현형이 다르다.
- 가계도는 구성원 1~8에게서 발현된 (가)의 표현형을, 표는 구성원 1, 2, 3, 6, 7에서 체세포 1개당 E, H, R, T의 DNA 상대량을 더한 값(E+H+R+T)을 나타낸 것이다.

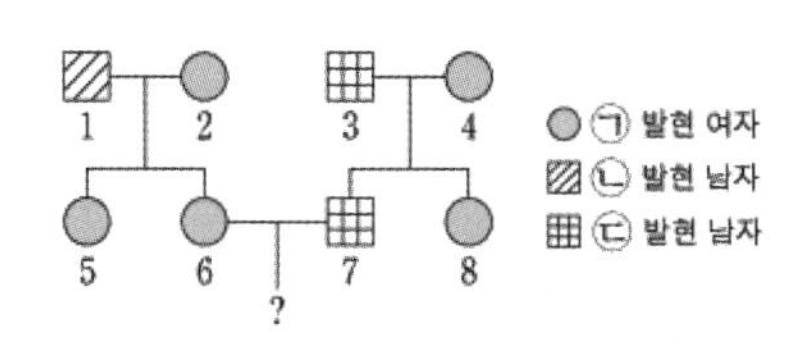

구성원	E+H+R+T
1	6
2	ⓐ
3	2
6	5
7	3

- 구성원 1에서 e, H, R는 7번 염색체에 있고, T는 8번 염색체에 있다.
- 구성원 2, 4, 5, 8은 (나)의 표현형이 모두 같다.

이에 대한 설명으로 옳은 것만을 <보기>에서 있는 대로 고른 것은? (단, 돌연변이와 교차는 고려하지 않으며, E, e, H, h, R, r, T, t 각각의 1개당 DNA 상대량은 1이다.) [3점]

<보 기>

ㄱ. ⓐ는 4이다.

ㄴ. 구성원 4에서 E, h, r, T를 모두 갖는 생식세포가 형성될 수 있다.

ㄷ. 구성원 6과 7 사이에서 아이가 태어날 때, 이 아이에게서 나타날 수 있는 (나)의 표현형은 최대 5가지이다.

① ㄱ ② ㄷ ③ ㄱ, ㄴ ④ ㄴ, ㄷ ⑤ ㄱ, ㄴ, ㄷ

ㄱ. 구성원 2는 (가)의 유전자형이 Ee이고 (H+R+T)가 3이므로 ⓐ는 4이다. (○)

ㄴ. 구성원 4에서 E, h, r가 7번 염색체에 있고, T와 t가 8번 염색체에 독립적으로 있으므로 구성원 4에서 E, h, r, T를 모두 갖는 생식세포가 형성될 수 있다. (○)

ㄷ. 구성원 6과 7 사이에서 태어나는 아이가 가질 수 있는 7번과 8번 염색체의 조합은 서로 다른 4가지이므로 나타날 수 있는 (나)의 표현형은 최대 4가지이다. (×)

답은 ③ ㄱ, ㄴ이다.

56.

DNA 상대량 곱 [K]

다음은 어떤 집안의 유전 형질 (가)~(다)에 대한 자료이다.

○ (가)는 대립유전자 H와 h에 의해, (나)는 대립유전자 R와 r에 의해, (다)는 대립유전자 T와 t에 의해 결정된다. H는 h에 대해, R는 r에 대해, T는 t에 대해 각각 완전 우성이다.
○ (가)~(다)의 유전자는 서로 다른 2 개의 염색체에 있다.
○ 가계도는 구성원 1~8 에게서 (가)~(다) 중 (가)와 (나)의 발현 여부를 나타낸 것이다.

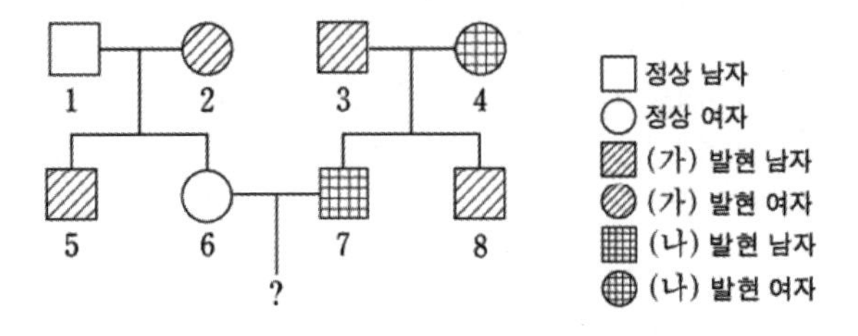

○ 구성원 1~8 중 2, 3, 4, 7 에서만 (다)가 발현되었다.
○ 표는 구성원 2, 7, 8 에서 체세포 1 개당 H의 DNA 상대량과 r의 DNA 상대량을 곱한 값을 나타낸 것이다. ㉠~㉢은 0, 1, 2 를 순서 없이 나타낸 것이다.

구성원	2	7	8
H와 r의 DNA 상대량을 곱한 값	㉠	㉡	㉢

이에 대한 설명으로 옳은 것만을 <보기>에서 있는 대로 고른 것은? (단, 돌연변이와 교차는 고려하지 않으며, H, h, R, r, T, t 각각의 1개당 DNA 상대량은 1이다.)

<보기>

ㄱ. (가)의 유전자와 (다)의 유전자는 같은 염색체에 있다.
ㄴ. ㉠은 2이다.
ㄷ. 6과 7 사이에서 아이가 태어날 때, 이 아이에게서 (가)~(다) 중 (나)와 (다)만 발현될 확률은 $\frac{1}{2}$이다.

[Comment 1] **(다)의 우열 관계 파악**

3, 4, 8을 통해 (다)는 우성 형질임을 알 수 있으나, 그림을 통해 (다)가 상염색체에 있는지, 성염색체에 있는지는 판단할 수 없다.

[Comment 2] **표 조건 해석**

H×r에서 2는 (H, r)가 (1, 2)거나 (2, 1)이고, 1은 (1, 1)이며, 0은 (0×?)거나 (?×0)이다. 이를 통해 구성원 2, 7, 8 중 최소 2명은 H를 가지고 있어야 하고, 모든 구성원이 H를 갖고 있으면 (가)의 발현 여부는 모두 같아야 하는데 가계도 그림을 통해 이는 모순임을 알 수 있다. 따라서 2, 7, 8 중 H를 갖는 구성원은 2명이고, 이 중 2와 8에서만 (가)가 발현되었으므로 (가)는 우성 형질이며, ㉡은 0이다. 이때 구성원 4와 8을 통해 (가)는 상염색체 유전임을 알 수 있다.

[Comment 3] **표 조건 해석 2**

2와 8의 (가)의 유전자형은 Hh이므로 H×r에서 2는 (1, 2)여야 한다. 따라서 2와 7 중 H×r가 2인 구성원은 [r] 표현형인데, 2와 8 중 누가 되었건 모두 정상이므로 (나)는 우성 형질이다. 따라서 2의 (나)의 유전자형은 rr이 되므로 ㉠이 2, ㉢이 1이다. ㉢은 열성 유전자 r의 DNA 상대량이 1인데, 열성 표현형인 정상을 나타냈으므로 (나)의 유전자는 X 염색체에 있다.

[Comment 4] **연관 파악**

문제에 (가)~(다)의 유전자는 서로 다른 2개의 염색체에 있다고 했으므로 (다)의 유전자는 (가)와 (나) 중 하나와 연관되어 있다. (가)와 (다)가 연관되어 있을 경우, 1의 유전자형은 ht/ht, 5의 유전자형은 Ht/ht이므로 2의 유전자형은 Ht/?T가 된다. 이때 6의 유전자형은 ht/ht이므로 2로부터 h와 t가 연관된 염색체를 물려받아야 하는데, 2에는 해당 염색체가 없으므로 모순이 발생한다. 따라서 (나)의 유전자와 (다)의 유전자가 연관되어 있다. 각 구성원의 연관 형태와 (가)의 유전자형을 정리하면 다음과 같다.

구성원	1	2	3	4	5	6	7	8
연관 형태	rt/Y	rT/rt	rT/Y	RT/rt	rt/Y	rt/rt	RT/Y	rt/Y
(가)의 유전자형	hh	Hh	Hh	hh	Hh	hh	hh	Hh

[Comment 5] **선지 판단**

ㄱ. (나)의 유전자와 (다)의 유전자는 같은 염색체에 있다. (×)

ㄴ. ㉠은 2이다. (○)

ㄷ. 6과 7 사이에서 태어나는 자손은 (나)와 (다)를 모두 발현할 확률은 7이 R와 T가 연관된 X 염색체만 물려주면 되므로 $\frac{1}{2}$이다. (가)를 발현하지 않을 확률은 1이므로 따라서 구하는 확률은 $\frac{1}{2}$이다. (○)

답은 ㄴ, ㄷ이다.

[Comment 8] **닮은꼴 문항**

닮은꼴 문항과 함께 본 문항의 논리를 복습해보자.

[20학년도 9평]

19. 다음은 어떤 집안의 유전 형질 (가)~(다)에 대한 자료이다.

○ (가)는 대립 유전자 H와 H^*에 의해, (나)는 대립 유전자 R와 R^*에 의해, (다)는 대립 유전자 T와 T^*에 의해 결정된다. H는 H^*에 대해, R는 R^*에 대해, T는 T^*에 대해 각각 완전 우성이다.

○ (가)의 유전자와 (나)의 유전자는 서로 다른 염색체에 있고, (가)의 유전자와 (다)의 유전자는 연관되어 있다.

○ 가계도는 (가)~(다) 중 (가)와 (나)의 발현 여부를 나타낸 것이다.

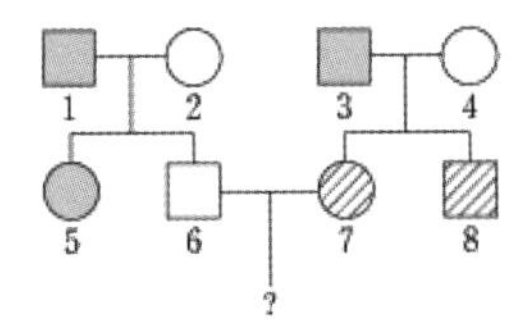

○ 구성원 1~8 중 1, 4, 8에서만 (다)가 발현되었다.

○ 표는 구성원 ㉠~㉢에서 체세포 1개당 H와 H^*의 DNA 상대량을 나타낸 것이다. ㉠~㉢은 1, 2, 6을 순서 없이 나타낸 것이다.

구성원		㉠	㉡	㉢
DNA 상대량	H	?	?	1
	H^*	1	0	?

○ $\frac{\text{7, 8 각각의 체세포 1개당 R의 DNA 상대량을 더한 값}}{\text{3, 4 각각의 체세포 1개당 R의 DNA 상대량을 더한 값}} = 2$이다.

이에 대한 설명으로 옳은 것만을 <보기>에서 있는 대로 고른 것은? (단, 돌연변이와 교차는 고려하지 않으며, H, H^*, R, R^*, T, T^* 각각의 1개당 DNA 상대량은 1이다.) [3점]

<보 기>

ㄱ. ㉡은 6이다.

ㄴ. 5에서 (다)의 유전자형은 동형 접합이다.

ㄷ. 6과 7 사이에서 아이가 태어날 때, 이 아이에게서 (가)~(다) 중 (가)만 발현될 확률은 $\frac{1}{4}$이다.

① ㄱ ② ㄴ ③ ㄷ ④ ㄱ, ㄴ ⑤ ㄱ, ㄷ

[선지 판단]

ㄱ. ㉠은 1이고 ㉡은 6, ㉢은 2이다. (○)

ㄴ. 5의 (다)의 유전자형은 이형 접합성이다. (×)

ㄷ. 6은 H와 T가 연관되어 있는 X 염색체를 갖고, 7은 H^*와 T가 연관된 X 염색체와 H와 T^*가 연관된 X 염색체를 갖는다.
(나)가 발현되지 않은 6의 (나)에 대한 유전자형은 R^*R^*이며,
7의 (나)에 대한 유전자형은 RR^*이다. (×)

답은 ① ㄱ 이다.

57.

중간 유전 + 다인자 유전 + 반성 유전 가계도 [K]

다음은 어떤 집안의 유전 형질 (가)와 (나)에 대한 자료이다.

- (가)는 대립유전자 E와 e에 의해 결정되며, 유전자형이 다르면 표현형이 다르다. (가)의 3 가지 표현형은 각각 ㉠, ㉡, ㉢이다.
- (나)는 3 쌍의 대립유전자 H와 h, R와 r, T와 t에 의해 결정된다. (나)의 표현형은 유전자형에서 대문자로 표시되는 대립유전자의 수에 의해서만 결정되며, 이 대립유전자의 수가 다르면 표현형이 다르다.
- 가계도는 구성원 ⓐ와 ⓑ를 제외한 구성원 1～8 에게서 발현된 (가)의 표현형을, 표는 구성원 3, 4, 5, 7, 8 각각에서 생식세포가 형성될 때, 각 생식세포에 들어 있는 7 번 염색체와 X 염색체에 있는 일부 유전자를 나타낸 것이다.

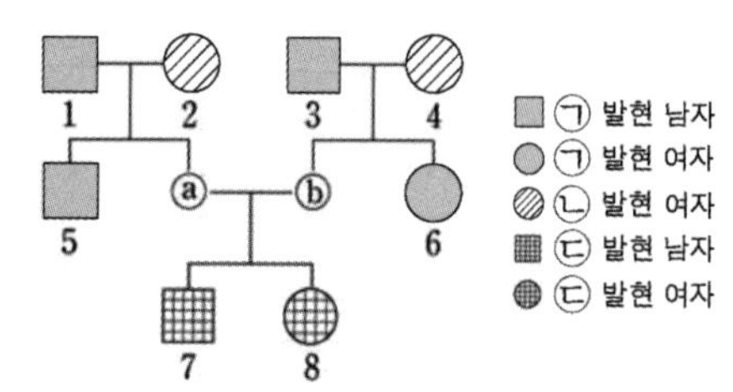

구성원	생식세포	
	7번 염색체	X 염색체
3	e, H	?
4	?	R, t
5	h	R, T
7	e, h	R, T
8	h	r, t

- 구성원 1, 2, 3, 4 는 (나)의 표현형이 모두 같고, 구성원 ⓐ, ⓑ, 5, 6, 7, 8 은 (나)의 표현형이 모두 다르다.

이에 대한 설명으로 옳은 것만을 <보기>에서 있는 대로 고른 것은? (단, 돌연변이와 교차는 고려하지 않는다.)

<보기>

ㄱ. 구성원 ⓐ에게서 ㉠이 발현되었다.

ㄴ. 구성원 6에게서 e, H, r, t를 모두 갖는 생식세포가 형성될 수 있다.

ㄷ. 구성원 8의 동생이 태어날 때, 이 아이의 (가)와 (나)의 표현형이 모두 구성원 3과 같을 확률은 $\frac{1}{8}$이다.

[Comment 1] **중간 유전 형질 (가) 해석**

3과 7의 (가)의 표현형은 서로 다른데 e를 갖고 있으므로 3과 7의 (가)의 유전자형은 각각 Ee와 ee 중 하나이고, 남은 표현형인 ㉡은 EE이다. 이때 2가 5에게 E를 물려주므로 5의 (가)의 유전자형은 Ee이고, 따라서 ㉠의 유전자형은 Ee, ㉢은 ee이다.

[Comment 2] **ⓐ, ⓑ, 5, 6, 7, 8의 (나)의 표현형이 모두 같다는 조건 해석**

표로 주어진 구성원과 (가)와 (나)의 유전자형을 전부 작성해보면 다음과 같다.

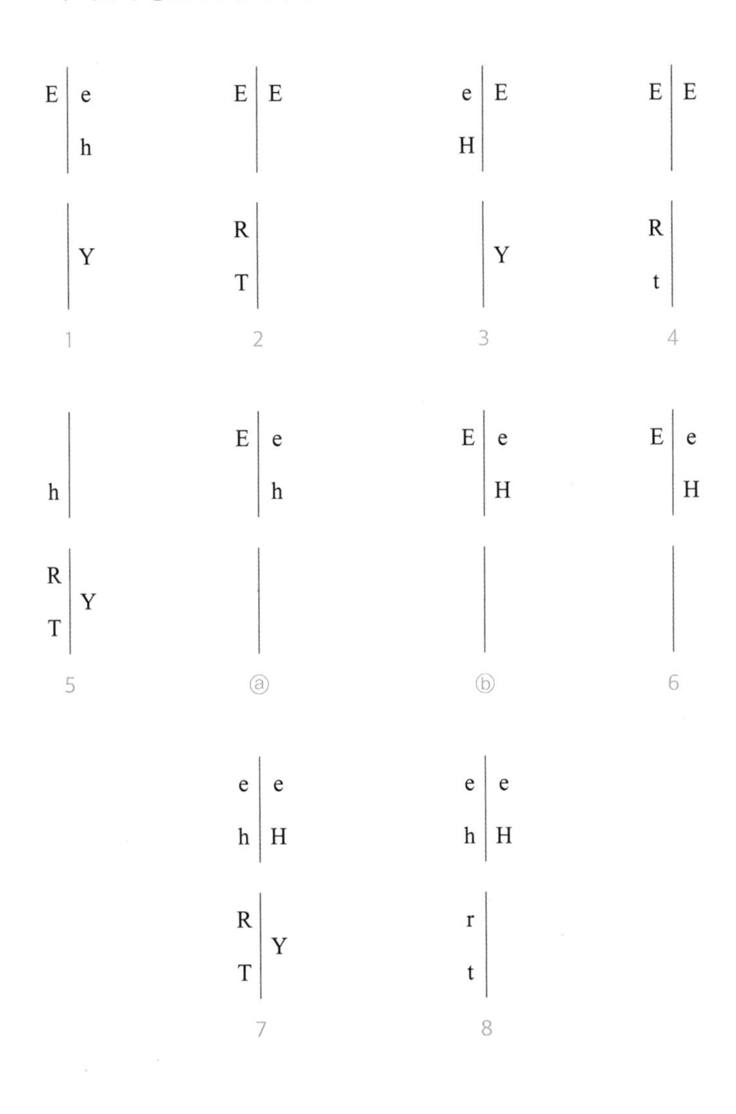

[Comment 3] **염색체 지도 해석**

이때 7의 대문자 수는 (3)이고, 5는 (2) 또는 (3)인데, 7이 (3)이므로 표현형이 다르기 위해 5는 (2)이다. 8은 (1)~(3) 중 하나인데, 5와 7이 각각 (2)와 (3)이므로 8은 (1)이다. 이를 토대로 (나)의 유전자형은 5는 hh RT/Y, 8은 eH/eh rt/rt이다. ⓐ와 ⓑ는 각각 r와 t가 연관된 염색체를 8에게 물려주었고, ⓑ가 남자라면 ⓑ의 표현형은 (1)과 (2) 중 하나가 되므로 모순이다. 따라서 ⓐ가 남자, ⓑ가 여자이고, ⓐ의 표현형은 (0)이다. 7이 갖는 RT는 ⓑ로부터 받았고, 이때 ⓑ는 가능한 대문자 수가 (3) 또는 (4)인데, (0)~(3)인 구성원은 이미 발견했으므로 ⓑ는 (4)이다. 여기까지 토대로 유전자형을 구해보면 다음과 같다.

1		2		3		4	
E	e	E	E	e	E	E	E
	h	h		H		H	
	Y	R	r		Y	R	
		T	t			t	

5		ⓐ		ⓑ		6	
		E	e	E	e	E	e
h	h	h	h	H	H		H
R	Y	r	Y	R	r		
T		t		T	t		

7		8	
e	e	e	e
h	H	h	H
R	Y	r	r
T		t	t

[Comment 4] **1~4의 (나)의 표현형이 모두 같다는 조건 해석**

2의 (나)의 표현형은 (2) 또는 (3)이다. 만약 ⓑ가 갖는 R와 T가 연관된 X 염색체를 4로부터 받았다면, 4의 표현형은 최소 (4)가 되므로 모순이다. 따라서 R와 T가 연관된 X 염색체는 3으로부터 받았고, 3의 표현형은 (3) 또는 (4)이다. 2와 3의 (나)의 표현형은 같으므로 (3)이고, 1~4의 표현형은 모두 (3)이다. 이를 토대로 나머지 구성원의 유전자형을 구해보면 다음과 같다.

E | e
H | h
R, T | Y
1

E | E
h | H
R | r
T | t
2

e | E
H | h
R, T | Y
3

E | E
H | h
R | r
t | t
4

e | E
h | h
R, T | Y
5

E | e
h | h
r, t | Y
ⓐ

E | e
H | H
R | r
T | t
ⓑ

E | e
H | H
R | R
T | t
6

e | e
h | H
R, T | Y
7

e | e
h | H
r | r
t | t
8

가계도

[Comment 5] **다인자 가계도의 해석**

반성 다인자 가계도는 새로운 상황.

다인자 가계도에서는 최대 대문자 또는 최소 대문자인 구성원부터 찾으려고 시도하고, 표현형이 같은 구성원들끼리는 가능한 대문자 수 범위를 구해두면서 대문자 몇 개의 표현형인지 파악하는 태도가 중요하다.

[Comment 6] **선지 판단**

ㄱ. ⓐ의 (가)의 유전자형은 Ee이므로 ㉠이 발현되었다. (○)

ㄴ. 6은 r를 갖지 않으므로 틀린 선지이다. (×)

ㄷ. 3의 (가)와 (나)의 표현형은 ㉠(3)인데, ⓑ가 r와 t가 연관된 X 염색체를 물려주면 (3)이 태어날 수 없다. 따라서 ⓑ가 R와 T가 연관된 염색체를 줄 확률 $\frac{1}{2}$, 이때 ㉠(3)을 맞추기 위해서는 7번 염색체의 유전자형이 EeHh여야 한다. 따라서 ⓐ와 ⓑ 사이에서 아이가 태어날 때, 유전자형이 EeHh일 확률도 $\frac{1}{2}$이다. 따라서 구하는 확률은 $\frac{1}{2} \times \frac{1}{2} = \frac{1}{4}$이다. (×)

답은 ㄱ이다.

[Remark] 다인자 가계도라서 유전자형을 대문자 수로 나타낸 염색체를 그려서 푸는 것이 고민인 학생들에게는, 가급적이면 다인자 가계도 역시 필자가 손풀이 한 것처럼 알파벳으로 써내려가면 좋겠다. 유전 현상의 경우 유전자형의 중요도는 떨어지나, 해당 파트는 "가계도"이다. 각 구성원의 정확한 유전자형을 알기 위해서는, 염색체에 대문자 수를 쓰는 것보단 실제로 갖고 있는 유전자를 나타내는 것이 실수 방지가 더 적을 가능성이 높다고 생각한다.

58.

일반 가계도 + 유전자 매칭 + DNA 상대량 합 [K]

다음은 어떤 집안의 유전 형질 (가)~(다)에 대한 자료이다.

- (가)는 대립유전자 A와 a에 의해, (나)는 대립유전자 B와 b에 의해, (다)는 대립유전자 D와 d에 의해 결정된다. A는 a에 대해, B는 b에 대해, D는 d에 대해 각각 완전 우성이다.
- (가)~(다)의 유전자 중 2 개는 X 염색체에, 나머지 1 개는 상염색체에 있다.
- 가계도는 구성원 1~7 에게서 (가)~(다) 중 (가)와 (나)의 발현 여부를 나타낸 것이다.

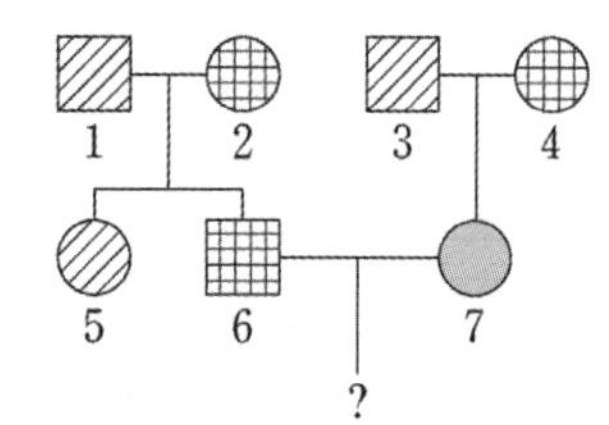

- 표는 2, 3, 6 에서 체세포 1 개당 대립유전자 ㉠~㉢ 중 2 개의 DNA 상대량을 더한 값을 나타낸 것이다. ㉠~㉢은 a, B, d를 순서 없이 나타낸 것이다.

구성원		2	3	6
DNA 상대량을 더한 값	㉠+㉡	3	2	?
	㉡+㉢	1	2	0

- 5 에서는 (다)가 발현되었고, 4 에서는 (다)가 발현되지 않았다. 1 과 7 의 (다)의 표현형은 서로 같다.

이에 대한 설명으로 옳은 것만을 <보기>에서 있는 대로 고른 것은? (단, 돌연변이와 교차는 고려하지 않으며, A, a, B, b, D, d 각각의 1개당 DNA 상대량은 1이다.)

<보기>

ㄱ. ㉠은 a이다.

ㄴ. (가)~(다)는 모두 열성 형질이다.

ㄷ. 6과 7 사이에서 아이가 태어날 때, 이 아이에게서 (가)~(다) 중 두 가지 형질만 발현될 확률은 $\frac{1}{2}$이다.

[Comment 1] **각 유전자의 DNA 상대량 파악하기**

2의 체세포 1개당 ㉡의 DNA 상대량이 2일 경우 ㉡+㉢에 대한 표에서 모순이 발생한다. 따라서 2의 체세포 1개당 ㉡의 DNA 상대량은 1, ㉠은 2, ㉢은 0이다.

㉠이 B일 경우, 2와 5에서 모순이 발생한다. 따라서 B는 ㉡과 ㉢ 중 하나이다. 둘 중 어떤 것이 B가 되었건 6은 B를 갖지 않으므로 (나)는 열성 형질이고, 3과 7을 통해 (나)의 유전자는 상염색체에, (가)와 (다)의 유전자는 X 염색체에 있다.

2는 B를 가지면 안 되므로 ㉡은 B일 수 없어 ㉢이 B이다. 3의 체세포 1개당 B의 DNA 상대량은 1이므로 3의 체세포 1개당 ㉠~㉢의 상대량은 모두 1이다.

㉠과 ㉡ 중 어떤 것이 a와 d가 되었건, 3의 연관 형태는 ad/Y가 되어 (가)는 열성 형질이다. 2의 (가)의 유전자형은 Aa이므로 ㉠은 a일 수 없어 ㉡이 a이고, ㉠은 d이다.

[Comment 2] **각 구성원의 연관 형태 및 나머지 형질의 우열 파악**

2의 연관 형태는 Ad/ad이므로 5의 연관 형태는 a?/ad, 3의 연관 형태는 ad/Y이므로 7의 연관 형태는 a?/ad이다.

(다)가 우성 형질일 경우 1은 5에게 a와 D가 연관된 염색체를 물려줘야 하고, 1과 7의 (다)의 표현형은 서로 같으므로 4도 a와 D가 연관된 염색체를 7에게 물려주어야 하나, 4는 (다)를 발현하지 않았으므로 모순이 발생한다. 따라서 (다)는 열성 형질이고, 1과 7은 모두 (다)를 발현하였다.

[Comment 3] **선지 판단**

ㄱ. ㉠은 d이다. (×)

ㄴ. (가)~(다)는 모두 열성 형질이다. (○)

ㄷ. 6과 7의 (나)의 유전자형은 모두 bb이므로 이들 사이에서 태어난 자손은 무조건 (나)를 발현한다. 6의 연관 형태는 Ad/Y, 7의 연관 형태는 ad/ad이므로 이들 사이에서 (가)와 (다) 중 한 가지만 발현될 확률은 $\frac{1}{2}$이다. (○)

답은 ㄴ, ㄷ이다.

59.

일반 + 복대립 가계도 [K]

다음은 어떤 집안의 유전 형질 (가)와 (나)에 대한 자료이다.

- (가)의 유전자와 (나)의 유전자는 같은 염색체에 있다.
- (가)는 대립유전자 H와 H^*에 의해 결정되며, H와 H^*의 우열 관계는 분명하다.
- (나)는 대립유전자 E, F, G에 의해 결정되며, ⓐ는 ⓑ, ⓒ에 대해, ⓑ는 ⓒ에 대해 각각 완전 우성이다. ⓐ~ⓒ는 각각 E, F, G 중 하나이고, (나)의 3 가지 표현형은 각각 ㉮, ㉯, ㉰이다.
- 가계도는 구성원 1~7 에게서 (가)의 발현 여부를 나타낸 것이다.

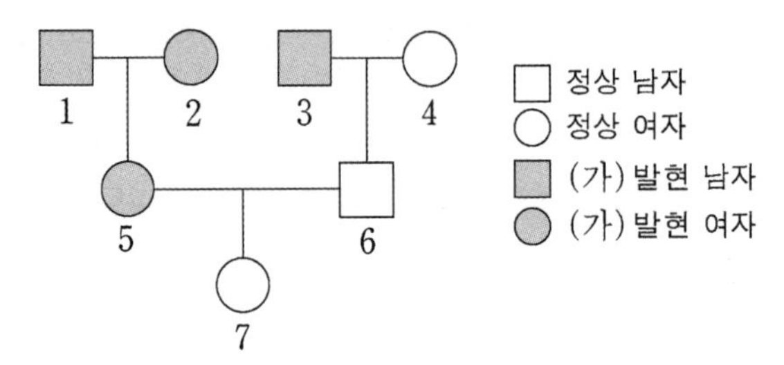

- (나)의 표현형은 3 과 7 에서 ㉮이고, 2 와 5 에서 ㉯이며, 1, 4, 6 에서 ㉰이다.
- 표는 구성원 2, 5, 7 에서 체세포 1 개당 H^*의 DNA 상대량과 구성원 3, 5, 6 에서 체세포 1 개당 E와 G의 DNA 상대량을 더한 값(E + G)을 나타낸 것이다. ㉠~㉢은 0, 1, 2 를 순서 없이 나타낸 것이다.

구성원	H^*의 DNA 상대량	구성원	E + G
2	㉠	3	㉠
5	㉡	5	㉢
7	㉢	6	㉠

- 체세포 1 개당 G의 DNA 상대량은 4 와 7 이 서로 같다.

이에 대한 설명으로 옳은 것만을 <보기>에서 있는 대로 고른 것은? (단, 돌연변이와 교차는 고려하지 않으며, H, H^*, E, F, G 각각의 1개당 DNA 상대량은 1이다.)

<보기>

ㄱ. (가)의 유전자는 상염색체에 있다.
ㄴ. E는 G에 대해 완전 우성이다.
ㄷ. 7의 동생이 태어날 때, 이 아이에게서 (가)가 발현되며, (나)의 표현형이 ㉰일 확률은 $\frac{1}{4}$이다.

[Comment 1] **㉠~㉢ 매칭 및 (가)의 우열 관계 파악**

2와 5는 부모 자식 관계이므로, 체세포 1개당 H*의 DNA 상대량이 각각 2와 0 중 하나일 수 없다. 따라서 ㉢은 1일 수 없다. 같은 논리로 5와 7은 부모 자식 관계이므로, 체세포 1개당 H*의 DNA 상대량이 각각 2와 0 중 하나일 수 없다. 따라서 ㉠은 1일 수 없으므로, ㉡이 1이다.

5의 (가)의 유전자형은 이형 접합성인데, (가)를 발현했으므로 (가)는 우성 형질이다.

3과 6의 (나)의 표현형은 다르므로, E+G가 0일 경우, 두 구성원 모두 F만을 가져 (나)의 표현형이 같아야 한다. 이는 모순이므로 ㉠은 2이고, ㉢은 0이다. 따라서 H*는 H에 대해 완전 우성이다.

3과 6의 (나)의 유전자형은 EE, EG, GG 중 하나이고, 남자이므로
(가)와 (나)의 유전자는 같은 상염색체에 있다.

[Comment 2] **(나)의 표현형 매칭**

㉢이 0이므로, 5의 (나)의 유전자형은 FF이다. ⓐ가 F일 경우, 7도 F를 가지므로 7도 (나)의 표현형이 ㉯여야 하나, 이는 모순이다. ⓑ가 F일 경우, (나)의 표현형이 5와 다르기 위해서 7은 ⓐⓑ여야 하는데, ⓐ는 6으로부터 물려받았을 것이므로 6과 7의 (나)의 표현형이 같아야 하는데, 이는 모순이다.

따라서 ⓒ는 F이며, 7의 (나)의 유전자형은 Fⓑ, 6은 ⓐⓑ이다. 3과 6은 (나)의 표현형이 다르므로, 6이 갖는 ⓐ는 3으로부터 물려받을 수 없다. 따라서 6이 갖는 ⓐ는 4로부터 물려받은 것이다.

G의 DNA 상대량은 4와 7이 같기 위해선, G는 ⓑ여야 하고, DNA 상대량은 1로 일치한다. 따라서 ⓑ는 G, ⓐ는 E이다.

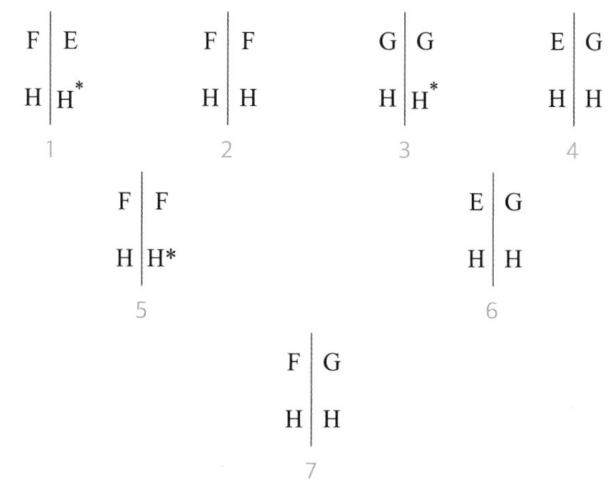

[Comment 3] **선지 판단**

ㄱ. (가)의 유전자는 상염색체에 있다. (○)
ㄴ. ⓐ는 E, ⓑ는 G이므로 E는 G에 대해 완전 우성이다. (○)
ㄷ. 5의 동생이 태어날 때, 이 아이에게서 (가)가 발현되며, (나)의 표현형이 ㉰일 확률은 $\frac{1}{4}$이다. (○) / 답은 ㄱ, ㄴ, ㄷ이다.

60.

일반 + 복대립 + 반성 가계도 [K]

다음은 어떤 집안의 유전 형질 (가)와 (나)에 대한 자료이다.

- (가)의 유전자와 (나)의 유전자는 모두 X 염색체에 있다.
- (가)는 대립유전자 R와 r에 의해 결정되며, R는 r에 대해 완전 우성이다.
- (나)는 대립유전자 E, F, G에 의해 결정되며, E와 F 사이의 우열 관계는 분명하지 않고, E와 F는 G에 대해 완전 우성이다. (나)의 표현형은 4 가지이다.
- 가계도는 구성원 ⓐ와 ⓑ를 제외한 구성원 1～8 에게서 (가)의 발현 여부를 나타낸 것이다.

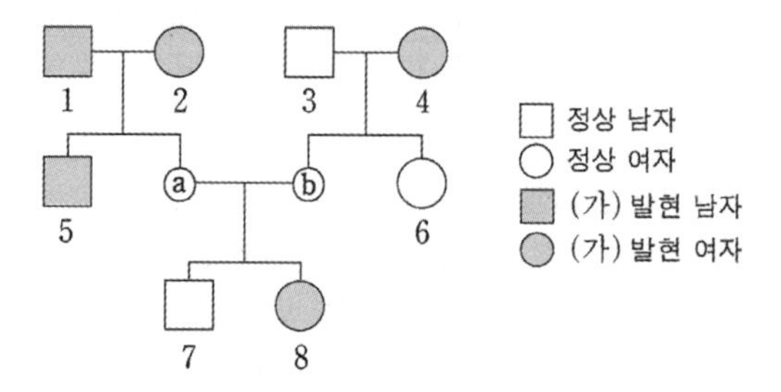

- $\dfrac{\text{1, 2, 5, ⓐ 각각의 체세포 1 개당 F의 DNA 상대량을 더한 값}}{\text{3, 4, ⓑ, 6 각각의 체세포 1 개당 R의 DNA 상대량을 더한 값}} = \dfrac{3}{2}$
- 5, ⓐ, ⓑ, 6 의 (나)의 표현형은 모두 다르고, ⓐ, ⓑ, 7, 8 의 (나)의 표현형도 모두 다르다.
- ⓐ와 ⓑ 중 한 사람은 (가)가 발현되었고, 나머지 한 사람은 (가)가 발현되지 않았다.

이에 대한 설명으로 옳은 것만을 <보기>에서 있는 대로 고른 것은? (단, 돌연변이와 교차는 고려하지 않으며, E, F, G, R, r 각각의 1개당 DNA 상대량은 1이다.)

<보기>

ㄱ. (가)는 우성 형질이다.

ㄴ. 4의 (나)의 유전자형은 이형 접합성이다.

ㄷ. 8의 동생이 태어날 때, 이 아이의 (가)와 (나)의 표현형이 1과 같을 확률은 $\dfrac{1}{4}$이다.

[Comment 1] **분수값 결정**

분자의 값은 최대 6이므로, 분수값은 $\frac{3}{2}$과 $\frac{6}{4}$ 중 하나이다. 만약 분수값이 $\frac{6}{4}$일 경우, 분모를 통해 3, 4, ⓑ, 6 중 (가)의 유전자형에 RR인 구성원이 있어야 한다. 그러나, 이들 중 RR로 가능한 구성원은 없으므로, 분수값은 $\frac{3}{2}$이다.

[Comment 2] **ⓐ와 ⓑ의 (가)의 발현 여부 파악**

앞서 3, 4, ⓑ, 6 중 RR인 구성원은 없는 것을 파악했으므로, 분모의 값 2는 체세포 1개당 R의 DNA 상대량이 1인 구성원 2명, 체세포 1개당 R의 DNA 상대량이 0인 구성원 2명으로 이루어진 것이다. 따라서 3, 4, ⓑ, 6 중 2명은 [R] 표현형, 나머지 2명은 [r] 표현형이다. 즉, 이들 중 2명에게서 (가)가 발현되었고, 나머지 2명에게서는 (가)가 발현되지 않았다. 따라서 ⓑ에게서 (가)가 발현되었다. 이에 따라 ⓐ에게서 (가)가 발현되지 않았다.

[Comment 3] **ⓐ와 ⓑ의 성별 파악**

1과 2에게서 (가)가 발현되었는데, ⓐ에게서 (가)가 발현되지 않았으므로, (가)는 우성 형질이다. (가)는 X 염색체에 있으므로, (가)를 발현한 남자의 어머니와 딸에게서는 (가)가 발현되어야 한다. 1의 자녀인 ⓐ에게서 (가)가 발현되지 않았으므로, ⓐ는 아들이고, 남자이다. 따라서 ⓑ는 여자이다.

[Comment 4] **각 구성원의 (나)의 유전자형 파악**

분수값에서 분자에 체세포 1개당 F의 DNA 상대량이 2인 구성원이 있다면, 이는 구성원 2만 가능하다. 이때 5와 ⓐ는 모두 (나)의 유전자형이 FY가 되므로, (나)의 표현형이 다르다는 조건에 모순이다.

따라서 분수값에서 분자에 F의 DNA 상대량이 1인 구성원이 3명 있으며, 나머지 1명의 체세포에는 F가 없다. 5와 ⓐ는 (나)의 표현형이 달라야 하므로, 이들 중 1명은 F를 갖지 않고, 1과 2는 모두 F를 갖는다.

5, ⓐ, ⓑ, 6은 (나)의 표현형이 모두 다르므로 이들 중 [EF] 표현형이 있고, 이는 ⓑ와 6 중 하나이다. 이때 아버지는 ⓑ와 6에게 같은 X 염색체를 물려주어야 하고, ㉮ 해당 X 염색체에는 r가 있고, E 또는 F가 있다. 따라서 ⓑ와 6은 모두 [G] 표현형일 수 없으므로 5와 ⓐ 중 한 명이 [F] 표현형, 나머지 1명이 [G] 표현형이다.

ⓐ, ⓑ, 7, 8의 (나)의 표현형은 모두 다르므로, 이들 중 [G] 표현형이 있다. 7은 ⓑ로부터 ㉮를 물려받으므로, ⓑ와 7은 모두 [G] 표현형이 아니다. 8이 [G] 표현형이면, ⓐ도 [G] 표현형이 되어 모순이다. 따라서 ⓐ가 [G] 표현형이다. 이때 ⓐ는 8에게 r와 G가 연관된 X 염색체를 물려주므로, ⓑ가 [EF] 표현형이다.

[Comment 5] 염색체 지도 채우기

ⓐ가 [G] 표현형이므로, 5가 [F] 표현형이다. ⓑ는 [EF] 표현형이고, 5, ⓐ, ⓑ, 6의 (나)의 표현형은 모두 다르므로, 6은 [E] 표현형이고, ㉮에 E가 있다. 이에 따라 7이 [E] 표현형이며, 8은 [F] 표현형이다.

1	2	3	4
R F | Y	R F | r G	r E | Y	R F | r ⓧ

5	ⓐ	ⓑ	6
R F | Y	r G | Y	R F | r E	r E | r ⓧ

7	8
r E | Y	R F | r G

ⓑ와 6의 (나)의 표현형은 달라야 하므로, ⓧ는 E와 G 중 하나이다.

[Comment 6] 선지 판단

ㄱ. (가)는 우성 형질이다. (○)

ㄴ. 4의 (나)의 유전자형은 FF일 수 없으므로, 이형 접합성이다. (○)

ㄷ. 8의 동생이 태어날 때, 이 아이의 (가)와 (나)의 표현형이 1과 같을 확률은 $\frac{1}{2}$이다. (×)

답은 ㄱ, ㄴ이다.

[Comment 7] **닮은꼴 문항**

닮은꼴 문항과 함께 본 문항의 논리를 복습해보자.

[23학년도 수능]

19. 다음은 어떤 집안의 유전 형질 (가)와 (나)에 대한 자료이다.

○ (가)의 유전자와 (나)의 유전자는 같은 염색체에 있다.
○ (가)는 대립유전자 A와 a에 의해 결정되며, A는 a에 대해 완전 우성이다.
○ (나)는 대립유전자 E, F, G에 의해 결정되며, E는 F, G에 대해, F는 G에 대해 각각 완전 우성이다. (나)의 표현형은 3가지이다.
○ 가계도는 구성원 ⓐ를 제외한 구성원 1~5에게서 (가)의 발현 여부를 나타낸 것이다.

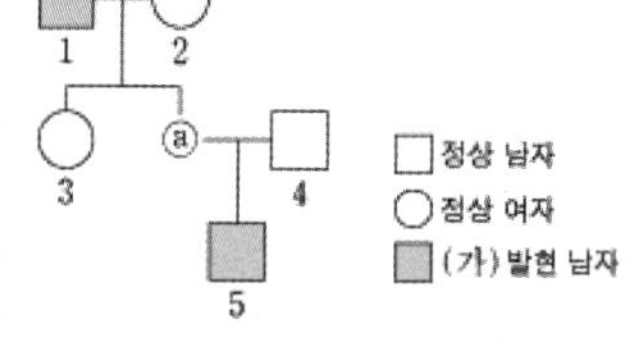

○ 표는 구성원 1~5와 ⓐ에서 체세포 1개당 E와 F의 DNA 상대량을 더한 값(E+F)과 체세포 1개당 F와 G의 DNA 상대량을 더한 값(F+G)을 나타낸 것이다. ㉠~㉢은 0, 1, 2를 순서 없이 나타낸 것이다.

구성원		1	2	3	ⓐ	4	5
DNA 상대량을 더한 값	E+F	?	?	1	㉡	0	1
	F+G	㉠	?	1	1	1	㉢

이에 대한 설명으로 옳은 것만을 <보기>에서 있는 대로 고른 것은? (단, 돌연변이와 교차는 고려하지 않으며, E, F, G 각각의 1개당 DNA 상대량은 1이다.) [3점]

<보 기>

ㄱ. ⓐ의 (가)의 유전자형은 동형 접합성이다.
ㄴ. 이 가계도 구성원 중 A와 G를 모두 갖는 사람은 2명이다.
ㄷ. 5의 동생이 태어날 때, 이 아이의 (가)와 (나)의 표현형이 모두 2와 같을 확률은 $\frac{1}{2}$이다.

① ㄱ ② ㄴ ③ ㄱ, ㄷ ④ ㄴ, ㄷ ⑤ ㄱ, ㄴ, ㄷ

[선지 판단]

ㄱ. 1과 5에서 (가)가 발현되었으므로 1과 5는 모두 a를 갖는다. 1은 a와 E를 함께 갖고, 5는 a와 F를 함께 갖는다. ⓐ는 1로부터 a와 E를 갖는 X 염색체를 물려받았고, 5에게 a와 F를 갖는 X 염색체를 물려주었으므로 ⓐ의 (가)의 유전자형은 동형 접합성이다. (○)

ㄴ. 이 가계도의 구성원 중 A를 갖는 사람은 (가)가 발현되지 않은 2, 3, 4이다. 이들은 모두 G를 가지므로 A와 G를 모두 갖는 사람은 3명이다. (×)

ㄷ. 5의 동생이 태어날 때, 이 아이에게서 나타날 수 있는 유전자형은 AaEG, AaFG, aEY, aFY이다. 이 중 2(AaFG)와 같은 표현형이 나타나는 유전자형은 1개이므로 5의 동생이 태어날 때, 이 아이의 (가)와 (나)의 표현형이 모두 2와 같을 확률은 $\frac{1}{4}$이다. (×)

답은 ① ㄱ이다.

유 전

7

Theme

돌연변이

61.

다인자 비분리 [H]

다음은 어떤 집안의 유전 형질 (가)에 대한 자료이다.

○ (가)는 21 번 염색체에 있는 2 쌍의 대립유전자 H와 h, T와 t에 의해 결정된다. (가)의 표현형은 유전자형에서 대문자로 표시되는 대립유전자의 수에 의해서만 결정되며, 이 대립유전자의 수가 다르면 표현형이 다르다. (가)의 5 가지 표현형은 각각 ㉠, ㉡, ㉢, ㉣, ㉤이다.

○ 가계도는 구성원 ⓐ를 제외한 나머지 구성원 1～9 에게서 발현된 (가)의 표현형을, 표는 구성원 1, 2, 5 에서 체세포 1 개당 h와 t의 DNA 상대량을 더한 값(h + t)을 나타낸 것이다.

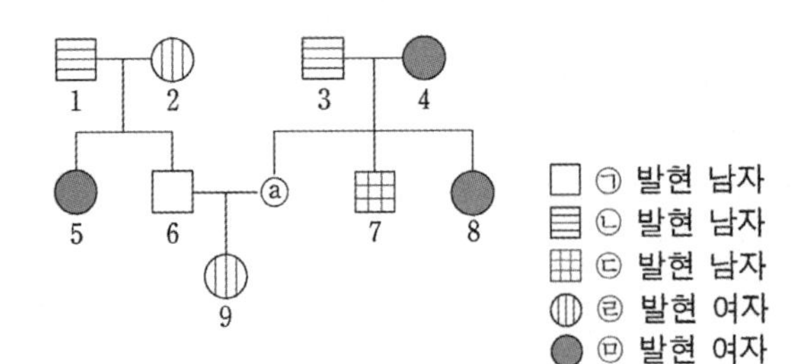

구성원	h+t
1	3
2	0
5	2

○ 4, 5, 8 의 (가)의 유전자형은 모두 같다.

○ 6 의 정상 정자 P와 ⓐ의 난자 형성 과정에서 21 번 염색체 비분리가 1 회 일어나 염색체 수가 비정상적인 난자 Q가 수정 되어 9 가 태어났으며, P는 t를 갖는다.

○ $\frac{\text{1, ⓐ, 7 각각의 체세포 1 개당 H의 DNA 상대량을 더한 값}}{\text{3, 4, 6 각각의 체세포 1 개당 t의 DNA 상대량을 더한 값}} = \frac{3}{4}$

이에 대한 설명으로 옳은 것만을 <보기>에서 있는 대로 고른 것은? (단, 제시된 돌연변이 이외의 돌연변이와 교차는 고려하지 않으며, H, h, T, t 각각의 1개당 DNA 상대량은 1이다.)

<보기>

ㄱ. ⓐ의 (가)의 표현형은 ㉠이다.
ㄴ. 1과 3의 유전자형은 같다.
ㄷ. 염색체 비분리는 감수 1분열에서 일어났다.

[Comment 1] 유전자형 파악

2는 h + t = 0이므로 (가)의 유전자형이 HHTT(㉣ 발현)이다. 5는 2로부터 H와 T를 물려받고, h + t = 2이므로 5의 (가)의 유전자형은 HhTt(㉤ 발현)이다. 조건에 따라 4와 8의 (가)의 표현형은 [2]이다.

1은 h + t = 3이므로 (가)의 유전자형이 Hhtt와 hhTt 중 하나이며, ㉡이 발현되었다. ㉡이 발현된 3도 (가)의 유전자형이 Hhtt와 hhTt 중 하나이다.

㉠이 발현된 6은 2로부터 H와 T를 물려받으므로 (가)의 유전자형에서 대문자로 표시되는 대립유전자의 수가 3이고, (가)의 유전자형은 HHTt와 HhTT 중 하나이다.

㉢이 발현된 7은 (가)의 유전자형에서 대문자로 표시되는 대립유전자의 수가 0이므로 (가)의 유전자형이 hhtt이다.

[Comment 2] 더한 값 해석

3, 4, 6 각각의 체세포 1개당 t의 DNA 상대량을 더한 값이 4이므로 3의 (가)의 유전자형은 Hhtt이고, 6의 (가)의 유전자형은 HHTt이다.

이를 염색체 지도에 나타내면 다음과 같다.

1	2	3	4
H | h	H | H	H | h	H | h
t | t	T | T	t | t	T | t

5	6	ⓐ	7	8
H | h	H | H	?	h | h	H | h
T | t	T | t		t | t	T | t

[Comment 3] 비분리 해석

9의 표현형은 2와 같으므로 (가)의 유전자형에서 대문자로 표시되는 대립유전자의 수는 4이다.

이때 P는 H와 t가 함께 있는 생식세포를 9에게 전달한다.
그에 따라 P에서 (가)의 유전자형에서 대문자로 표시되는 대립유전자의 수는 1이고, Q에서 (가)의 유전자형에서 대문자로 표시되는 대립유전자의 수는 3이어야 한다.

이를 만족시키려면 3은 H와 t가 함께 있는 염색체를 ⓐ에게 줘야 하고 4는 H와 T가 함께 있는 염색체를 ⓐ에게 줘야 한다.

[Comment 4] **염색체 지도 완성**

[Comment 3]을 반영하여 이를 모두 염색체 지도에 나타내면 다음과 같다.

1	2	3	4
H | h / t | t	H | H / T | T	H | h / t | t	H | h / T | t

5	6	ⓐ	7	8
H | h / T | t	H | H / T | t	H | H / t | T	h | h / t | t	H | h / T | t

9
H | H H / t | t T

주어진 상황을 고려했을 때 염색체 비분리는 감수 1분열에서 일어났음을 알 수 있다.

[Comment 5] **선지 판단**

ㄱ. ⓐ의 (가)의 표현형은 ㉠이다. (O)
ㄴ. 1과 3의 유전자형은 같다. (O)
ㄷ. 염색체 비분리는 감수 1분열에서 일어났다. (O)

답은 ㄱ, ㄴ, ㄷ이다.

[Comment 6] **닮은꼴 문항**

닮은꼴 문항과 함께 본 문항의 논리를 복습해보자.

[24학년도 9평]

17. 다음은 어떤 가족의 유전 형질 (가)에 대한 자료이다.

> ○ (가)는 21번 염색체에 있는 2쌍의 대립유전자 H와 h, T와 t에 의해 결정된다. (가)의 표현형은 유전자형에서 대문자로 표시되는 대립유전자의 수에 의해서만 결정되며, 이 대립유전자의 수가 다르면 표현형이 다르다.
> ○ 어머니의 난자 형성 과정에서 21번 염색체 비분리가 1회 일어나 염색체 수가 비정상적인 난자 Q가 형성되었다. Q와 아버지의 정상 정자가 수정되어 ⓐ가 태어났으며, 부모의 핵형은 모두 정상이다.
> ○ 어머니의 (가)의 유전자형은 HHTt이고, ⓐ의 (가)의 유전자형에서 대문자로 표시되는 대립유전자의 수는 4이다.
> ○ ⓐ의 동생이 태어날 때, 이 아이에게서 나타날 수 있는 (가)의 표현형은 최대 2가지이고, ㉠이 아이가 가질 수 있는 (가)의 유전자형은 최대 4가지이다.

이에 대한 설명으로 옳은 것만을 <보기>에서 있는 대로 고른 것은? (단, 제시된 염색체 비분리 이외의 돌연변이와 교차는 고려하지 않는다.) [3점]

<보 기>

> ㄱ. 아버지의 (가)의 유전자형에서 대문자로 표시되는 대립유전자의 수는 2이다.
> ㄴ. ㉠ 중에는 HhTt가 있다.
> ㄷ. 염색체 비분리는 감수 1분열에서 일어났다.

① ㄱ　② ㄷ　③ ㄱ, ㄴ　④ ㄴ, ㄷ　⑤ ㄱ, ㄴ, ㄷ

[선지 판단]

ㄱ. 아버지의 (가)의 유전자형에서 대문자로 표시되는 대립유전자의 수는 2이다. (○)

ㄴ. ⓐ의 동생이 태어날 때 이 아이가 가질 수 있는 (가)의 유전자형은 HT/Ht, HT/hT, Ht/Ht, Ht/hT이다. (○)

ㄷ. ⓐ의 (가)의 유전자형에서 대문자로 표시되는 대립유전자의 수는 4이고, ⓐ는 아버지에게서 대문자로 표시되는 대립유전자 1개를 물려받으므로 어머니에게서 대문자로 표시되는 대립유전자 3개를 물려받아야 한다. 따라서 난자 Q는 H 2개와 T 1개를 갖고 있어야 하며, 염색체 비분리는 감수 1분열에서 일어났다. (○)

답은 ⑤ ㄱ, ㄴ, ㄷ이다.

62.

복대립 가계도 [H]

다음은 어떤 집안의 유전 형질 X에 대한 자료이다.

○ X는 21 번 염색체에 있는 1 쌍의 대립유전자에 의해 결정되며, 대립유전자에는 D, E, F, G가 있고, 각 대립유전자 사이의 우열 관계는 분명하다. X의 표현형은 4 가지이며, 각각 ㉠, ㉡, ㉢, ㉣이다.

○ 가계도는 구성원 1～8 에게서 발현된 X의 표현형을 나타낸 것이다.

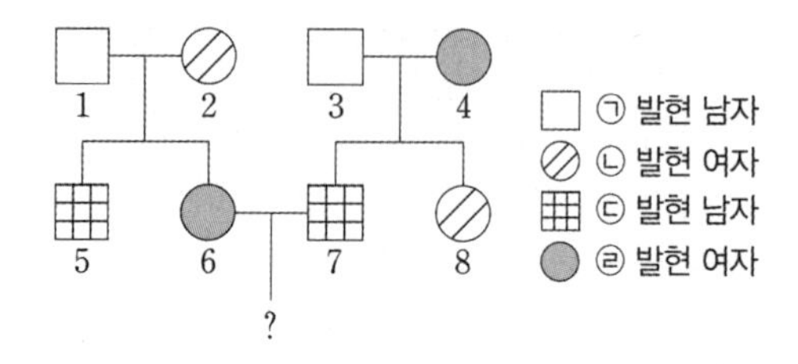

○ 표 (가)는 X의 유전자형에 따른 표현형을 나타낸 것이고, (나)는 두 구성원의 X의 유전자형의 일치 여부를 나타낸 것이다.

유전자형	표현형
DE, EE, EF, EG	㉡
DD, DF, DG	?
FG, GG	?
FF	?

(가)

구성원		유전자형 일치 여부
사람 1	사람 2	
1	3	×
2	8	×
4	6	○

(○: 일치함, ×: 일치하지 않음)

(나)

○ 구성원 1～4 의 X의 유전자형은 모두 이형 접합성이다.

○ 5 는 생식세포 ㉮와 정상 생식세포가 수정되어 태어났고, 8 은 3 의 생식세포 ㉯와 4 의 정상 난자가 수정되어 태어났다. ㉮와 ㉯는 21 번 염색체 결실이 1 회 일어나 결실된 21 번 염색체를 갖는 생식세포와 대립유전자 ⓐ가 ⓑ로 바뀌는 돌연변이가 1 회 일어나 ⓑ를 갖는 생식세포를 순서 없이 나타낸 것이다. ⓐ와 ⓑ는 각각 D, E, F, G 중 하나이다.

이에 대한 설명으로 옳은 것만을 <보기>에서 있는 대로 고른 것은?
(단, 제시된 돌연변이 이외의 돌연변이와 교차는 고려하지 않는다.)

<보기>

ㄱ. ㉮는 1 의 생식세포이다.
ㄴ. ㉯에는 결실된 21 번 염색체가 있다.
ㄷ. 6 과 7 사이에서 아이가 태어날 때, 이 아이에게서 나타날 수 있는 X의 표현형은 최대 2 가지이다.

[Comment 1] **우열 관계 파악**

(가)의 유전자형이 DE, EF, EG인 사람의 표현형이 모두 ㉡이므로 E는 D, F, G에 대해 각각 완전 우성이고, 유전자형이 DD, DF, DG인 사람의 표현형이 모두 같으므로 D는 F, G에 대해 각각 완전 우성이며, 유전자형이 FG인 사람과 GG인 사람의 표현형이 같으므로 G는 F에 대해 완전 우성이다.

[Comment 2] **유전자형 파악**

1~4가 모두 이형 접합성이고, 1~4의 표현형에는 ㉠, ㉡, ㉣이 있으므로 표현형이 ㉢인 7은 유전자형이 FF이다.

3과 4는 모두 F를 가지며, 표현형이 ㉡이 아니므로 E를 가지지 않고, 유전자형이 이형 접합성이므로 3과 4의 유전자형은 각각 DF와 FG 중 하나이다.

3과 표현형이 같고 유전자형이 이형 접합성인 1의 유전자형은 3과 유전자형이 달라야하므로 3의 유전자형은 DF, 4는 FG이며, 유전자형이 동일한 6도 FG이고, 1은 DG로 결정된다.

8은 표현형이 ㉡이므로 E를 갖고, 부모인 3과 4에는 E가 없으므로 ⓐ가 ⓑ로 바뀌는 돌연변이는 생식세포 ㉯에서 일어났고, ㉮는 결실된 21번 염색체를 갖는 생식세포이다.

8은 4로부터 F와 G 중 하나를 물려받으며, 2와 8은 유전자형이 서로 다르므로 8의 유전자형은 EG이다.

5의 표현형은 ㉢이고 F를 가지므로 2도 F를 갖는다.
2는 표현형이 ㉡이므로 유전자형은 EF이다.

[Comment 3] **돌연변이 판단**

8은 3의 생식세포 형성 과정에서 대립유전자 D와 F 중 하나(ⓐ)가 E(ⓑ)로 바뀌는 돌연변이가 1회 일어나 E를 갖는 정자가 G를 갖는 정상 난자와 수정되어 태어났다.

5의 표현형은 ⓒ이고 F를 가지므로 2로부터 F를 물려받았고, 1의 생식세포 형성 과정 중 대립유전자 D와 G 중 하나가 1회 결실된 염색체를 가진 생식세포와 정상 생식세포가 수정되어 5이 태어났으므로 5의 유전자형은 F이다.

[Comment 4] **선지 판단**

ㄱ. ㉮는 1의 생식세포이다. (○)
ㄴ. ㉯에는 결실된 21번 염색체가 없다. (×)
ㄷ. 6과 7 사이에서 아이가 태어날 때, 이 아이에게서 나타날 수 있는 X의 표현형은 최대 2가지이다. (∵ ⓒ, ⓓ만 나타날 수 있다.) (○)

답은 ㄱ, ㄷ이다.

[Comment 5] **닮은꼴 문항**

닮은꼴 문항과 함께 본 문항의 논리를 복습해보자.

[21학년도 수능]

17. 다음은 어떤 집안의 유전 형질 (가)에 대한 자료이다.

○ (가)는 상염색체에 있는 1쌍의 대립유전자에 의해 결정되며, 대립유전자에는 D, E, F, G가 있다.
○ D는 E, F, G에 대해, E는 F, G에 대해, F는 G에 대해 각각 완전 우성이다.
○ 그림은 구성원 1~8의 가계도를, 표는 1, 3, 4, 5의 체세포 1개당 G의 DNA 상대량을 나타낸 것이다. 가계도에 (가)의 표현형은 나타내지 않았다.

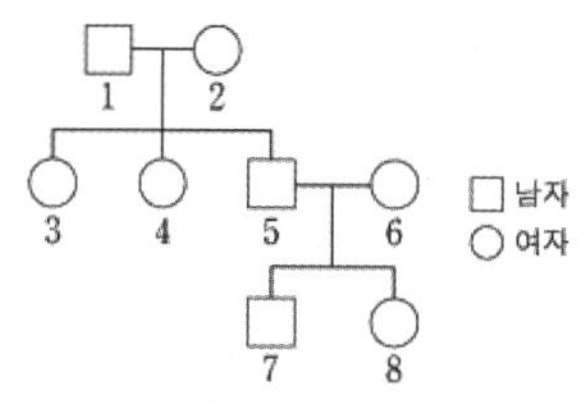

구성원	G의 DNA 상대량
1	1
3	0
4	1
5	0

○ 1~8의 유전자형은 각각 서로 다르다.
○ 3, 4, 5, 6의 표현형은 모두 다르고, 2와 8의 표현형은 같다.
○ 5와 6 중 한 명의 생식세포 형성 과정에서 ⓐ 대립유전자 ㉠이 대립유전자 ㉡으로 바뀌는 돌연변이가 1회 일어나 ㉡을 갖는 생식세포가 형성되었다. 이 생식세포가 정상 생식세포와 수정되어 8이 태어났다. ㉠과 ㉡은 각각 D, E, F, G 중 하나이다.

이에 대한 설명으로 옳은 것만을 <보기>에서 있는 대로 고른 것은? (단, 제시된 돌연변이 이외의 돌연변이는 고려하지 않으며, D, E, F, G 각각의 1개당 DNA 상대량은 1이다.) [3점]

<보 기>

ㄱ. 5와 7의 표현형은 같다.
ㄴ. ⓐ는 5에서 형성되었다.
ㄷ. 2~8 중 1과 표현형이 같은 사람은 2명이다.

① ㄱ ② ㄴ ③ ㄷ ④ ㄱ, ㄴ ⑤ ㄱ, ㄷ

[선지 판단]

ㄱ. 5와 7의 표현형은 모두 D_로 같다. (○)
ㄴ. ⓐ는 6에서 형성되었다. (×)
ㄷ. 1의 표현형은 E_이다. 2~8 중 1과 표현형이 같은 사람은 1명(3)이다. (×)

답은 ① ㄱ이다.

63.

세포 분열 그리고 전좌 돌연변이 [H]

다음은 사람의 유전 형질 (가)와 (나)에 대한 자료이다.

- (가)는 대립유전자 A와 a에 의해, (나)는 대립유전자 B와 b에 의해 결정된다. (가)와 (나)의 유전자 중 하나는 7 번 염색체에 있고, 나머지 하나는 X 염색체에 있다.
- 그림은 G_1기 세포 Ⅰ로부터 정자가 형성되는 과정을, 표는 세포 ㉠~㉤의 핵상과 ㉠~㉤에서 세포 1 개당 A,a, B, b의 DNA 상대량을 나타낸 것이다. ㉠~㉤은 Ⅰ ~ Ⅴ를 순서 없이 나타낸 것이다.

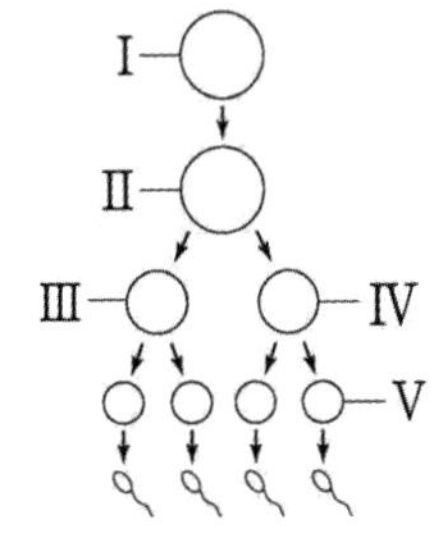

세포	핵상	DNA 상대량			
		A	a	B	b
㉠	?	?	2	?	2
㉡	$2n$	0	1	1	1
㉢	?	?	2	2	2
㉣	?	0	0	1	0
㉤	n	0	?	1	1

- 감수 1 분열 과정에서 대립유전자 ㉮가 ⓐ 대립유전자 ㉯가 있는 염색체로 이동하는 돌연변이가 1 회 일어났다. ㉮와 ㉯는 각각 A, a, B, b 중 하나이고, (가)와 (나) 중 서로 다른 형질을 결정하는 대립유전자이다.

이에 대한 설명으로 옳은 것만을 <보기>에서 있는 대로 고른 것은? (단, 제시된 돌연변이 이외의 돌연변이와 교차는 고려하지 않으며, A, a, B, b 각각의 1개당 DNA 상대량은 1이다. Ⅱ, Ⅲ, Ⅳ는 중기의 세포이다.)

<보기>

ㄱ. ㉣은 Ⅲ이다.

ㄴ. ⓐ는 X 염색체이다.

ㄷ. $\frac{\text{Ⅴ에서 A, a, B, b의 DNA 상대량을 더한 값}}{\text{Ⅳ에서 ㉮와 ㉯의 DNA 상대량을 더한 값}} = 1$ 이다.

[Comment 1] **정상 세포 파악**

㉡의 핵상이 2n이므로 ㉡은 비분리가 일어난 세포가 아니다.
이때 A와 a의 DNA 상대량을 더한 값이 1이므로
(가)의 유전자는 X 염색체에, (나)의 유전자는 7번 염색체에 있다.

∴ ㉡는 Ⅰ이고, 유전자형은 X^aYBb이다.
∴ ㉢의 핵상은 $2n$이고 Ⅰ에서 DNA가 복제되어 Ⅱ가 되므로 Ⅱ는 ㉢이다.

[Comment 2] **돌연변이 세포 파악**

㉠은 a와 b의 DNA 상대량이 모두 2이므로 감수 2분열 중기 세포로
Ⅲ과 Ⅳ 중 하나이고, a와 b는 돌연변이가 일어나 이동한 ㉮가 아니다.

㉤은 핵상이 n인데 B와 b가 모두 있으므로 ㉮는 B이다.

Ⅱ에는 A가 없으므로 B(㉮) 1개가 a(㉯)가 있는 염색체로 이동하는 돌연변이가
일어났다.

Ⅱ가 분열하여 형성된 ㉠에는 a가 있으므로 B도 있다.

Ⅲ과 Ⅳ의 DNA 상대량을 모두 더하면 Ⅱ가 되므로, Ⅲ과 Ⅳ는 각각 ㉠과 ㉣ 중
하나이고, ㉤은 Ⅴ이다.

Ⅴ에 있는 유전자는 Ⅳ에도 있어야 하므로 ㉠이 Ⅳ, ㉣이 Ⅲ이다.

[Comment 3] **적절한 좌우 대응**

Ⅲ에는 Y 염색체가 있고 상염색체에 있는 B(㉮) 1개가 a(㉯)가 있는 염색체로
이동하는 돌연변이가 일어났으므로 B의 DNA 상대량은 1이다.

[Comment 4] **선지 판단**

ㄱ. ㉣은 Ⅲ이다. (○)
ㄴ. ⓐ는 X 염색체이다. (○)
ㄷ. $\frac{\text{Ⅴ에서 A, a, B, b의 DNA 상대량을 더한 값}}{\text{Ⅳ에서 ㉮와 ㉯의 DNA 상대량을 더한 값}} = \frac{3}{3} = 1$ 이다. (○)

답은 ㄱ, ㄴ, ㄷ이다.

[Comment 5] **닮은꼴 문항 ①**

닮은꼴 문항과 함께 본 문항의 논리를 복습해보자.

[2021년 10월 교육청]

19. 다음은 어떤 가족의 유전 형질 (가)와 (나)에 대한 자료이다.

- (가)는 대립유전자 H와 h에 의해, (나)는 대립유전자 R와 r에 의해 결정된다. H는 h에 대해, R는 r에 대해 각각 완전 우성이다.
- (가)와 (나)의 유전자는 모두 X 염색체에 있다.
- (가)는 아버지와 아들 ⓐ에게서만, (나)는 ⓐ에게서만 발현되었다.
- 그림은 아버지의 G_1기 세포 Ⅰ로부터 정자가 형성되는 과정을, 표는 세포 ㉠~㉣에서 세포 1개당 H와 R의 DNA 상대량을 나타낸 것이다. ㉠~㉣은 Ⅰ~Ⅳ를 순서 없이 나타낸 것이다.

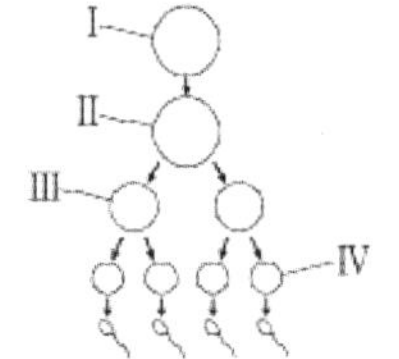

세포	DNA 상대량	
	H	R
㉠	1	0
㉡	?	1
㉢	2	?
㉣	0	?

- 그림과 같이 Ⅱ에서 전좌가 일어나 X 염색체에 있는 2개의 ㉮ 중 하나가 22번 염색체로 옮겨졌다. ㉮는 H와 R 중 하나이다.
- ⓐ는 Ⅲ으로부터 형성된 정자와 정상 난자가 수정되어 태어났다.

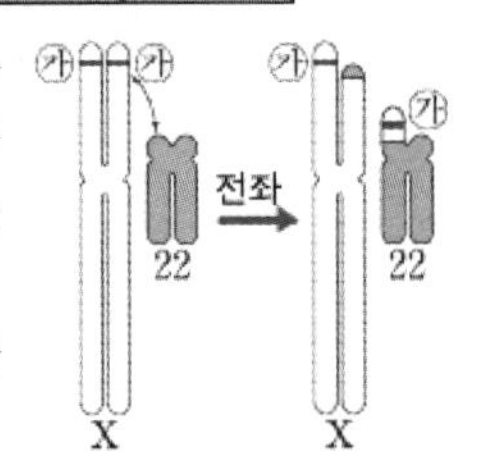

이에 대한 옳은 설명만을 <보기>에서 있는 대로 고른 것은? (단, 제시된 돌연변이 이외의 돌연변이와 교차는 고려하지 않으며, H와 R 각각의 1개당 DNA 상대량은 1이다.) [3점]

< 보 기 >

ㄱ. ㉠은 Ⅲ이다.
ㄴ. ㉮는 R이다.
ㄷ. ⓐ는 H와 h를 모두 갖는다.

① ㄱ ② ㄴ ③ ㄷ ④ ㄱ, ㄷ ⑤ ㄴ, ㄷ

[선지 판단]

ㄱ. Ⅲ은 ㉠이다. (O)

ㄴ. ⓐ는 어머니로부터 h와 r가 있는 X 염색체를 물려받았고 아버지로부터 Y 염색체와 H를 물려받았으므로,
전좌로 인해 X 염색체에서 22번 염색체로 옮겨진 ㉮는 H이다. (×)

ㄷ. ⓐ는 H와 h를 모두 갖는다. (O)

답은 ④ ㄱ, ㄷ이다.

[Comment 6] **닮은꼴 문항 ②**

닮은꼴 문항과 함께 본 문항의 논리를 복습해보자.

[2023년 10월 교육청]

18. 사람의 특정 형질은 1번 염색체에 있는 3쌍의 대립유전자 A와 a, B와 b, D와 d에 의해 결정된다. 그림은 어떤 사람의 G_1기 세포 Ⅰ로부터 생식세포가 형성되는 과정을, 표는 세포 ㉠~㉤에서 A, a, B, b, D의 DNA 상대량을 나타낸 것이다. 이 생식세포 형성 과정에서 염색체 비분리가 1회 일어났다. ㉠~㉤은 Ⅰ~Ⅴ를 순서 없이 나타낸 것이고, Ⅱ와 Ⅲ은 중기 세포이다.

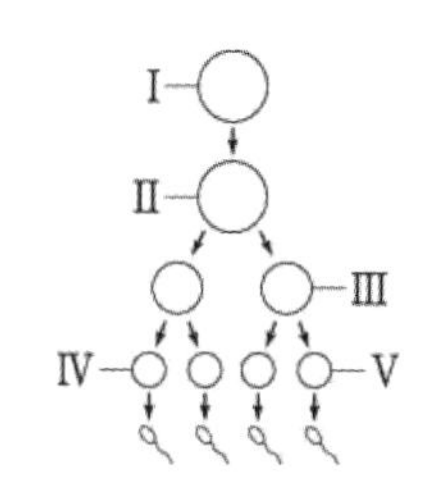

세포	DNA 상대량				
	A	a	B	b	D
㉠	2	0	0	2	ⓐ
㉡	?	ⓑ	1	1	?
㉢	0	2	2	0	?
㉣	?	?	?	?	4
㉤	?	1	1	?	1

이에 대한 옳은 설명만을 <보기>에서 있는 대로 고른 것은? (단, 제시된 염색체 비분리 이외의 돌연변이와 교차는 고려하지 않으며, A, a, B, b, D, d 각각의 1개당 DNA 상대량은 1이다.) [3점]

< 보 기 >

ㄱ. ㉠은 Ⅲ이다.

ㄴ. ⓐ + ⓑ = 3이다.

ㄷ. Ⅴ의 염색체 수는 24이다.

① ㄱ ② ㄴ ③ ㄷ ④ ㄱ, ㄴ ⑤ ㄴ, ㄷ

[선지 판단]

ㄱ. B가 없고 b의 DNA 상대량이 2인 ㉠은 감수 2분열 과정에서 염색체 비분리가 일어나 형성된 Ⅳ이다. (×)

ㄴ. ⓐ는 2, ⓑ는 1이다. (○)

ㄷ. Ⅴ의 염색체 수는 23이다. (×)

답은 ② ㄴ이다.

64.

특수 비분리 [H]

다음은 어떤 가족의 유전 형질 (가)에 대한 자료이다.

- (가)는 서로 다른 2 개의 염색체에 있는 3 쌍의 대립유전자 A와 a, B와 b, D와 d에 의해 결정되며, A, a, B, b는 7 번 염색체에 있다. (가)의 표현형은 유전자형에서 대문자로 표시되는 대립유전자의 수에 의해서만 결정되며, 이 대립유전자의 수가 다르면 표현형이 다르다.
- 어머니의 난자 형성 과정에서 7 번 염색체 비분리가 1 회 일어나 염색체 수가 비정상적인 난자 Q가 형성되었다. Q와 아버지의 정상 정자가 수정되어 ⓐ가 태어났으며, 부모의 핵형은 모두 정상이다.
- 어머니와 아버지의 (가)의 표현형은 동일하고, ⓐ의 (가)의 유전자형에서 대문자로 표시되는 대립유전자의 수는 7 이다.
- ⓐ의 동생 ⓑ가 태어날 때, ⓑ에게서 나타날 수 있는 (가)의 표현형은 최대 5 가지이고, ⓑ의 표현형이 부모와 같을 확률은 $\frac{1}{4}$이며, ⓑ의 유전자형이 AABbDd일 확률은 $\frac{1}{16}$이다.

이에 대한 설명으로 옳은 것만을 <보기>에서 있는 대로 고른 것은?
(단, 제시된 염색체 비분리 이외의 돌연변이와 교차는 고려하지 않는다.)

<보기>

ㄱ. 아버지의 (가)의 유전자형에서 대문자로 표시되는 대립유전자의 수는 3 이다.
ㄴ. ⓑ가 가질 수 있는 (가)의 유전자형 중에는 aaBbdd가 있다.
ㄷ. 염색체 비분리는 감수 1 분열에서 일어났다.

[Comment 1] New 유형 등장

24학년도 9월 평가원에서는 유전 현상에서 등장하는 조건 (다인자 유전의 표현형 조건과 유전자형 조건)을 유전병 단원에서 출제한 경향을 나타낸다.

그에 따라 해당 유형이 시중에 많이 없을 것으로 판단되어
본 디올 N제 내에 1번과 3번으로 출제하였다.

[Comment 2] 유전자형 조건 해석

ⓐ의 동생이 태어날 때 유전자형이 AABbDd일 확률은 $\frac{1}{16}$이므로
모든 염색체 간 좌우 양상이 달라야 한다.

좌우가 모두 다르면서 Dd일 확률이 $\frac{1}{4}$이려면
다음과 같이 D와 d가 X 염색체 위에 있어야 한다.

아버지	어머니	유전자형 단위 확률
|	|	$\frac{1}{4}$
D | Y	D | d	$\frac{1}{4}$

[Comment 3] 표현형 조건 해석

ⓐ의 동생이 태어날 때, 이 아이에게서 나타날 수 있는 (가)의 표현형은 최대 5가지이므로 총 차이는 4이어야 한다.

이때 ⓐ의 동생의 표현형이 부모와 같을 확률은 $\frac{1}{4}$이므로
부모는 2/0과 1/1의 조합이어야 한다.

[Comment 4] **비분리 해석**

ⓐ의 (가)의 유전자형에서 대문자로 표시되는 대립유전자의 수는 7이므로
어머니가 2/0을 가져야 하고, 감수 2분열 비분리가 일어나야 한다.

이를 염색체 지도에 나타내면 다음과 같다.

아버지	어머니	유전자형 단위 확률
A | a b | B	A | a B | b	$\frac{1}{4}$
D | Y	D | d	$\frac{1}{4}$

(∵ 아버지는 생식세포로 aB를 갖는다. 이때 유전자형 단위 확률이 1/4이려면 좌우가 달라야하므로 다른 생식세포로는 Ab가 와야 한다.)

[Comment 5] **선지 판단**

ㄱ. 아버지의 (가)의 유전자형에서 대문자로 표시되는 대립 유전자의 수는 3이다. (○)
ㄴ. ⓑ가 가질 수 있는 (가)의 유전자형 중에는 aaBbdd가 없다. (×)
ㄷ. 염색체 비분리는 감수 2분열에서 일어났다. (×)

답은 ㄱ이다.

[Comment 6] **닮은꼴 문항**

닮은꼴 문항과 함께 본 문항의 논리를 복습해보자.

[24학년도 9평]

17. 다음은 어떤 가족의 유전 형질 (가)에 대한 자료이다.

> ○ (가)는 21번 염색체에 있는 2쌍의 대립유전자 H와 h, T와 t에 의해 결정된다. (가)의 표현형은 유전자형에서 대문자로 표시되는 대립유전자의 수에 의해서만 결정되며, 이 대립유전자의 수가 다르면 표현형이 다르다.
> ○ 어머니의 난자 형성 과정에서 21번 염색체 비분리가 1회 일어나 염색체 수가 비정상적인 난자 Q가 형성되었다. Q와 아버지의 정상 정자가 수정되어 ⓐ가 태어났으며, 부모의 핵형은 모두 정상이다.
> ○ 어머니의 (가)의 유전자형은 HHTt이고, ⓐ의 (가)의 유전자형에서 대문자로 표시되는 대립유전자의 수는 4이다.
> ○ ⓐ의 동생이 태어날 때, 이 아이에게서 나타날 수 있는 (가)의 표현형은 최대 2가지이고, ㉠이 아이가 가질 수 있는 (가)의 유전자형은 최대 4가지이다.

이에 대한 설명으로 옳은 것만을 <보기>에서 있는 대로 고른 것은? (단, 제시된 염색체 비분리 이외의 돌연변이와 교차는 고려하지 않는다.) [3점]

<보 기>

> ㄱ. 아버지의 (가)의 유전자형에서 대문자로 표시되는 대립유전자의 수는 2이다.
> ㄴ. ㉠ 중에는 HhTt가 있다.
> ㄷ. 염색체 비분리는 감수 1분열에서 일어났다.

① ㄱ ② ㄷ ③ ㄱ, ㄴ ④ ㄴ, ㄷ ⑤ ㄱ, ㄴ, ㄷ

[선지 판단]

ㄱ. 아버지의 (가)의 유전자형에서 대문자로 표시되는 대립유전자의 수는 2이다. (O)

ㄴ. ⓐ의 동생이 태어날 때 이 아이가 가질 수 있는 (가)의 유전자형은 HT/Ht, HT/hT, Ht/Ht, Ht/hT이다. 따라서 ㉠ 중에는 HhTt가 있다. (O)

ㄷ. ⓐ의 (가)의 유전자형에서 대문자로 표시되는 대립유전자의 수는 4이고, ⓐ는 아버지에게서 대문자로 표시되는 대립유전자 1개를 물려받으므로 어머니에게서 대문자로 표시되는 대립유전자 3개를 물려받아야 한다. 따라서 난자 Q는 H 2개와 T 1개를 갖고 있어야 하며, 염색체 비분리는 감수 1분열에서 일어났다. (O)

답은 ⑤ ㄱ, ㄴ, ㄷ이다.

65.

염색체 지도 채우기 [H]

다음은 어떤 집안의 유전 형질 (가)～(다)에 대한 자료이다.

- (가)～(다)의 유전자는 모두 7 번 염색체에 있다.
- (가)는 대립유전자 A와 a에 의해, (나)는 대립유전자 B와 b에 의해, (다)는 대립유전자 D와 d에 의해 결정된다. A는 a에 대해, B는 b에 대해, D는 d에 대해 각각 완전 우성이다.
- 아버지의 유전자형은 Aabbdd이며, 어머니의 유전자형은 AaBbDd이다. 아버지와 어머니의 핵형은 모두 정상이다.
- 표는 구성원의 ⓐ～ⓒ의 발현 여부, 체세포 1 개당 A와 D의 DNA 상대량을 더한 값(A + D), 체세포 1 개당 a와 b의 DNA 상대량을 더한 값(a + b)을 나타낸 것이다. ⓐ～ⓒ는 (가)～(다)를 순서 없이 나타낸 것이다.

구성원	발현된 형질			DNA 상대량을 더한 값	
	ⓐ	ⓑ	ⓒ	A + D	a + b
아버지	×	○	○	?	?
어머니	○	○	×	?	?
자녀 1	○	○	○	2	?
자녀 2	×	×	×	1	?
자녀 3	○	○	×	?	2
자녀 4	×	○	○	1	3

(○: 발현됨 ×: 발현 안 됨)

- 어머니의 생식세포 형성 과정 중 ㉠에서 염색체 비분리가 1 회 일어나 형성된 난자 P와 아버지의 생식세포 형성 과정 중 ㉡에서 염색체 비분리가 1 회 일어나 형성된 정자 Q가 수정되어 자녀 3 이 태어났다. ㉠과 ㉡은 감수 1 분열과 감수 2 분열을 순서 없이 나타낸 것이고, 자녀 3 의 핵형은 정상이다.
- 부모 중 한 명의 생식세포 형성 과정에서 염색체 결실이 일어나 ㉮를 결정하는 대립유전자가 없는 생식세포가 형성되었다. 이 생식세포가 정상 생식세포와 수정되어 자녀 4 가 태어났으며, ㉮는 (가)～(다) 중 하나이다.

이에 대한 설명으로 옳은 것만을 <보기>에서 있는 대로 고른 것은? (단, 제시된 돌연변이 이외의 돌연변이와 교차는 고려하지 않으며, A, a B, b, D, d 각각의 1개당 DNA 상대량은 1이다.)

<보기>

ㄱ. 자녀 4 에게서 a, b, d를 모두 갖는 생식세포가 형성될 수 있다.
ㄴ. ⓑ는 (가)이다.
ㄷ. ㉠은 감수 1 분열이다.

[Comment 1] **발현된 형질의 수 관찰 (순서 없이의 해석)**

발현된 형질의 유무는 순서 없이 조건으로 감춰져 있지만
발현된 형질의 수 조건은 순서 없이와 무관하게 해석할 수 있다.

아버지와 어머니는 모두 (가)~(다) 중 발현된 형질의 수가 2이고, (가)의
유전자형이 Aa로 동일하므로 아버지와 어머니에게서 모두 (가)가 발현된다.

∴ A는 (가) 발현 대립유전자, a는 정상 대립유전자이다.

자녀 2는 (가)~(다)가 모두 발현되지 않았으므로
(가)의 유전자형은 aa이고, A+D=1이므로 D가 있다.

자녀 1은 (다)의 유전자형이 Dd이고 (다)는 발현되지 않았으므로
D는 정상 대립유전자, d는 (다) 발현 대립유전자이다.

그에 따라 어머니에게서 (나)가 발현되고, (다)가 발현되지 않았으며, 아버지에게서
(나)가 발현되지 않고 (다)가 발현되었다.

어머니의 (나)의 유전자형이 Bb이고 (나)가 발현되었으므로
B는 (나) 발현 대립유전자, b는 정상 대립유전자이다.

아버지와 어머니에게 공통으로 발현된 ⓑ는 (가)이고
아버지와 어머니 중 아버지에게만 발현된 ⓒ는 (다)이며
아버지와 어머니 중 어머니에게만 발현된 ⓐ는 (나)이다.

어머니의 (나)의 유전자형이 Bb이고 (나)가 발현되었으므로
B는 (나) 발현 대립유전자, b는 정상 대립유전자이다.

[Comment 2] **자녀 1과 2의 염색체 파악**

자녀 2는 (나)가 발현되지 않았으므로 (나)의 유전자형은 bb이다.

그에 따라 자녀 2는 a, b, D가 같이 있는 염색체를
어머니로부터, a, b, d가 같이 있는 염색체를 아버지로부터 물려받았다.

어머니는 A, B, d와 a, b, D가 각각 같이 있는 염색체를 갖고,
아버지는 A, b, d와 a, b, d가 각각 같이 있는 염색체를 갖는다.

자녀 1은 (가)~(다)가 모두 발현되었으므로 어머니로부터 A, B, d가 같이 있는
염색체를 물려받았다. 자녀 1의 A + D = 2이므로 자녀 1은 아버지로부터 A, b, d가
같이 있는 염색체를 물려받았다.

[Comment 3] **비분리 파악**

염색체 수가 24인 생식세포가 감수 2분열에서 일어났다면, 자녀 3의 (가)~(다)의 유전자형은 모두 동형 접합성이어야 하고, 자녀 3은 (가)와 (나)가 발현되었고, (다)가 발현되지 않았으므로 유전자형이 AABBDD여야 한다. 이때 a + b는 0이 되어 표에서 a + b가 2라는 조건에 모순이 발생한다.

따라서 염색체 수가 24인 생식세포는 감수 1분열에서 일어났고, 자녀 3은 아버지로부터 좌우 염색체를 모두 물려받거나, 어머니로부터 좌우 염색체를 모두 물려받는 것이므로 두 사람 중 한 사람과 (가)~(다)의 유전자형과 발현 여부가 모두 같아야 한다.

따라서 어머니가 염색체 수가 24인 생식세포 P를 자녀 3에게 물려주고, ㉠은 감수 1분열, ㉡은 감수 2분열이며, Q는 염색체 수가 22인 생식세포이다.

[Comment 4] **염색체 결실 파악**

자녀 4의 (가)~(다)의 표현형은 [Abd]이므로 체세포 1개당 D의 DNA 상대량은 0이므로 A + D가 1이라는 표의 조건에 의해 자녀 4의 체세포 1개당 A의 DNA 상대량은 1이다.

자녀 4의 a + b가 3이라는 조건에서, a의 DNA 상대량이 2일 경우 자녀 4의 (가)의 유전자형은 Aaa가 되어 모순이 발생한다. (결실은 유전자가 줄어드는 것이므로)

따라서 자녀 4의 a + b가 3이라는 조건에서, a의 DNA 상대량은 1, b의 DNA 상대량은 2이다. 이때 자녀 4의 (가)와 (나)의 연관 형태는 Ab/ab인데, A와 b가 연관된 염색체는 아버지로부터, a와 b가 연관된 염색체는 어머니로부터 받은 것이다.

자녀 4는 어머니로부터 a, b, D가 같이 있는 염색체에서 D가 결실된 염색체를 물려받고, 아버지로부터 A, b, d가 같이 있는 염색체를 물려받아 태어났다. 따라서 ㉮는 (다)이며, 대립유전자 D가 있는 부분 결실되었다.

[Comment 5] **선지 판단**

ㄱ. 자녀 4에게서 a, b, d를 모두 갖는 생식세포가 형성될 수 없다. (×)
ㄴ. ⓑ는 (가)이다. (○)
ㄷ. ㉠은 감수 1분열이다. (○)

답은 ㄴ, ㄷ이다.

[Comment 6] **닮은꼴 문항**

닮은꼴 문항과 함께 본 문항의 논리를 복습해보자.

[24학년도 수능]

17. 다음은 어떤 가족의 유전 형질 (가)~(다)에 대한 자료이다.

- (가)는 대립유전자 A와 a에 의해, (나)는 대립유전자 B와 b에 의해, (다)는 대립유전자 D와 d에 의해 결정된다. A는 a에 대해, B는 b에 대해, D는 d에 대해 각각 완전 우성이다.
- (가)와 (나)는 모두 우성 형질이고, (다)는 열성 형질이다. (가)의 유전자는 상염색체에 있고, (나)와 (다)의 유전자는 모두 X 염색체에 있다.
- 표는 이 가족 구성원의 성별과 ㉠~㉢의 발현 여부를 나타낸 것이다. ㉠~㉢은 각각 (가)~(다) 중 하나이다.

구성원	성별	㉠	㉡	㉢
아버지	남	○	×	×
어머니	여	×	○	ⓐ
자녀 1	남	×	○	○
자녀 2	여	○	○	×
자녀 3	남	○	×	○
자녀 4	남	×	×	×

(○: 발현됨, ×: 발현 안 됨)

- 부모 중 한 명의 생식세포 형성 과정에서 성염색체 비분리가 1회 일어나 염색체 수가 비정상적인 생식세포 G가 형성되었다. G가 정상 생식세포와 수정되어 자녀 4가 태어났으며, 자녀 4는 클라인펠터 증후군의 염색체 이상을 보인다.
- 자녀 4를 제외한 이 가족 구성원의 핵형은 모두 정상이다.

이에 대한 설명으로 옳은 것만을 <보기>에서 있는 대로 고른 것은? (단, 제시된 염색체 비분리 이외의 돌연변이와 교차는 고려하지 않는다.)

<보 기>

ㄱ. ⓐ는 '○'이다.
ㄴ. 자녀 2는 A, B, D를 모두 갖는다.
ㄷ. G는 아버지에게서 형성되었다.

① ㄱ ② ㄴ ③ ㄱ, ㄷ ④ ㄴ, ㄷ ⑤ ㄱ, ㄴ, ㄷ

[선지 판단]

ㄱ. ⓐ는 '○'이다. (○)
ㄴ. 자녀 2는 A, B, D를 모두 갖는다. (○)
ㄷ. G는 아버지의 감수 1분열 때 성염색체 비분리에 의해 형성되었다. (○)

답은 ⑤ ㄱ, ㄴ, ㄷ이다.

66.

복대립 가계도 [K]

다음은 어떤 집안의 유전 형질 (가)~(다)에 대한 자료이다.

- (가)는 대립유전자 A, B, C에 의해, (나)는 대립유전자 R와 r에 의해, (다)는 대립유전자 T와 t에 의해 결정된다. R는 r에 대해, T는 t에 대해 각각 완전 우성이다.
- (가)~(다)의 유전자 중 2 개는 X 염색체에, 나머지 1 개는 상염색체에 있다.
- 표는 구성원의 성별, 체세포 1 개당 A, B, C의 DNA 상대량과 (나), (다)의 발현 여부를 나타낸 것이다. ㉠~㉢은 아버지, 어머니, 자녀 1 을 순서 없이 나타낸 것이다.

구성원	성별	DNA 상대량			(나)	(다)
		A	B	C		
㉠	?	1	?	0	○	×
㉡	?	?	?	0	○	?
㉢	?	0	1	?	○	×
자녀 2	여	1	0	?	×	○
자녀 3	남	?	1	1	○	×
자녀 4	남	?	1	?	?	×

(○: 발현됨, ×: 발현 안 됨)

- 감수 분열 시 부모 중 한 사람에게서만 염색체 비분리가 1 회 일어나 ⓐ 염색체 수가 비정상적인 생식세포가 형성되었다. ⓐ가 정상 생식세포와 수정되어 아이가 태어났다. 이 아이는 자녀 3 과 자녀 4 중 하나이며, 클라인펠터 증후군을 나타낸다. 이 아이를 제외한 나머지 구성원의 핵형은 모두 정상이다.

이에 대한 설명으로 옳은 것만을 <보기>에서 있는 대로 고른 것은?
(단, 제시된 염색체 비분리 이외의 돌연변이와 교차는 고려하지 않으며, A, B, C 각각의 1개당 DNA 상대량은 1이다.)

<보기>

ㄱ. ㉢은 어머니이다.
ㄴ. (다)는 우성 형질이다.
ㄷ. 자녀 4 의 동생이 태어날 때, 이 아이에게서 (나)와 (다)가 모두 발현될 확률은 $\frac{3}{16}$이다.

[Comment 1] **(가)~(다)의 성상 파악**

(나)에 대한 발현 여부를 보았을 때, ㉠~㉢ 중 부모가 누가 되었건 부모와 자녀 1 모두 (나)를 발현하였다. 부모 모두 (나)를 발현하였는데 자녀 2에서 (나)가 발현되지 않았으므로 (나)는 우성 형질, 아버지와 자녀 2를 통해 X 염색체 유전이 모순이므로 상염색체 유전임을 알 수 있다. 따라서 (가)와 (다)는 X 염색체에 있다.

[Comment 2] **돌연변이 자손 추적**

자녀 3은 B, C를 모두 가지고 있는데 남자이므로 클라인펠터 증후군을 나타내며, (가)에 대한 유전자형은 X^BX^CY이다. 이때 자녀 4는 B와 (다) 미발현 유전자가 연관된 염색체를 어머니로부터 물려받았다. 또한 자녀 2의 (가)에 대한 유전자형은 AC이며, A와 C는 각각 부모로부터 비롯되었다. 부모 중 최소 한 사람은 C를 가져야 하므로 ㉢은 부모이며, B와 C를 모두 가지므로 어머니이다. 따라서 어머니의 유전자형은 BC, 아버지는 AY이다. ㉠이 아버지라면, 부모 모두 (다)를 발현하지 않았는데, 자녀 2가 발현하지 않았으므로 (다)는 열성 형질이지만, 딸인 자녀 2가 (다)를 발현하지 않았으므로 X 염색체 유전에서 모순이다. 따라서 ㉠이 자녀 1, ㉡이 아버지이다. 어머니는 자녀 3에게 B와 C가 연관된 염색체를 물려주며, 감수 1분열 과정에서 비분리가 발생했다. 또한 어머니는 자녀 2에게 C와 t가 연관된 염색체를 물려준다. (T를 물려줄 경우 (다)의 발현 여부가 같아야 하므로 모순이다.) 이를 토대로 유전자 지도를 채우면 다음과 같다.

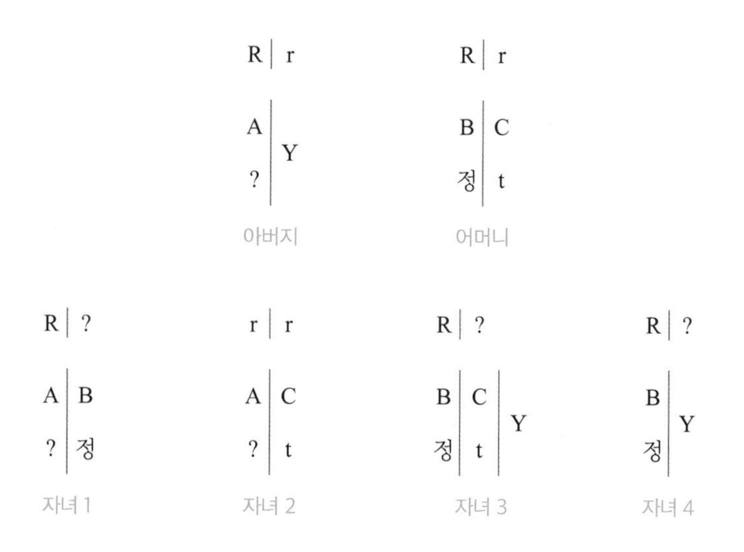

[Comment 3] **(다)의 우열 관계 파악**

아버지는 자녀 1과 자녀 2에게 똑같은 X 염색체를 물려주었다. 만약 아버지가 자녀 2에게 A와 "(다)에 대한 정상 유전자"가 연관된 X 염색체를 물려주었다면, 어머니와 자녀 2의 (다)의 유전자형이 "정t"로 같아져 발현 여부가 같아져 모순이 발생한다. 따라서 아버지가 자녀 2에게 A와 "(다) 발현 유전자"를 물려준 것이다. 자녀 1은 (다) 발현 유전자를 갖는데 (다)를 발현하지 않았으므로, (다)는 열성 형질이다. 남은 유전자형을 모두 마무리 지으면 다음과 같다.

R | r
A, t | Y
아버지(ⓛ)

R | r
B, T | C, t
어머니(ⓒ)

R | ?
A, t | B, T
자녀 1(㉠)

r | r
A, t | C, t
자녀 2

R | ?
B, T | C, t | Y
자녀 3

R | ?
B, T | Y
자녀 4

[Comment 4] **선지 판단**

ㄱ. ⓒ은 어머니이다. (○)

ㄴ. (다)는 열성 형질이다. (×)

ㄷ. 자녀 4의 동생이 태어날 때, 이 아이에게서 (나)가 발현될 확률은 $\frac{3}{4}$이고, (다)가 발현될 확률은 $\frac{1}{2}$이다. 따라서 구하는 확률은 $\frac{3}{8}$이다. (×)

답은 ㄱ이다.

[Comment 5] **닮은꼴 문항**

닮은꼴 문항과 함께 본 문항의 논리를 복습해보자.

[18학년도 9월 평가원]

15. 다음은 어떤 가족의 유전 형질 ㉠, ㉡, ㉢에 대한 자료이다.

○ ㉠은 대립 유전자 A, B, C에 의해, ㉡은 대립 유전자 D, E, F에 의해, ㉢은 대립 유전자 G와 g에 의해 결정된다.
○ ㉠~㉢을 결정하는 유전자는 모두 21번 염색체에 있다.
○ 감수 분열 시 부모 중 한 사람에게서만 염색체 비분리가 1회 일어나 ⓐ염색체 수가 비정상적인 생식 세포가 형성되었다. ⓐ가 정상 생식 세포와 수정되어 아이가 태어났다. 이 아이는 자녀 2와 자녀 3 중 하나이며, 다운 증후군을 나타낸다. 이 아이를 제외한 나머지 구성원의 핵형은 모두 정상이다.
○ 표는 이 가족 구성원에서 ㉠~㉢을 결정하는 대립 유전자의 유무를 나타낸 것이다.

구성원	대립 유전자							
	A	B	C	D	E	F	G	g
부	○	×	○	○	×	○	○	○
모	○	○	×	×	○	○	×	○
자녀 1	×	○	○	○	×	○	○	○
자녀 2	○	○	×	×	○	○	×	○
자녀 3	○	×	○	○	○	×	○	○

(○: 있음, ×: 없음)

이에 대한 설명으로 옳은 것만을 〈보기〉에서 있는 대로 고른 것은? (단, 제시된 염색체 비분리 이외의 돌연변이와 교차는 고려하지 않는다.)

〈보 기〉

ㄱ. 자녀 1은 C, D, G가 연관된 염색체를 갖는다.
ㄴ. 다운 증후군을 나타내는 구성원은 자녀 2이다.
ㄷ. ⓐ는 감수 1분열에서 염색체 비분리가 일어나 형성된 정자이다.

① ㄱ ② ㄷ ③ ㄱ, ㄴ ④ ㄴ, ㄷ ⑤ ㄱ, ㄴ, ㄷ

[선지 판단]

ㄱ. 모에는 C, D, G가 없으므로 자녀 1이 가진 C, D, G는 모두 부에서 물려받은 것이다. 대립유전자는 모두 21번 염색체에 존재하므로 자녀 1은 C, D, G를 갖는다. (○)
ㄴ. 자녀 2는 부로부터 A, F, g가 연관된 21번 염색체를 1개 물려받고, 모로부터 B, F, g가 연관되어 있는 21번 염색체와, A, E, g가 연관되어 있는 염색체를 모두 물려받았다. 그러므로 다운 증후군을 나타내는 구성원은 자녀 2이다. (○)
ㄷ. 자녀 2가 태어나기 위해서는 모가 가진 모든 대립 유전자를 자녀 2에게 물려주어야 한다. 그러므로 ⓐ는 감수 1분열에서 염색체 비분리가 일어나 형성된 난자이다. (×)

답은 ③ ㄱ, ㄴ이다.

67.

염색체 전좌 가계도 [K]

다음은 어떤 집안의 유전 형질 (가)와 (나)에 대한 자료이다.

○ (가)는 대립유전자 A와 A^*에 의해, (나)는 대립유전자 B와 B^*에 의해 결정되며, 각 대립유전자 사이의 우열 관계는 분명하다.

○ (가)와 (나)의 유전자 중 1 개는 X 염색체에, 나머지 1 개는 22 번 염색체에 있다.

○ 가계도는 구성원 1~7 에게서 (가)와 (나)의 발현 여부를 나타낸 것이다.

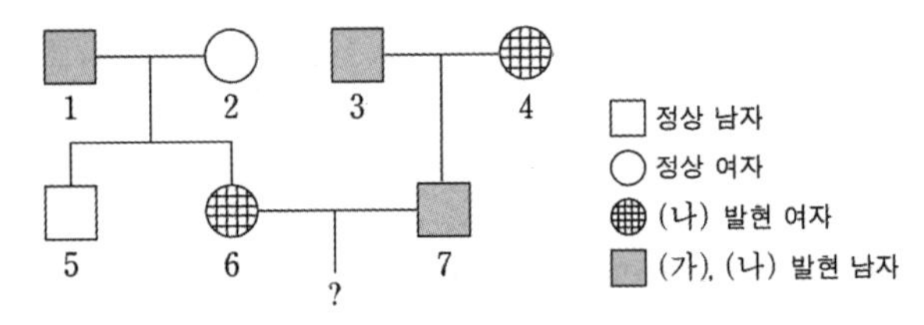

○ 표는 1 로부터 형성된 정자 Ⅰ~Ⅲ이 갖는 A, A^*, B, B^*의 DNA 상대량을 나타낸 것이다. Ⅰ~Ⅲ은 1 개의 G_1 기 세포로부터 형성된 정자이며, Ⅰ~Ⅲ이 형성되는 과정에서 22 번 염색체의 일부분이 떨어지고 이 부분이 성염색체에 붙는 돌연변이가 1 회 일어났다. 이 돌연변이는 감수 1 분열 또는 감수 2 분열에서 일어났다.

정자	DNA 상대량			
	A	A^*	B	B^*
Ⅰ	1	?	2	?
Ⅱ	0	?	0	0
Ⅲ	0	?	ⓐ	?

○ Ⅰ~Ⅲ 중 1 개의 정자와 정상 난자가 수정되어 5 가 태어났다. 5 를 제외한 나머지 가족 구성원의 핵형은 모두 정상이다.

○ $\frac{\text{2, 4 각각의 체세포 1 개당 } B^* \text{의 DNA 상대량을 더한 값}}{\text{1, 7 각각의 체세포 1 개당 B의 DNA 상대량을 더한 값}} = 1$ 이다.

이에 대한 설명으로 옳은 것만을 <보기>에서 있는 대로 고른 것은? (단, 제시된 돌연변이 이외의 돌연변이와 교차는 고려하지 않으며, A, A^*, B, B^* 각각의 1개당 DNA 상대량은 1이다.)

<보기>

ㄱ. Ⅱ와 정상 난자가 수정되어 5가 태어났다.

ㄴ. ⓐ는 1이다.

ㄷ. 6과 7 사이에서 아이가 태어날 때, 이 아이에게서 (가)와 (나) 중 (나)만 발현될 확률은 $\frac{1}{8}$이다.

[Comment 1] **(가)의 우열 및 성상 파악**

Ⅰ에서 B의 DNA 상대량이 2라는 자료는 (나)의 유전자는 X 염색체에 있을 수 없다는 의미를 가진다. 따라서 (나)의 유전자는 22번 염색체에, (가)의 유전자는 X 염색체에 있다. 따라서 1의 (가)의 유전자형은 A/Y이고, 1과 6을 통해 (가)는 열성 형질이며 A*가 A에 대해 완전 우성이라는 것을 알 수 있다.

[Comment 2] **돌연변이 시기 파악**

Ⅰ과 Ⅱ의 A의 DNA 상대량이 다르므로 Ⅰ과 Ⅱ는 서로 다른 모세포로부터 분리된 정자이며, Ⅱ와 Ⅲ은 같은 모세포로부터 분리된 정자이다. 해당 돌연변이가 감수 2분열에서 일어났다면, Ⅰ의 모세포에서 Ⅰ로 분열할 때 해당 돌연변이가 발생해야 한다. 즉, 이때 다른 모세포로부터 분리된 Ⅱ와 Ⅲ의 DNA 상대량은 정상이어야 한다. 그러나 (나)는 상염색체에 있는데 Ⅱ는 (나)에 대한 유전자를 갖고 있지 않으므로 모순이 발생한다. 따라서 해당 돌연변이는 감수 1분열에서 일어났다.

[Comment 3] **1의 (나)의 유전자형 파악하기 및 (나)의 우열 관계 파악**

i) 1의 (나)의 유전자형이 BB*인 경우

감수 1분열 과정에서 B가 있는 복제된 염색 분체 중 하나에서 B가 있는 부분이 X 염색체에 붙었고, Ⅰ의 모세포에는 B가 있는 복제된 염색 분체와 X 염색체가 있어야 하며, Ⅱ와 Ⅲ의 모세포에는 B*가 복제된 염색 분체와 Y 염색체가 있어야 한다. 이때 B*가 복제된 염색 분체에는 이상이 없으므로 Ⅱ에는 B*가 있어야만 한다. 이는 모순이다.

ii) 1의 (나)의 유전자형이 BB인 경우

Ⅱ의 모세포에는 Y 염색체와 B가 있는 복제된 염색 분체가 있어야 하나, Ⅱ의 B의 DNA 상대량이 0이기 위해선 Ⅱ의 모세포의 B의 DNA 상대량은 1이어야 한다. 따라서 ⓐ는 1이다. Ⅰ에는 Ⅱ의 모세포에 없는 B의 DNA 상대량 1이 X 염색 분체에 붙어 이 X 염색 분체와 B가 정상적으로 존재하는 염색 분체가 존재한다. B는 (나) 발현 유전자이므로 마지막 조건의 분수값은 $\frac{3}{3}$과 $\frac{4}{4}$ 중 하나이다. 그러나 $\frac{4}{4}$일 경우 2와 4의 (나)의 발현 여부가 같아야 하나, 2와 4의 (나)의 발현 여부는 서로 다르므로 모순이다. 따라서 분수값은 $\frac{3}{3}$이며, 7의 (나)의 유전자형은 BB*이므로 (나)는 우성 형질이다. 즉, B는 B*에 대해 완전 우성이다. 5는 (나)를 발현하지 않았으므로 Ⅱ와 정상 난자가 수정되어 태어났다.

[Comment 4] **선지 판단**

ㄱ. Ⅱ와 정상 난자가 수정되어 5가 태어났다. (○)

ㄴ. ⓐ는 1이다. (○)

ㄷ. 6의 (가)와 (나)의 유전자형은 Aa Bb, 7의 (가)와 (나)의 유전자형은 A/Y Bb이므로 이들 사이에서 태어난 아이가 (가)와 (나) 중 (나)만 발현될 확률은 $\frac{3}{8}$이다. (×)

답은 ㄱ, ㄴ이다.

[Comment 5] **닮은꼴 문항**

닮은꼴 문항과 함께 본 문항의 논리를 복습해보자.

[23학년도 9월 평가원]

18. 다음은 어떤 가족의 유전 형질 (가)~(다)에 대한 자료이다.

- (가)는 대립유전자 A와 A^*에 의해, (나)는 대립유전자 B와 B^*에 의해, (다)는 대립유전자 D와 D^*에 의해 결정된다.
- (가)와 (나)의 유전자는 7번 염색체에, (다)의 유전자는 9번 염색체에 있다.
- 표는 이 가족 구성원의 세포 Ⅰ~Ⅴ 각각에 들어 있는 A, A^*, B, B^*, D, D^*의 DNA 상대량을 나타낸 것이다.

구분	세포	DNA 상대량					
		A	A^*	B	B^*	D	D^*
아버지	Ⅰ	?	?	1	0	1	?
어머니	Ⅱ	0	?	?	0	0	2
자녀 1	Ⅲ	2	?	?	1	?	0
자녀 2	Ⅳ	0	?	0	?	?	2
자녀 3	Ⅴ	?	0	?	2	?	3

- 아버지의 생식세포 형성 과정에서 7번 염색체에 있는 대립유전자 ㉠이 9번 염색체로 이동하는 돌연변이가 1회 일어나 9번 염색체에 ㉠이 있는 정자 P가 형성되었다. ㉠은 A, A^*, B, B^* 중 하나이다.
- 어머니의 생식세포 형성 과정에서 염색체 비분리가 1회 일어나 염색체 수가 비정상적인 난자 Q가 형성되었다.
- P와 Q가 수정되어 자녀 3이 태어났다. 자녀 3을 제외한 나머지 구성원의 핵형은 모두 정상이다.

이에 대한 설명으로 옳은 것만을 <보기>에서 있는 대로 고른 것은? (단, 제시된 돌연변이 이외의 돌연변이와 교차는 고려하지 않으며, A, A^*, B, B^*, D, D^* 각각의 1개당 DNA 상대량은 1이다.) [3점]

<보 기>

ㄱ. ㉠은 B^*이다.
ㄴ. 어머니에게서 A, B, D를 모두 갖는 난자가 형성될 수 있다.
ㄷ. 염색체 비분리는 감수 2분열에서 일어났다.

① ㄱ ② ㄷ ③ ㄱ, ㄴ ④ ㄱ, ㄷ ⑤ ㄴ, ㄷ

[선지 판단]

ㄱ. 자녀 3은 아버지로부터 AB, B^*D^*를 물려받고, 어머니로부터 AB^*, D^*D^*를 물려받았다. 아버지의 7번 염색체에 있던 ㉠이 9번 염색체로 이동하여 정자 P의 9번 염색체에는 B^*D^*가 있으므로 ㉠은 B^*이다. (○)

ㄴ. 어머니의 세포에는 A와 B^*가 같은 염색체에 있고, A^*와 B가 같은 염색체에 있으므로 어머니에게서 A, B, D를 모두 갖는 난자가 형성될 수는 없다. (×)

ㄷ. 어머니의 (다)의 유전자형은 DD^*이고, 어머니로부터 D^*D^*를 갖는 난자 Q가 형성되기 위해서는 감수 2분열에서 염색체 비분리가 일어나야 한다. (○)

답은 ④ ㄱ, ㄷ이다.

68.

유전자 치환 돌연변이 [K]

다음은 어떤 가족의 유전 형질 (가)와 (나)에 대한 자료이다.

○ (가)는 대립유전자 A와 a에 의해 결정되며, A는 a에 대해 완전 우성이다.
○ (나)는 상염색체에 있는 1 쌍의 대립유전자에 의해 결정되며, 대립유전자에는 E, F, G가 있고, 각 대립유전자 사이의 우열 관계는 분명하다. (나)의 표현형은 3 가지이다.
○ 가계도는 구성원 1～6 에게서 (가)의 발현 여부를 나타낸 것이다.
○ 1～6 의 (나)의 유전자형은 각각 서로 다르며, 1, 4, 5 의 (나)의 표현형은 모두 다르다.

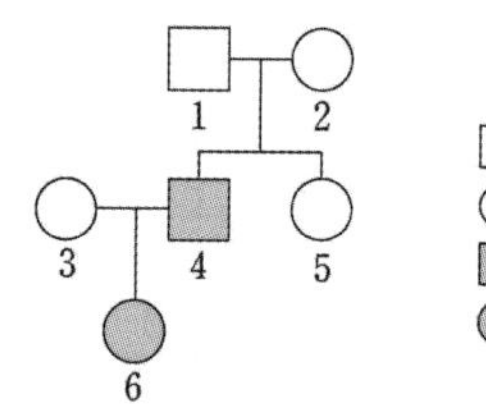

○ 3 과 4 중 한 명의 생식세포 형성 과정에서 ㉮ 대립유전자 G가 대립유전자 ⓐ로 바뀌는 돌연변이가 1 회 일어나 ⓐ를 갖는 생식세포가 형성되었다. 이 생식세포가 정상 생식세포와 수정되어 6 이 태어났다. ⓐ는 E와 F 중 하나이다.
○ 표는 구성원 1, 4, 6 에서 체세포 1 개당 a의 DNA 상대량과 E의 DNA 상대량을 나타낸 것이다. ㉠～㉢은 0, 1, 2 를 순서 없이 나타낸 것이다.

구성원	a의 DNA 상대량	E의 DNA 상대량
1	㉠	㉡
4	㉡	㉡
6	?	㉢

이에 대한 설명으로 옳은 것만을 <보기>에서 있는 대로 고른 것은? (단, 제시된 돌연변이 이외의 돌연변이와 교차는 고려하지 않으며, A, a, E, F, G 각각의 1 개당 DNA 상대량은 1 이다.)

<보기>

ㄱ. (가)의 유전자는 상염색체에 있다.
ㄴ. 2 와 4 의 (나)의 표현형은 같다.
ㄷ. ㉮는 3 에서 형성되었다.

[Comment 1] **(가) 형질의 우열 및 성상 파악**

1, 2, 4를 통해 (가)는 열성 형질인 것을 알 수 있다. 그러나 성염색체 유전인지, 상염색체 유전인지는 가계도의 정보만으로는 파악할 수 없다.

표의 a의 DNA 상대량 조건으로 파악할 수 있을 것이다.

만약 (가)의 유전자가 상염색체에 있다면, ㉠은 1, ㉡은 2이다. 만약 (가)의 유전자가 X 염색체에 있다면 ㉠은 0, ㉡은 1이 된다.

그러나 1, 4, 6의 유전자형은 다르기 때문에 E의 DNA 상대량 표를 통해 ㉡은 2가 될 수 없다는 것을 알 수 있다. 따라서 (가)의 유전자는 성염색체에 있는 유전자가 되며, ㉠~㉢은 각각 0, 1, 2가 되며, (가)의 유전자는 X 염색체에 있다. 6의 유전자형은 EE이므로 부모의 생식세포 형성 과정에서 대립유전자 G가 대립유전자 E(ⓐ)로 바뀌는 돌연변이가 발생했다.

[Comment 2] **각 구성원 유전자형 확장**

1, 4, 6의 유전자형은 서로 다르므로 1은 EF와 EG 중 하나, 4도 EF와 EG 중 하나이며, 6은 EE이다. 1의 유전자형을 E□, 4를 E△라고 하고, □와 △는 각각 F와 G 중 하나라고 생각해보자. 4의 유전자 △는 2로부터 물려받았고, 1은 5에게 유전자 □를 물려준다.

1, 4, 5의 (나)의 표현형은 모두 다르다는 조건 때문에 E와 □는 가장 우성인 유전자가 될 수 없다. 따라서 △가 가장 우성인 유전자이고, 5는 △를 가지면 안 되기 때문에 5의 유전자형은 □□가 된다. 따라서 2의 유전자형은 □△가 되고, 3의 유전자형은 △△가 된다.

[Comment 3] **□, △ 확정하기**

3은 E를 갖지 않으나, 6이 EE이므로 돌연변이는 3에서 발생했다. 따라서 대립유전자 G가 대립유전자 E(ⓐ)로 바뀌는 돌연변이가 발생했기 때문에 3은 G를 갖는다. 따라서 △는 G이고, □는 F이다. 지금까지 알게 된 정보를 통해 가계도의 유전자형을 작성하면 다음과 같다.

구성원	(가)의 유전자형	(나)의 유전자형
1	AY	EF
2	Aa	FG
3	Aa	GG
4	aY	EG
5	AA or Aa	FF
6	aa	EE

1, 4, 5의 (나)의 표현형은 모두 다르다. 따라서 (나)의 유전자 우열 관계는 G > E > F이다.

[Comment 4] **선지 판단**

ㄱ. (가)의 유전자는 X 염색체에 있다. (×)

ㄴ. 2와 4의 유전자형은 FG와 EG이고, G가 가장 우성인 유전자이므로 (나)의 표현형은 같다. (○)

ㄷ. ㉮는 3에서 형성되었다. (○)

답은 ㄴ, ㄷ이다.

69.

세포 분열 과정에서 염색체 비분리 [K]

다음은 어떤 가족의 유전 형질 (가)~(다)에 대한 자료이다.

- (가)는 대립유전자 A와 a에 의해, (나)는 대립유전자 B와 b에 의해, (다)는 대립유전자 D와 d에 의해 결정된다.
- (가)~(다)의 유전자는 X 염색체, Y 염색체, 상염색체 중 서로 다른 하나에 있다.
- 표는 아버지의 정자 Ⅰ과 Ⅱ, 어머니의 난자 Ⅲ과 Ⅳ, 자녀 1의 체세포 Ⅴ, 자녀 2의 체세포 Ⅵ이 갖는 A, a, B, b, D, d의 DNA 상대량을 나타낸 것이다.

구분	세포	DNA 상대량					
		A	a	B	b	D	d
아버지의 정자	Ⅰ	?	0	0	?	1	0
	Ⅱ	?	0	?	0	?	0
어머니의 난자	Ⅲ	1	?	0	㉠	0	?
	Ⅳ	?	㉡	?	0	?	?
자녀 1의 체세포	Ⅴ	1	?	?	1	?	㉢
자녀 2의 체세포	Ⅵ	?	2	?	?	?	1

- Ⅰ과 Ⅱ 중 하나는 염색체 비분리가 1회 일어나 형성된 ⓐ 염색체 수가 비정상적인 정자이고, 나머지 하나는 ⓑ 정상 정자이다. Ⅲ과 Ⅳ 중 하나는 염색체 비분리가 1회 일어나 형성된 ⓒ 염색체 수가 비정상적인 난자이고, 나머지 하나는 ⓓ 정상 난자이다.
- ⓐ와 ⓒ가 수정되어 ㉮가 태어났고, ⓑ와 ⓓ가 수정되어 ㉯가 태어났다. ㉮와 ㉯는 자녀 1과 자녀 2를 순서 없이 나타낸 것이며, 이 가족 구성원의 핵형은 모두 정상이다.

이에 대한 설명으로 옳은 것만을 <보기>에서 있는 대로 고른 것은? (단, 제시된 염색체 비분리 이외의 돌연변이와 교차는 고려하지 않으며, A, a, B, b, D, d 각각의 1개당 DNA 상대량은 1이다.)

<보기>

ㄱ. ㉯는 자녀 2이다.

ㄴ. ㉠ + ㉡ + ㉢ = 3이다.

ㄷ. $\frac{\text{아버지의 체세포 1개당 D의 DNA 상대량}}{\text{어머니의 체세포 1개당 A의 DNA 상대량}} = \frac{1}{2}$이다.

[Comment 1] **체세포로 주어진 자녀 1과 2의 세포 해석**

자녀 2의 (가)에 대한 유전자형은 aa이므로, 자녀 2가 정상적으로 태어났다면 아버지와 어머니로부터 각각 a를 물려받았을 것이다. 그러나 아버지의 세포 Ⅰ과 Ⅱ에는 a가 없으므로 자녀 2는 ⓐ와 ⓒ가 수정되어 태어난 ㉮이고, ㉯는 ⓑ와 ⓓ의 수정으로 태어난 자녀 1이다.

[Comment 2] **ⓐ와 ⓒ, ⓑ와 ⓓ 구하기**

어머니는 자녀 2에게 aa를 물려주었을 것이다. 만약 ⓒ가 Ⅲ일 경우, Ⅲ에는 Aaa가 있을 것인데, 비분리 1회로는 염색체 수가 2개 있는 것이 최대이므로 모순이 발생한다. 따라서 ⓒ는 Ⅳ이고, ⓓ는 Ⅲ이다.

이때 어머니는 자녀 1에게 A(ⓓ에 있는 유전자)를 물려주었을 것이고, 자녀 1은 A의 DNA 상대량 1이므로 아버지는 A를 자녀 1에게 물려주면 안 되며, 아버지는 자녀 1에게 물려준 생식세포가 Ⅰ과 Ⅱ 중 어떤 것이어도 두 세포 모두 a가 없으므로 해당 생식세포에는 A와 a가 모두 없어야 한다.

따라서 (가)의 유전자는 성염색체에 있는데, 핵형이 정상인 자녀 2가 aa이므로 (가)는 X 염색체에 있다.

따라서 아버지는 자녀 1에게는 Y 염색체를 물려주었고, 자녀 2에게는 성염색체 비분리로 성염색체를 물려주지 않았다. 여기까지의 정보를 토대로 (가)에 대한 빈칸을 채우면 다음과 같다.

구분	세포	DNA 상대량					
		A	a	B	b	D	d
아버지의 정자	Ⅰ	?(0)	0	0	?	1	0
	Ⅱ	?(0)	0	?	0	?	0
어머니의 난자	Ⅲ (ⓓ)	1	?(0)	0	㉠	0	?
	Ⅳ (ⓒ)	?(0)	㉡(2)	?	0	?	?
자녀 1의 체세포	Ⅴ	1	?(0)	?	1	?	㉢
자녀 2의 체세포	Ⅵ	?(0)	2	?	?	?	1

[Comment 3] **(나)와 (다)의 위치 구하기**

자녀 1은 남자이고, 자녀 2는 여자이다. 여자는 Y 염색체를 갖고 있지 않으므로 자녀 2가 갖는 d는 Y 염색체에 있는 유전자가 아니다. 따라서 (나)의 유전자는 Y 염색체에, (다)의 유전자는 상염색체에 있다. 여기까지 구한 정보를 토대로 여자는 (나)의 유전자를 가질 수 없다는 점, 비분리는 성염색체에서 일어났으므로 상염색체 유전인 (다)는 정상 유전된다는 것을 토대로 빈칸을 채워보면 다음과 같다.

구분	세포	DNA 상대량					
		A	a	B	b	D	d
아버지의 정자	Ⅰ	?(0)	0	0	?	1	0
	Ⅱ	?(0)	0	?	0	?(1)	0
어머니의 난자	Ⅲ (ⓓ)	1	?(0)	0	㉠(0)	0	?(1)
	Ⅳ (ⓒ)	?(0)	㉡(2)	?(0)	0	?	?
자녀 1의 체세포	Ⅴ	1	?(0)	?(0)	1	?	㉢
자녀 2의 체세포	Ⅵ	?(0)	2	?(0)	?(0)	?(1)	1

[Comment 4] **ⓐ, ⓑ 구하기**

자녀 1이 갖는 b는 Ⅰ~Ⅳ 중 Ⅰ만 물려줄 수 있다. 따라서 Ⅰ이 ⓑ이며, Ⅱ가 ⓐ이다. 따라서 남은 빈칸을 채우면 다음과 같다.

구분	세포	DNA 상대량					
		A	a	B	b	D	d
아버지의 정자	Ⅰ (ⓑ)	?(0)	0	0	?(1)	1	0
	Ⅱ (ⓐ)	?(0)	0	?(0)	0	?(1)	0
어머니의 난자	Ⅲ (ⓓ)	1	?(0)	0	㉠(0)	0	?(1)
	Ⅳ (ⓒ)	?(0)	㉡(2)	?(0)	0	?(0)	?(1)
자녀 1의 체세포	Ⅴ	1	?(0)	?(0)	1	?(1)	㉢(1)
자녀 2의 체세포	Ⅵ	?(0)	2	?(0)	?(0)	?(1)	1

[Comment 5] **선지 판단**

ㄱ. ㉯는 자녀 1이다. (×)

ㄴ. ㉠은 0, ㉡은 2, ㉢은 1이다. (○)

ㄷ. 아버지의 체세포 1개당 D의 DNA 상대량은 1 또는 2이며, 어머니의 체세포 1개당 A의 DNA 상대량은 1이다. 따라서 분수값은 1과 2 중 하나이다. (×)

답은 ㄴ이다.

[Comment 6] **닮은꼴 문항**

닮은꼴 문항과 함께 본 문항의 논리를 복습해보자.

[21학년도 9평]

17. 다음은 어떤 가족의 유전 형질 (가)~(다)에 대한 자료이다.

- (가)는 대립유전자 A와 a에 의해, (나)는 대립유전자 B와 b에 의해, (다)는 대립유전자 D와 d에 의해 결정된다.
- (가)~(다)의 유전자 중 2개는 서로 다른 상염색체에, 나머지 1개는 X 염색체에 있다.
- 표는 아버지의 정자 Ⅰ과 Ⅱ, 어머니의 난자 Ⅲ과 Ⅳ, 딸의 체세포 Ⅴ가 갖는 A, a, B, b, D, d의 DNA 상대량을 나타낸 것이다.

구분	세포	DNA 상대량					
		A	a	B	b	D	d
아버지의 정자	Ⅰ	1	0	?	0	0	?
	Ⅱ	0	1	0	0	?	1
어머니의 난자	Ⅲ	?	1	0	?	㉠	0
	Ⅳ	0	?	1	?	0	?
딸의 체세포	Ⅴ	1	?	?	㉡	?	0

- Ⅰ과 Ⅱ 중 하나는 염색체 비분리가 1회 일어나 형성된 ⓐ 염색체 수가 비정상적인 정자이고, 나머지 하나는 정상 정자이다. Ⅲ과 Ⅳ 중 하나는 염색체 비분리가 1회 일어나 형성된 ⓑ 염색체 수가 비정상적인 난자이고, 나머지 하나는 정상 난자이다.
- Ⅴ는 ⓐ와 ⓑ가 수정되어 태어난 딸의 체세포이며, 이 가족 구성원의 핵형은 모두 정상이다.

이에 대한 설명으로 옳은 것만을 <보기>에서 있는 대로 고른 것은? (단, 제시된 염색체 비분리 이외의 돌연변이는 고려하지 않으며, A, a, B, b, D, d 각각의 1개당 DNA 상대량은 1이다.) [3점]

<보 기>

ㄱ. (나)의 유전자는 X 염색체에 있다.

ㄴ. ㉠+㉡=2이다.

ㄷ. $\frac{\text{아버지의 체세포 1개당 B의 DNA 상대량}}{\text{어머니의 체세포 1개당 D의 DNA 상대량}}=\frac{1}{2}$이다.

① ㄱ ② ㄴ ③ ㄱ, ㄷ ④ ㄴ, ㄷ ⑤ ㄱ, ㄴ, ㄷ

[선지 판단]

ㄱ. 딸의 체세포에 d가 없고, Ⅱ에 d가 있으므로 ⓐ는 Ⅰ이며, Ⅰ에는 d가 없다. Ⅱ가 정상적인 정자이고 B와 b가 모두 없으므로 (나)의 유전자는 X 염색체에 있다. (○)

ㄴ. 딸의 핵형이 정상이고, d가 없으므로 딸의 체세포에서 D의 DNA 상대량은 2이다. Ⅳ에 D가 없으므로 ⓑ는 Ⅲ이며, ㉠은 2이다. Ⅰ에 b가 없고, Ⅲ에 B가 없으므로 ㉡은 1이다. 따라서 ㉠+㉡=3이다. (×)

ㄷ. Ⅰ에 b가 없으므로 아버지의 체세포 1개당 B의 DNA 상대량은 1이고, Ⅳ에 D가 없으므로 어머니의 체세포 1개당 D의 DNA 상대량도 1이다. (×)

답은 ① ㄱ이다.

70.

유전자 치환 돌연변이 [K]

다음은 어떤 가족의 유전 형질 (가)~(다)에 대한 자료이다.

○ (가)는 대립유전자 H와 h에 의해, (나)는 대립유전자 R와 r에 의해, (다)는 대립유전자 T와 t에 의해 결정된다. H는 h에 대해, R는 r에 대해, T는 t에 대해 각각 완전 우성이다.
○ (가)~(다)의 유전자는 모두 X 염색체에 있다.
○ 표는 아버지를 제외한 나머지 가족 구성원의 성별과 (가)~(다)의 발현 여부를 나타낸 것이다. 자녀 3 과 4 의 성별은 서로 다르다.

구성원	성별	(가)	(나)	(다)
어머니	여	×	×	×
자녀 1	남	○	×	?
자녀 2	?	×	?	○
자녀 3	?	○	○	○
자녀 4	?	○	○	×

(○: 발현됨, ×: 발현 안 됨)

○ 부모 중 한 명의 생식세포 형성 과정에서 대립유전자 ㉠이 대립유전자 ㉡으로 바뀌는 돌연변이가 1 회 일어나 ㉡을 갖는 생식세포가 형성되었다. 이 생식세포가 정상 생식세포와 수정되어 ⓐ가 태어났으며, ⓐ는 자녀 3 과 4 중 하나이다. ㉠과 ㉡은 (가)~(다) 중 한 가지 형질을 결정하는 서로 다른 대립유전자이다.

이에 대한 설명으로 옳은 것만을 <보기>에서 있는 대로 고른 것은? (단, 제시된 돌연변이 이외의 돌연변이와 교차는 고려하지 않는다.)

<보기>

ㄱ. ⓐ는 자녀 3이다.
ㄴ. ㉡은 R이다.
ㄷ. (나)와 (다)는 모두 우성 형질이다.

[Comment 1] **(가)~(다)의 일부 우열 파악**

어머니에게서 (가)가 발현되지 않았는데, 남자인 자녀 1에게서 (가)가 발현되었으므로 (가)는 열성 형질이다.

자녀 3과 4를 제외하고 해석했을 땐 여기까지가 최대이므로, 각 구성원의 유전자형을 써가며 풀어나가야 한다. 어머니는 자녀 1에게 h와 (나)를 발현시키지 않는 유전자가 연관된 X 염색체를 물려주었고, 어머니는 H를 갖는다. 이때 자녀 3과 4 중 아들은 h와 (나)를 발현시키는 유전자가 연관된 X 염색체를 갖는데, 이 염색체는 정상적으로 어머니한테 받을 수 없으므로, ⓐ는 아들이다.

자녀 3과 4 중 딸은 정상적으로 태어났고, 어머니로부터 h와 (나)를 발현시키지 않는 유전자가 연관된 X 염색체를 물려받았는데, (나)를 발현했으므로 (나)는 우성 형질이다.

아버지는 자녀 3과 4 중 딸에게 h와 R가 연관된 X 염색체를 물려주었다. 이때 자녀 2는 (가)를 발현하지 않았으므로 어머니로부터 H와 r가 연관된 X 염색체를 물려받는다. 이때 자녀 2는 어머니와 (다)의 표현형이 서로 다르므로, 어머니는 자녀 2에게 t를 물려주었다. (T를 물려줄 경우, 둘 다 우성 표현형이 되어 발현 여부가 서로 같아야 한다.)

[Comment 2] ⓐ 해석 및 (다)의 우열 파악

어머니는 ⓐ에게 ㉮h와 r가 연관된 X 염색체를 물려주는 과정에서, 대립유전자 r(㉠)가 R(㉡)로 바뀌는 돌연변이가 일어났다. 이때 (다)의 유전자에는 이상이 없어야 한다. 어머니는 자녀 3과 4 중 딸에게도 ㉮를 물려주는데, ⓐ와 자녀 3과 4 중 딸의 (다)의 표현형은 서로 다르므로, ㉮에는 t가 있다. 어머니의 (다)의 유전자형은 tt인데, (다)를 발현하지 않았으므로 (다)는 우성 형질이다. 따라서 ⓐ는 자녀 4이다.

아버지		어머니	
h	Y	H	h
R		r	r
T		t	t

자녀 1		자녀 2		자녀 3		자녀 4(ⓐ)	
h	Y	H	h	h	h	h	Y
r		r	R	R	r	R	
t		t	T	T	t	t	

[Comment 3] 선지 판단

ㄱ. ⓐ는 자녀 4이다. (×)
ㄴ. ㉡은 R다. (○)
ㄷ. (가)는 열성 형질, (나)와 (다)는 모두 우성 형질이다. (○)

답은 ㄴ, ㄷ이다.

[Comment 4] **닮은꼴 문항**

닮은꼴 문항과 함께 본 문항의 논리를 복습해보자.

[18학년도 수능]

19. 다음은 어떤 가족의 유전 형질 ㉠~㉢에 대한 자료이다.

> ○ ㉠은 대립 유전자 H와 H*에 의해, ㉡은 대립 유전자 R와 R*에 의해, ㉢은 대립 유전자 T와 T*에 의해 결정된다. H는 H*에 대해, R는 R*에 대해, T는 T*에 대해 각각 완전 우성이다.
> ○ ㉠~㉢을 결정하는 유전자는 모두 X 염색체에 있다.
> ○ 감수 분열 시 부모 중 한 사람에게서만 염색체 비분리가 1회 일어나 ⓐ 염색체 수가 비정상적인 생식 세포가 형성되었다. ⓐ가 정상 생식 세포와 수정되어 아이가 태어났다. 이 아이는 자녀 3과 자녀 4 중 하나이며, 클라인펠터 증후군을 나타낸다. 이 아이를 제외한 나머지 구성원의 핵형은 모두 정상이다.
> ○ 표는 구성원의 성별과 ㉠~㉢의 발현 여부를 나타낸 것이다.

구성원	성별	㉠	㉡	㉢
부	남	○	?	?
모	여	?	×	?
자녀 1	남	×	○	○
자녀 2	여	×	×	×
자녀 3	남	×	×	○
자녀 4	남	○	×	○

(○: 발현됨, ×: 발현되지 않음)

이에 대한 설명으로 옳은 것만을 <보기>에서 있는 대로 고른 것은? (단, 제시된 염색체 비분리 이외의 돌연변이와 교차는 고려하지 않는다.) [3점]

<보 기>

ㄱ. ㉡과 ㉢은 모두 열성 형질이다.
ㄴ. 클라인펠터 증후군을 나타내는 구성원은 자녀 4이다.
ㄷ. ⓐ는 감수 1분열에서 염색체 비분리가 일어나 형성된 정자이다.

① ㄱ ② ㄴ ③ ㄱ, ㄴ ④ ㄱ, ㄷ ⑤ ㄴ, ㄷ

[선지 판단]

ㄱ. ㉠~㉢은 모두 열성 형질이다. (○)

ㄴ. 클라인펠터 증후군을 나타내는 구성원은 3이다. (×)

ㄷ. 3에게 전달된 X 염색체는 서로 다른 대립유전자를 가진 2개의 X 염색체이므로 ⓐ는 어머니의 감수 1분열 때 성염색체 비분리에 의해 형성된 난자이다. (×)

답은 ① ㄱ이다.

71.

비분리와 결실의 구분 [H]

다음은 어떤 가족의 유전 형질 (가)와 (나)에 대한 자료이다.

○ (가)는 서로 다른 2 개의 상염색체에 있는 3 쌍의 대립유전자 A와 a, B와 b, D와 d에 의해 결정되며, B, b, D, d는 7 번 염색체에 있다. (가)의 표현형은 유전자형에서 대문자로 표시되는 대립유전자의 수에 의해서만 결정되며, 이 대립유전자의 수가 다르면 표현형이 다르다.
○ (나)는 9 번 염색체에 있는 대립유전자 E와 e에 의해 결정되며, 유전자형이 다르면 표현형이 다르다.
○ 표는 이 가족 구성원의 (가)와 (나)의 유전자형에서 대문자로 표시되는 대립유전자의 수를, 그림은 아버지의 체세포에 들어 있는 일부 상염색체와 유전자를 나타낸 것이다.

구성원	(가)와 (나)의 유전자형에서 대문자로 표시되는 대립유전자의 수
어머니	4
자녀 1	0
자녀 2	8

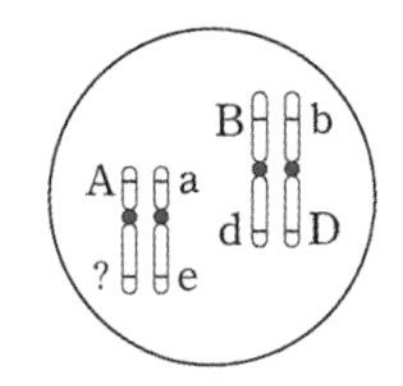

○ 아버지, 어머니, 자녀 1 의 (나)의 표현형은 모두 다르다.
○ 자녀 1 은 아버지의 생식세포 ㉠과 어머니의 생식세포 ㉡이 수정되어 태어났다. ㉠과 ㉡ 중 하나는 7 번 염색체의 일부가 결실되어 결실된 7 번 염색체를 갖는 생식세포이고, 나머지 하나는 9 번 염색체에서 대립 유전자 ⓐ가 대립유전자 ⓑ로 바뀌는 돌연변이가 1 회 일어나 ⓑ를 갖는 생식세포이다. ⓐ와 ⓑ는 (가)와 (나) 중 한 가지 형질을 결정하는 대립유전자이다.
○ 아버지의 생식세포 형성 과정에서 염색체 비분리가 1 회 일어나 형성된 염색체 수가 비정상적인 정자와 정상 난자가 수정되어 자녀 2 가 태어났다.
○ 자녀 2 의 동생이 태어날 때, 이 아이의 유전자형이 AABBddEE일 확률은 $\frac{1}{16}$ 이다. 아버지와 어머니의 핵형은 모두 정상이다.

이에 대한 설명으로 옳은 것만을 <보기>에서 있는 대로 고른 것은? (단, 제시된 돌연변이 이외의 돌연변이와 교차는 고려하지 않으며, A, a, B, b, D, d, E, e 각각의 1개당 DNA 상대량은 1이다.)

<보기>

ㄱ. ⓑ는 E이다.
ㄴ. ㉠에는 결실된 7번 염색체가 있다.
ㄷ. 염색체 비분리는 감수 2분열에서 일어났다.

[Comment 1] **유전자형의 존재성 조건**

ⓑ의 동생의 유전자형이 AABBddEE일 수 있으므로 어머니는 A와 E가 같이 있는 염색체와 B와 d가 같이 있는 염색체를 갖는다.

이때 자녀 1의 (나)의 유전자형은 (가)와 (나)의 유전자형에서 대문자로 표시되는 대립유전자의 수가 0이므로 ee이고, 아버지의 (나)의 유전자형은 ?e이므로 아버지의 (나)의 유전자형은 Ee이고 어머니의 (나)의 유전자형은 EE이다.

[Comment 2] **돌연변이 해석 (어머니)**

어머니의 (가)의 유전자형에서 대문자로 표시되는 대립유전자의 수가 2이므로 어머니는 a와 E가 같이 있는 염색체와 b와 d가 같이 있는 염색체를 갖는다. 자녀 1의 (나)의 유전자형은 ee이므로 어머니의 생식세포 형성 과정에서 9번 염색체의 E(ⓐ)가 e(ⓑ)로 바뀌는 돌연변이가 일어나 e(ⓑ)를 갖는 생식세포가 형성되었다.

[Comment 3] **돌연변이 해석 (아버지)**

[Comment 2]에 의해 아버지의 생식세포 형성 과정에서 일어난 돌연변이는 7번 염색체에서 염색체 결실이 일어난 것이고, 자녀 1의 (가)의 유전자형에서 대문자로 표시되는 대립유전자의 수가 0이므로 아버지의 염색체에서 B와 D 중 하나가 결실된 것이다.

[Comment 4] **선지 판단**

ㄱ. ⓑ는 e이다. (×)

ㄴ. ㉠에는 결실된 7번 염색체가 있다. (○)

ㄷ. 자녀 2의 염색체 지도는 다음과 같다.

A A | A
E E | E

1 | B
  | d

자녀 2

(아버지로부터 B와 d가 있는 염색체를 받았는지, b와 D가 있는 염색체를 받았는지는 주어진 조건만으로 알 수 없다.)

따라서 염색체 비분리는 감수 2분열에서 일어났다. (○)

답은 ㄴ, ㄷ이다.

[Comment 5] **닮은꼴 문항**

닮은꼴 문항과 함께 본 문항의 논리를 복습해보자.

[24학년도 6월 평가원]

17. 다음은 어떤 가족의 유전 형질 (가)~(다)에 대한 자료이다.

- (가)는 대립유전자 A와 a에 의해, (나)는 대립유전자 B와 b에 의해, (다)는 대립유전자 D와 d에 의해 결정된다.
- (가)와 (나)의 유전자는 7번 염색체에, (다)의 유전자는 13번 염색체에 있다.
- 그림은 어머니와 아버지의 체세포 각각에 들어 있는 7번 염색체, 13번 염색체와 유전자를 나타낸 것이다.

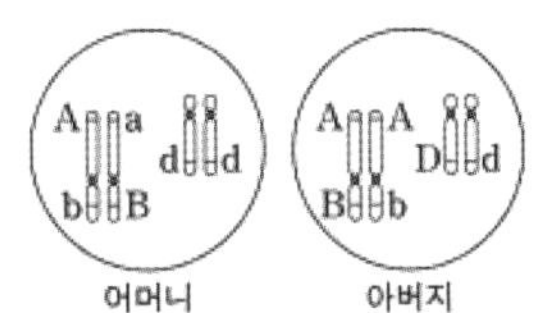

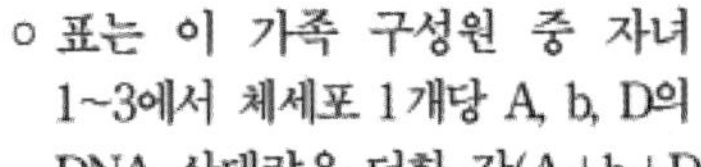

- 표는 이 가족 구성원 중 자녀 1~3에서 체세포 1개당 A, b, D의 DNA 상대량을 더한 값(A+b+D)과 체세포 1개당 a, b, d의 DNA 상대량을 더한 값(a+b+d)을 나타낸 것이다.

구성원		자녀 1	자녀 2	자녀 3
DNA 상대량을 더한 값	A+b+D	5	3	4
	a+b+d	3	3	1

- 자녀 1~3은 (가)의 유전자형이 모두 같다.
- 어머니의 생식세포 형성 과정에서 ㉠이 1회 일어나 형성된 난자 P와 아버지의 생식세포 형성 과정에서 ㉡이 1회 일어나 형성된 정자 Q가 수정되어 자녀 3이 태어났다. ㉠과 ㉡은 7번 염색체 결실과 13번 염색체 비분리를 순서 없이 나타낸 것이다.
- 자녀 3의 체세포 1개당 염색체 수는 47이고, 자녀 3을 제외한 이 가족 구성원의 핵형은 모두 정상이다.

이에 대한 설명으로 옳은 것만을 <보기>에서 있는 대로 고른 것은? (단, 제시된 돌연변이 이외의 돌연변이와 교차는 고려하지 않으며, A, a, B, b, D, d 각각의 1개당 DNA 상대량은 1이다.) [3점]

<보 기>

ㄱ. 자녀 2에게서 A, B, D를 모두 갖는 생식세포가 형성될 수 있다.
ㄴ. ㉠은 7번 염색체 결실이다.
ㄷ. 염색체 비분리는 감수 2분열에서 일어났다.

① ㄱ ② ㄴ ③ ㄱ, ㄷ ④ ㄴ, ㄷ ⑤ ㄱ, ㄴ, ㄷ

[선지 판단]

ㄱ. (가)~(다)의 유전자형이 AABbdd인 자녀 2는 D를 갖지 않으므로 자녀 2에게서 A, B, D를 모두 갖는 생식세포가 형성될 수 없다. (×)

ㄴ. ㉠은 어머니의 생식세포 형성 과정에서 일어난 7번 염색체 결실이다. (○)

ㄷ. 아버지의 생식세포 형성 과정 중 감수 2분열에서 13번 염색체 비분리가 일어나 DD를 갖는 정자 Q가 형성되었다. (○)

답은 ④ ㄴ, ㄷ이다.

72.

염색체 결실과 염색체 중복 [H]

다음은 어떤 가족의 유전 형질 (가)에 대한 자료이다.

- (가)를 결정하는 데 관여하는 4 개의 유전자는 모두 상염색체에 있으며, 4 개의 유전자는 각각 대립유전자 A와 a, B와 b, D와 d, E와 e를 갖는다.
- 그림은 어머니와 아버지의 체세포 각각에 들어 있는 일부 상염색체와 유전자를 나타낸 것이다.

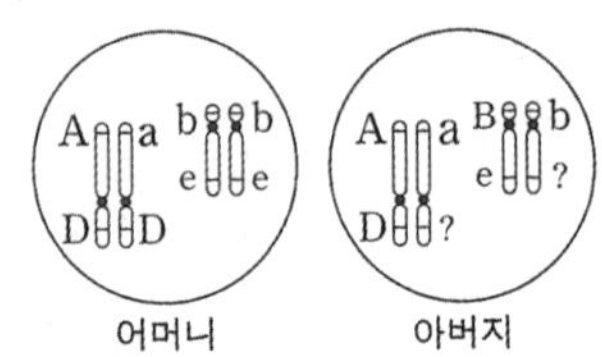

- 표는 이 가족 구성원 중 자녀 1 과 2 의 체세포 1 개당 A, a, B, b, D, d, E, e의 DNA 상대량을 나타낸 것이다. ㉠과 ㉡은 1 과 2 를 순서 없이 나타낸 것이다.

구성원	DNA 상대량							
	A	a	B	b	D	d	E	e
자녀 1	1	?	?	㉠	1	?	?	1
자녀 2	㉠	㉡	1	?	1	㉡	?	㉡

- 어머니의 생식세포 형성 과정에서 ⓐ가 1 회 일어나 형성된 난자 P와 아버지의 생식세포 형성 과정에서 ⓑ가 1 회 일어나 형성된 정자 Q가 수정되어 자녀 2 가 태어났다. ⓐ와 ⓑ는 염색체 결실과 염색체 중복을 순서 없이 나타낸 것이다.
- 자녀 2 를 제외한 이 가족 구성원의 핵형은 모두 정상이다.

이에 대한 설명으로 옳은 것만을 <보기>에서 있는 대로 고른 것은? (단, 제시된 돌연변이 이외의 돌연변이와 교차는 고려하지 않으며, A, a, B, b, D, d, E, e 각각의 1개당 DNA 상대량은 1이다.)

<보기>

ㄱ. 자녀 1 에게서 a, D, b, e를 모두 갖는 생식세포가 형성될 수 있다.
ㄴ. ⓐ는 염색체 중복이다.
ㄷ. Q에는 e가 있다.

[Comment 1] **정상 자녀 판단**

D와 e의 DNA 상대량이 각각 1이고
어머니에게 d, E가 없으므로 아버지의 염색체 지도는 다음과 같다.
즉, 아버지는 AD/ad, Be/bE 의 유전자형을 가지게 될 것이다.

어머니		아버지	
A	a	A	a
D	D	D	d
b	b	B	b
e	e	e	E

자녀 1은 아버지로부터 ad와 bE 를 무조건 물려받아야 하므로
표의 조건을 만족시키려면 어머니로부터 AD와 be를 받아
AD/ad, be/bE 의 유전자형을 가지게 된다. 따라서 ㉠은 2이고, ㉡은 1이다.

[Comment 2] **돌연변이 자녀 판단**

자녀 2는 d를 가져야 하므로 어머니에게서는 AD,
아버지에게서는 ad를 받는다.

그러므로 어머니 쪽에서 염색체 중복이 일어났다는 사실을 알 수 있다. 따라서 ⓐ가 염색체 중복, ⓑ가 염색체 결실이다.

어머니는 자녀 2에게 be를 정상적으로 준다.
자녀 2는 B를 가져야 하므로 아버지는 Be를 자녀 2에게 주어야 한다.

그러나 e의 DNA 상대량이 1이므로,
아버지는 e가 결실되는 돌연변이가 일어났다.

[Comment 3] **선지 판단**

ㄱ 자녀 1의 연관 형태 및 유전자형은 AD/ad, be/bE이므로 a와 D를 모두 갖는 생식세포가 형성될 수 없다. (×)
ㄴ. ⓐ는 염색체 중복이다. (○)
ㄷ. Q에는 e가 있는 부분이 결실되어서 e가 존재하지 않는다.
(∵ ㉢, ㉣만 나타날 수 있다.) (×)

답은 ㄴ이다.

73.

유전자 유무 그리고 비분리 [H]

다음은 어떤 집안의 유전 형질 (가)에 대한 자료이다.

- (가)는 서로 다른 3 개의 상염색체에 있는 3 쌍의 대립유전자 H와 h, R와 r, T와 t에 의해 결정된다. (가)의 표현형은 유전자형에서 대문자로 표시되는 대립유전자의 수에 의해서만 결정되며, 이 대립유전자의 수가 다르면 표현형이 다르다.
- 표는 이 가족 구성원의 체세포에서 대립유전자 ⓐ~ⓕ의 유무와 (가)의 유전자형에서 대문자로 표시되는 대립유전자의 수를 나타낸 것이다. ⓐ~ⓕ는 H, h, R, r, T, t를 순서 없이 나타낸 것이고, ㉠~㉥은 0, 1, 2, 3, 4, 5 를 순서 없이 나타낸 것이다.

구성원	대립유전자						대문자로 표시되는 대립유전자의 수
	ⓐ	ⓑ	ⓒ	ⓓ	ⓔ	ⓕ	
아버지	?	×	○	○	×	○	㉠
어머니	○	○	○	○	○	○	㉡
자녀 1	○	○	○	?	○	×	㉢
자녀 2	○	×	○	×	×	○	㉣
자녀 3	×	×	?	○	×	○	㉤
자녀 4	○	○	○	×	○	○	㉥

(○: 있음 ×: 없음)

- 아버지의 정자 형성 과정에서 염색체 비분리가 1 회 일어나 형성된 정자 P와 어머니의 난자 형성 과정에서 염색체 비분리가 1 회 일나 형성된 난자 Q가 수정되어 ㉮가 태어났다. ㉮는 자녀 1~3 중 하나이고, P에 h와 R가 모두 있다.
- ㉮에서 ⓑ의 DNA 상대량은 ⓒ의 DNA 상대량과 같다.
- 이 가족 구성원의 핵형은 모두 정상이다.

이에 대한 설명으로 옳은 것만을 <보기>에서 있는 대로 고른 것은?
(단, 제시된 염색체 비분리 이외의 돌연변이와 교차는 고려하지 않으며, H, h, R, r, T, t 각각의 1개당 DNA 상대량은 1이다.)

<보기>

ㄱ. 자녀 4 는 r를 갖는다.
ㄴ. ⓑ는 ⓒ와 대립유전자이다.
ㄷ. Q에서 염색체 비분리는 감수 2 분열에서 일어났다.

[Comment 1] **가장 특수한 구성원부터**

어머니는 ⓐ~ⓕ를 모두 가지므로 어머니의 유전자형은 HhRrTt이고, ㉡은 3이다. 자녀 3의 핵형은 정상이므로 ⓒ를 갖는다.

그에 따라 자녀 2와 자녀 3은 모두 대립유전자를 3개씩만 가지므로 유전자형에서 3쌍의 대립유전자는 모두 동형 접합성이어서 대문자로 표시되는 대립유전자의 수(㉣과 ㉤)는 각각 0, 2, 4 중 하나이다.

[Comment 2] **정상 구성원 해석**

정상 자녀인 자녀 4는 'O'가 5개이므로 ㉥은 2 또는 4 중 하나이다.
이를 고려했을 때, ㉣~㉥은 0, 2, 4 중 하나이다.

비분리와 무관하게 정상 체세포를 갖는 아버지의 경우 대문자로 표시되는 대립유전자의 수가 5이면 염색체 비분리가 일어나더라도 자녀에게 대문자로 표시되는 대립유전자를 1개 이상 물려주어야 하므로 자녀 2와 자녀 3 중 하나에서 대문자로 표시되는 대립유전자의 수가 0인 조건을 만족하지 않는다.

따라서 ㉠은 1, ㉢은 5이다.

[Comment 3] **돌연변이 구성원 판단**

대문자로 표시되는 대립유전자의 수가 아버지에서 1(㉠), 어머니에서 3(㉡)일 때, 대문자로 표시되는 대립유전자의 수가 5(㉢)인 자녀 1이 태어났으므로 ㉮는 자녀 1이다.

[Comment 4] **대립유전자 판단**

정상 자녀 2와 정상 자녀 3이 공통으로 갖는 ⓒ와 ⓕ는 소문자로 표시되는 대립유전자이고, 공통으로 갖지 않는 ⓑ와 ⓔ는 대문자로 표시되는 대립유전자이다. ㉢이 5이므로 자녀 1에서 ⓒ를 제외한 나머지가 모두 대문자로 표시되는 대립유전자이다.

따라서 ⓐ가 대문자로 표시되는 대립유전자이고, ⓐ를 갖는 자녀 2에서 ㉣은 2이며, 자녀 3에서 ㉤은 0이다.

자녀 2가 갖는 ⓐ, ⓒ, ⓕ는 서로 대립유전자가 아니고, 자녀 3이 갖는 ⓒ, ⓓ, ⓕ는 서로 대립유전자가 아니므로 ⓐ는 ⓓ와 대립유전자이다.

대문자로 표시되는 대립유전자의 수가 5(㉢)인 자녀 1에서 소문자로 표시되는 대립유전자인 ⓒ의 수는 1이고, 조건에 의해 ⓑ의 수도 1이다. 따라서 ⓑ는 ⓒ와 대립유전자이고, 나머지 ⓔ는 ⓕ와 대립유전자이다.

[Comment 5] 돌연변이 양상 판단

㉮(자녀 1)는 핵형이 정상이고, ⓒ이 5이므로 ⓐ의 수는 2, ⓑ의 수는 1, ⓔ의 수는 2이다. ㉮(자녀 1)는 어머니로부터 ⓔ 2개를 물려받아야 한다.

P에 R가 있고, 아버지의 (가)의 유전자형에서 대문자로 표시되는 대립유전자의 수는 1이고, ⓐ는 대문자로 표시되는 대립유전자이므로 ⓐ는 R이고, ⓓ는 r이다. P에 h가 있으므로 자녀 1이 h를 가지며, ⓒ는 h, ⓑ는 H이다. 나머지 ⓔ는 T, ⓕ는 t이다.

이를 염색체 지도로 나타내면 다음과 같다.

아버지	어머니
h | h	H | h
R | r	R | r
t | t	T | t

자녀 1	자녀 2	자녀 3	자녀 4
H | h	h | h	h | h	H | h
R | R	R | R	R | R	R | R
T | T	t | t	t | t	T | t

[Comment 6] 비분리 판단

아버지(tt)와 어머니(Tt)로부터 돌연변이 자녀 1(TT)가 태어났고
이 가족 구성원의 핵형은 모두 정상이므로

아버지의 정자 P에서는 t가 사라지는 방향의 비분리(−)가 일어났고
어머니의 난자 Q에서는 T가 늘어나는 방향의 비분리(+)가 일어났다.

그에 따라 아버지의 정자 P에서 일어난 비분리가
감수 1분열 비분리인지 감수 2분열 비분리인지는 알 수 없으나
어머니의 난자 Q에서 일어난 비분리는 감수 2분열 비분리여야 한다.

[Comment 7] 선지 판단

ㄱ. 자녀 4는 r를 갖지 않는다. (×)
ㄴ. ⓑ는 ⓒ와 대립유전자이다. (○)
ㄷ. Q에서 염색체 비분리는 감수 2분열에서 일어났다. (○)

답은 ㄴ, ㄷ이다.

[Comment 8] **닮은꼴 문항**

닮은꼴 문항과 함께 본 문항의 논리를 복습해보자.

[23학년도 수능]

17. 다음은 어떤 가족의 유전 형질 (가)에 대한 자료이다.

- (가)는 서로 다른 상염색체에 있는 2쌍의 대립유전자 H와 h, T와 t에 의해 결정된다. (가)의 표현형은 유전자형에서 대문자로 표시되는 대립유전자의 수에 의해서만 결정되며, 이 대립유전자의 수가 다르면 표현형이 다르다.
- 표는 이 가족 구성원의 체세포에서 대립유전자 ⓐ~ⓓ의 유무와 (가)의 유전자형에서 대문자로 표시되는 대립유전자의 수를 나타낸 것이다. ⓐ~ⓓ는 H, h, T, t를 순서 없이 나타낸 것이고, ㉠~㉤은 0, 1, 2, 3, 4를 순서 없이 나타낸 것이다.

구성원	대립유전자				대문자로 표시되는 대립유전자의 수
	ⓐ	ⓑ	ⓒ	ⓓ	
아버지	○	○	×	○	㉠
어머니	○	○	○	○	㉡
자녀 1	?	×	×	○	㉢
자녀 2	○	○	?	×	㉣
자녀 3	○	?	○	×	㉤

(○: 있음, ×: 없음)

- 아버지의 정자 형성 과정에서 염색체 비분리가 1회 일어나 염색체 수가 비정상적인 정자 P가 형성되었다. P와 정상 난자가 수정되어 자녀 3이 태어났다.
- 자녀 3을 제외한 이 가족 구성원의 핵형은 모두 정상이다.

이에 대한 설명으로 옳은 것만을 <보기>에서 있는 대로 고른 것은? (단, 제시된 염색체 비분리 이외의 돌연변이와 교차는 고려하지 않는다.) [3점]

<보 기>

ㄱ. 아버지는 t를 갖는다.
ㄴ. ⓐ는 ⓒ와 대립유전자이다.
ㄷ. 염색체 비분리는 감수 1분열에서 일어났다.

① ㄱ ② ㄴ ③ ㄷ ④ ㄱ, ㄴ ⑤ ㄱ, ㄷ

[선지 판단]

ㄱ. 아버지는 유전자형에서 대문자로 표시되는 대립유전자의 수가 1이므로 t를 갖는다. (○)

ㄴ. ⓐ가 ⓑ와 대립유전자라면 ㉣이 3이므로 자녀 2는 ⓒ를 2개 가져야 한다. 하지만 아버지가 ⓒ를 갖지 않으므로 자녀 2는 ⓒ를 2개 가질 수 없다. 따라서 ⓐ는 ⓒ와 대립유전자이다. (○)

ㄷ. ㉤이 4이고, 자녀 3은 아버지와 어머니로부터 각각 대문자로 표시되는 대립유전자 2개를 물려받았다. 대문자로 표시되는 대립유전자의 수가 1인 아버지로부터 자녀 3는 대문자로 표시되는 대립유전자를 2개 물려받았으므로 염색체 비분리는 감수 2분열에서 일어났다. (×)

답은 ④ ㄱ, ㄴ이다.

74.

염색체 비분리와 염색체 이상 [H]

다음은 어떤 집안의 유전 형질 (가)와 (나)에 대한 자료이다.

- (가)는 대립유전자 A와 a에 의해 결정되며, A는 a에 대해 완전 우성이다. (가)는 우성 형질이다.
- (나)는 3 쌍의 대립유전자 B와 b, D와 d, E와 e에 의해 결정된다.
- 가계도는 구성원 ⓐ를 제외한 나머지 구성원 1～7 에게서 (가)의 발현 여부를 나타낸 것이고, 표는 구성원 1～7, ⓐ에서 체세포 1 개당 A, B, D, E의 DNA 상대량을 더한 값(A + B + D + E)을 나타낸 것이다.

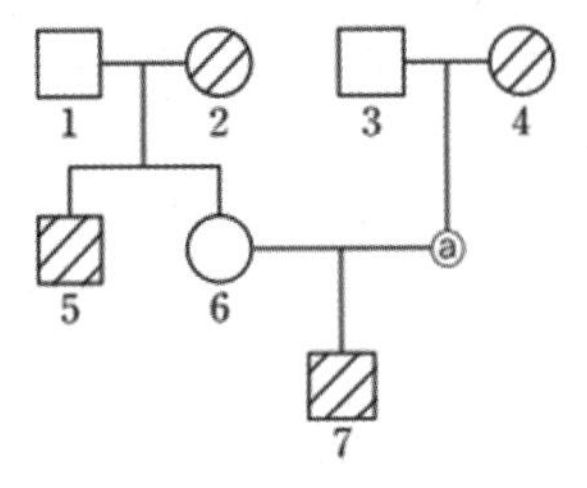

구성원	A+B+D+E
1	3
2	5
3	1
4, 7	7
5	6
6, ⓐ	4

- 구성원 1 과 2 에서 a, d, e는 21 번 염색체에 있고, B는 X 염색체에 있으며, 구성원 ⓐ에서 b는 X 염색체에 있다.
- 부모 중 한 명의 생식세포 형성 과정에서 21 번 염색체 비분리가 1 회 일어나 염색체 수가 비정상적인 생식세포 G가 형성되었다. G와 정상 생식세포와 수정되어 구성원 7 이 태어났으며, 7 의 D의 DNA 상대량은 E의 DNA 상대량보다 크다.
- 구성원 7 을 제외한 이 가족 구성원의 핵형은 모두 정상이다.

이에 대한 설명으로 옳은 것만을 <보기>에서 있는 대로 고른 것은?
(단, 제시된 염색체 비분리 이외의 돌연변이와 교차는 고려하지 않으며, A, a, B, b, D, d, E, e 각각의 1개당 DNA 상대량은 1이다.)

<보기>

ㄱ. 7 은 다운 증후군의 염색체 이상을 보인다.
ㄴ. G는 아버지에게서 형성되었다.
ㄷ. 염색체 비분리는 감수 1 분열에서 일어났다.

[Comment 1] **가장 특수한 구성원부터**

대문자로 표시되는 대립유전자는 大 (1)
소문자로 표시되는 대립유전자는 小 (0)라고 정의하자.

구성원 1과 2에서 a, d, e는 21번 염색체에 있고, B는 X 염색체에 있으며
1의 A + B + D + E = 3, 2의 A + B + D + E = 5이므로
이를 시작점으로 염색체 지도에 채워나가면 다음과 같다.

a | a
D | d
E | e

B | Y

1

A | a
D | d
E | e

B | B

2

a | a
d | 1
e |

b | Y

3

A | A
2 | 2

B | b

4

a | A
D | D
E | E

B | Y

5

a | a
d | D
e | E

B | B

6

A | a
2 | 1

b | Y

ⓐ

a | A a
D | D D
E | E e

B | Y

7

구성원 7의 A + B + D + E = 7을 만족하면서 7의 D의 DNA 상대량이 E의 DNA 상대량보다 크게 교배 양상이 나타난다는 것은 ⓐ의 생식세포 형성 과정에서 감수 1분열 비분리가 일어났다는 것을 의미한다.

[Comment 2] **선지 판단**

ㄱ. 7은 다운 증후군의 염색체 이상을 보인다. (○)
ㄴ. G는 아버지에게서 형성되었다. (○)
ㄷ. 염색체 비분리는 감수 1분열에서 일어났다. (○)

답은 ㄱ, ㄴ, ㄷ이다.

75.

비분리 그리고 전좌 돌연변이 [H]

다음은 어떤 가족의 유전 형질 ㉠에 대한 자료이다.

- ㉠은 5 쌍의 대립유전자 A와 a, B와 b, D와 d, E와 e, F와 f에 의해 결정된다. A, a, B, b는 7 번 염색체에, D, d, E, e, F, f는 9 번 염색체에 있다.
- 그림은 아버지와 어머니의 체세포에 들어 있는 7 번 염색체, 9 번 염색체와 유전자를 나타낸 것이다.

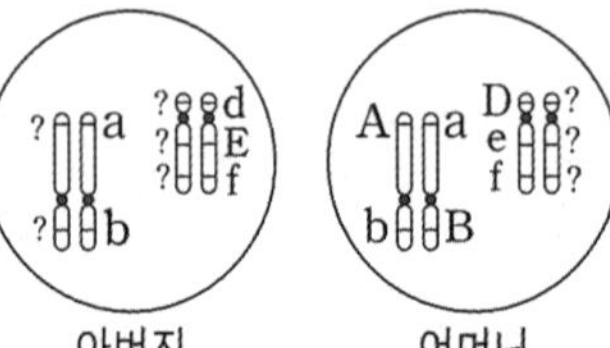

- 표 (가)는 ㉠의 유전자형에서 대문자로 표시되는 대립유전자의 수를 나타낸 것이고, (나)는 아버지의 정자 Ⅰ ~ Ⅲ의 세포 1 개당 d, e, F, f의 DNA 상대량을, (다)는 어머니의 난자 Ⅳ ~ Ⅵ에서 세포 1 개당 d, e, F, f의 DNA 상대량을 나타낸 것이다.

구성원	대문자로 표시되는 대립유전자의 수
자녀 1	7
자녀 2	8
자녀 3	9

(가)

정자	DNA 상대량			
	d	e	F	f
Ⅰ	0	?	1	?
Ⅱ	?	1	?	0
Ⅲ	?	2	2	?

(나)

난자	DNA 상대량			
	d	e	F	f
Ⅳ	?	0	1	0
Ⅴ	0	1	1	1
Ⅵ	1	?	1	?

(다)

- Ⅰ ~ Ⅲ 중 2 개는 정상 정자이고, 나머지 1 개는 생식세포 형성 과정에서 ⓐ 염색체 비분리가 1 회 일어나 형성된 염색체 수가 비정상적인 정자이다.
- Ⅳ ~ Ⅵ 중 2 개는 정상 난자이고, 나머지 1 개는 어머니의 생식세포 형성 과정에서 7 번 염색체에 있는 대립유전자 ㉮와 ㉯ 중 ㉮가 9 번 염색체로, 9 번 염색체에 있는 대립유전자 ㉰ ~ ㉳ 중 ㉰와 ㉱가 모두 ㉮가 있었던 7 번 염색체로 이동하는 돌연변이가 1 회 일어난 7 번 염색체와 정상인 9 번 염색체가 있는 난자이다. ㉮와 ㉯는 A와 a를 순서 없이, ㉰ ~ ㉳는 E, e, F, f를 순서 없이 나타낸 것이다.
- Ⅰ과 Ⅳ가 수정되어 자녀 1 이, Ⅱ와 Ⅴ가 수정되어 자녀 2 가, Ⅲ과 Ⅵ이 수정되어 자녀 3 이 태어났다.

이에 대한 설명으로 옳은 것만을 <보기>에서 있는 대로 고른 것은? (단, 제시된 돌연변이 이외의 돌연변이와 교차는 고려하지 않으며, A, a, B, b, D, d, E, e, F, f 각각의 1개당 DNA 상대량은 1이다.)

<보기>

ㄱ. 아버지에서 A, B, E, f를 모두 갖는 정자가 형성될 수 있다.
ㄴ. ㉰와 ㉱는 모두 대문자로 표시되는 대립유전자이다.
ㄷ. ⓐ는 감수 1 분열에서 일어났다.

[Comment 1] **어머니 파악**

Ⅴ에는 F와 f의 DNA 상대량이 모두 1이므로 Ⅳ와 Ⅵ가 정상 생식세포이다.
Ⅵ에는 d와 F가 있고, Ⅳ에는 e가 없고 E가 있으며 F가 있으므로
Ⅳ와 Ⅵ에는 모두 d, E, F가 같이 있는 9번 염색체가 있다.

어머니는 7번 염색체에 A와 b, a와 B가 각각 같이 있고,
9번 염색체에 d, E, F와 D, e, f가 각각 같이 있다.

[Comment 2] **아버지 파악**

Ⅲ에서 e와 F의 DNA 상대량이 모두 2이므로 Ⅲ은 정상 세포가 아니고, Ⅰ과 Ⅱ가 정상 세포이다.

Ⅰ에는 d가 없고 D가 있으며 F가 있고
Ⅱ에는 e가 있으며, f가 없고 F가 있으므로
Ⅰ과 Ⅱ에는 모두 D, e, F가 같이 있는 9번 염색체가 있다.

㉠의 유전자형에서 대문자로 표시되는 대립유전자의 수는
자녀 1이 7이고 Ⅳ는 3이므로 Ⅰ은 4이다.

∴ Ⅰ에는 A와 B가 같이 있는 7번 염색체가 있다.

[Comment 3] **돌연변이 자녀 파악**

㉠의 유전자형에서 대문자로 표시되는 대립유전자의 수는 자녀 3이 9이며, Ⅵ는 3이므로 Ⅲ은 6이다. 그에 따라 Ⅲ은 감수 2분열에서 9번 염색체의 비분리가 1회 일어나 형성된 난자이고, Ⅴ에는 D, e, F가 같이 있는 9번 염색체 2개와 A와 B가 같이 있는 7번 염색체 1개가 있다.

㉠의 유전자형에서 대문자로 표시되는 대립유전자의 수는 자녀 2가 8이며, Ⅱ는 2와 4 중 하나이므로 Ⅴ는 6과 4 중 하나이다.

조건에서 제시된 돌연변이가 일어난 경우 Ⅴ는 ㉠의 유전자형에서 대문자로 표시되는 대립유전자의 수가 6일 수 없으므로 4이다.

그에 따라 Ⅲ에는 D, e, f가 같이 있는 정상인 9번 염색체가 있고, 비정상인 7번 염색체에는 B, E, F가 같이 있다.

어머니의 생식세포 형성 과정에서 7번 염색체에 있는 A(㉯)와 a(㉮) 중 a(㉮)가 9번 염색체로, 9번 염색체에 있는 E와 F(㉰와 ㉱)가 모두 a(㉮)가 있었던 7번 염색체로 이동하는 돌연변이가 일어났다.

[Comment 4] **염색체 지도**

주어진 상황을 염색체 지도로 나타내면 다음과 같다.

A | a
b | B

D | d
e | E
f | F

어머니

A | a
B | b

D | d
e | E
F | f

아버지

1 | A
  | B

D | d
e | E
F | F

자녀 1(㉠)

B | A
E | B
F |

D | D
e | e
f | F

자녀 2

1 | A
  | B

d | D D
E | e e
F | F F

자녀 3

[상세한 해설]

https://youtu.be/vpVU8HY_M0s?si=XBN6CqipM9oCnMuJ

[Comment 5] **선지 판단**

ㄱ. 아버지에서 A, B, E, f를 모두 갖는 정자가 형성될 수 있다. (○)

ㄴ. ㉢와 ㉣는 모두 대문자로 표시되는 대립유전자이다. (○)

ㄷ. ⓐ는 감수 2분열에서 일어났다. (×)

답은 ㄱ, ㄴ이다.

[Comment 6] **닮은꼴 문항**

닮은꼴 문항과 함께 본 문항의 논리를 복습해보자.

[20학년도 수능]

19. 다음은 어떤 가족의 유전 형질 ㉠에 대한 자료이다.

- ㉠을 결정하는 데 관여하는 3개의 유전자는 모두 상염색체에 있으며, 3개의 유전자는 각각 대립 유전자 A와 a, B와 b, D와 d를 갖는다.
- ㉠의 표현형은 유전자형에서 대문자로 표시되는 대립 유전자의 수에 의해서만 결정되며, 이 대립 유전자의 수가 다르면 표현형이 다르다.
- 표 (가)는 이 가족 구성원의 ㉠에 대한 유전자형에서 대문자로 표시되는 대립 유전자의 수를, (나)는 아버지로부터 형성된 정자 Ⅰ~Ⅲ이 갖는 A, a, B, D의 DNA 상대량을 나타낸 것이다. Ⅰ~Ⅲ 중 1개는 세포 P의 감수 1분열에서 염색체 비분리가 1회, 나머지 2개는 세포 Q의 감수 2분열에서 염색체 비분리가 1회 일어나 형성된 정자이다. P와 Q는 모두 G_1기 세포이다.

구성원	대문자로 표시되는 대립 유전자의 수
아버지	3
어머니	3
자녀 1	8

(가)

정자	DNA 상대량			
	A	a	B	D
Ⅰ	0	?	1	0
Ⅱ	1	1	1	1
Ⅲ	2	?	?	?

(나)

- Ⅰ~Ⅲ 중 1개의 정자와 정상 난자가 수정되어 자녀 1이 태어났다. 자녀 1을 제외한 나머지 가족 구성원의 핵형은 모두 정상이다.

이에 대한 설명으로 옳은 것만을 <보기>에서 있는 대로 고른 것은? (단, 제시된 염색체 비분리 이외의 돌연변이와 교차는 고려하지 않으며, A, a, B, b, D, d 각각의 1개당 DNA 상대량은 1이다.)

<보 기>

ㄱ. Ⅰ은 감수 2분열에서 염색체 비분리가 일어나 형성된 정자이다.

ㄴ. 자녀 1의 체세포 1개당 $\frac{\text{B의 DNA 상대량}}{\text{A의 DNA 상대량}}=1$이다.

ㄷ. 자녀 1의 동생이 태어날 때, 이 아이에게서 나타날 수 있는 ㉠의 표현형은 최대 5가지이다.

① ㄱ ② ㄴ ③ ㄷ ④ ㄱ, ㄴ ⑤ ㄱ, ㄷ

[선지 판단]

ㄱ. Ⅱ에는 A와 a가 함께 있으므로 Ⅱ는 감수 1분열에서 염색체 비분리가 일어나 형성된 정자이고, 나머지 2개인 Ⅰ과 Ⅲ은 감수 2분열에서 염색체 비분리가 일어나 형성된 정자이다. (○)

ㄴ. 자녀 1은 감수 2분열에서 염색체 비분리가 일어나 형성된 정자 3와 정상 난자의 수정으로 태어났다. 그러므로 체세포 1개당 A의 DNA 상대량은 3이고, B의 DNA 상대량이 2이다. (×)

ㄷ. 자녀 1의 동생이 태어날 때, 이 아이에게서 나타날 수 있는 ㉠의 유전자형은 대문자로 표시되는 대립유전자의 수가 0인 경우부터 6인 경우까지 가능하므로 나타날 수 있는 ㉠의 유전자형은 최대 7가지이다. (×)

답은 ① ㄱ이다.

[디올 N제 Farewell]

앞서 공부하신 실전개념 디올 [비유전편]에서 교육과정 상 생명과학 I 의 '1, 2, 3, 5'단원이 실전개념 디올 [유전편]에서 '4단원에 대한 기반 내용부터 심화 내용까지'가 다뤄졌으며
본 교재에 두 교재 내 심화개념들을 적용할 수 있는 문항들 그리고 상세한 해설까지
디올 Contents만 온전히 가져가셔도 올해 수능 47-50을 안정적으로 받아오실 수 있도록
부단히 노력했으니 잘 가져가시구...

최근 경향에서 이과 계열의 강세가 두드러지며 생명과학 과목이 고난도로 출제되고 있습니다.
생명과학 과목 특성상 기반 문항이 현저하게 쉽기에 표준점수 평형을 유지하려면 핵심 문항이 어려워야 하고... 교육부에서 킬러 약화가 공표되었다고는 하나 여전히 핵심 문항 중 일부는 초고난도로 출제되었습니다.

그럼에도 불구하고 이번 수능에 저희가 같이 디올에서 공부한 내용의 여사건은 없을 것이며
디올 N제 수준의 문제 Boundary를 벗어나지는 못할거에요 결국은 저희가 공부했던 내용들일 것이며, 한번 이상 접하셨던 논리의 연속일 거라 확언합니다.

아무쪼록 디올 N제의 끝을 본 여러분 진심으로 너무 고생 많으셨습니다!

부단히 잘 복습하시고.. 그러면 전 이제 강의 또는 모의고사로 뵈러 오겠습니다 (o_ _)o

- 출판을 도와주신 권영희님, 오르비북스 그리고
같이 공저를 도와주신 권희승 선생님께 다시 한번 무한한 감사를 표합니다.

- 본 교재로 공부하다 궁금하신 점 혹은 학습 질문이 생기실 경우 아래 페이지에 남겨주세요!
https://atom.ac/books/12375/